中共佛山市委宣传部
佛山市社会科学界联合会　主编

佛山市人文和社科研究丛书
FOSHANSHI RENWEN HE SHEKE YANJIU CONGSHU

石湾窑文化研究

SHIWANYAO WENHUA YANJIU

周彝馨　吕唐军　著

中山大学出版社
·广州·

图书在版编目（CIP）数据

石湾窑文化研究/周彝馨，吕唐军著．—广州：中山大学出版社，2014.3

（佛山市人文和社科研究丛书）

ISBN 978-7-306-04785-4

Ⅰ．①佛…　Ⅱ．①周…②吕…　Ⅲ．①陶瓷—文化史—研究—佛山市　Ⅳ．①K876.34

中国版本图书馆CIP数据核字（2014）第002715号

出 版 人：徐　劲
策划编辑：李海东
责任编辑：章　伟　李海东
封面设计：方楚娟
责任校对：章　伟
责任技编：何雅涛
出版发行：中山大学出版社
电　　话：编辑部 020-84111996，84113349，84111997，84110779
　　　　　发行部 020-84111998，84111981，84111160
地　　址：广州市新港西路135号
邮　　编：510275　　　　　传　真：020-84036565
网　　址：http://www.zsup.com.cn　　E-mail:zdcbs@mail.sysu.edu.cn
印 刷 者：广州家联印刷有限公司
规　　格：787mm×1092mm　1/16　　24.75印张　　450千字
版次印次：2014年3月第1版　　2014年3月第1次印刷
定　　价：88.00元

《佛山市人文和社科研究丛书》出版前言

文化是一座城市的品格和基因，佛山是座历史传统悠久、人文气息浓郁、文化积淀深厚的城市。近年来，佛山经济社会发展日新月异，岭南文化名城建设如火如荼，市、区有关部门及镇街从各自工作职能或地方发展特点出发，陆续编辑出版了一些人文或社科方面的书籍及资料。但从全市层面看，尚无一套完整反映佛山历史文化和人文社科方面的研究丛书，实为佛山社会文化传承的一大憾事。为弥补这不足之处，中共佛山市委宣传部、佛山市社会科学界联合会决定联合全市社会科学研究力量，深入挖掘佛山历史文化资源，梳理佛山哲学社会科学研究成果，编撰出版《佛山市人文和社科研究丛书》，并力争将其打造成为佛山市的人文社科研究品牌和城市文化名片。

本套丛书的策划和编撰，主要基于以下几个方面的考虑：一是体现综合性。丛书从全市层面开展综合性研究，既彰显佛山社会经济文化综合实力，也充分展现佛山人文社科研究水平，避免了只研究单一领域或个别现象，难以形成影响力的缺憾。二是注重广泛性。丛书对佛山历史文化、名人古迹、民俗风情、非物质文化遗产和经济、政治、社会、生态等各个方面都给予关注，而佛山经济社会发展亮点、历史文化闪光点和研究空白领域更是丛书首选。三是突出本土性。丛书选题紧贴佛山实际，具有鲜明的地方特色，作者主要来自佛山本地，也适当吸收外部力量，以锻炼培养一批优秀的人文社科研究人才。四是侧重研究性。丛书严格遵循学术规范，注重学术研究的广度、深度和高度，注重理论的概括、提炼和升华，在题材、风格、构思、观点等方面多有独到之处，具备权威性、整体性、系统性和新颖性，是研究或收藏的好书籍。五是兼顾通俗性。丛书要求语言通俗易懂，行文简洁明了，图文并茂，条理清晰，易于传播，既可作阅读品鉴之用，也是开展对外宣传和交流的好读物。六是坚持优质性。丛书综合考虑研究进度和经费安排，本着宁缺勿滥的原则，采取成熟一本、出版一本的做法，“慢工出细活”，保证研究出版的质量。七是力求系统性。每年从若干选题中精选一批进行资助出版，积沙成塔，形成规模，届时可再按历史文化、哲学社会科学、佛山典籍整理等形成系列，使丛书系列化、规模化、品牌化。八是讲究方便性。每种书一般保持在25万字左右，既是整套丛书的一部分，编排体例、形式风格保持一致，又独立成书，自成一体，各有风采，避免卷帙浩繁，方便携带和交流。

自2012年底正式启动丛书编撰工作以来，编委会多次召开专门会议，讨论确定研究主题、编撰原则、体例标准、出版发行等事宜。最终确定《明清以来佛山城市文化景观演变研究》、《石湾窑文化研究》、《佛山传统童谣辑注》等作为丛书第一批项目，列入我市重点社科理论研究课题予以资助出版。经过选题报告、修改完善、专家审定、编辑校对等环节，最终呈现给读者的就是首批《佛山市人文和社科研究丛书》。今后，编委会将继续从全市各单位、各院校及社会各界广泛征集项目进行论证遴选和资助出版，力争通过数年的持续努力，形成一整套覆盖佛山人文社科方方面面的研究丛书，使之成为建设佛山岭南文化名城、增强地方文化软实力的一项标志性工程。

本套丛书的编辑得到了佛山科学技术学院、佛山市委党校、佛山职业技术学院、顺德职业技术学院等院校和全市广大人文社科工作者的大力支持，中国社会科学院首批学部委员、著名学者杨义教授欣然为丛书作总序，余婉韶、宋德华等一批专家应邀审阅了部分书稿，中山大学出版社为丛书的出版做了大量艰苦细致的工作，在此一并表示衷心的感谢，并对所有关心和支持丛书编撰工作的社会各界人士致以深深的敬意！

佛山市人文和社科研究丛书编委会

2014年3月3日

都来了解佛山的城市自我

——《佛山市人文和社科研究丛书》总序

杨　义

（中国社会科学院首批学部委员）

大凡有文化底蕴的地方，都有它的身份、品格和精神，有它的人物、掌故和地方风物，从而在祖国文化精神总谱系中留下它独特的文化DNA。佛山作为一座朝气蓬勃而又谦逊踏实的岭南名城，自然也有它的身份、品格、精神，有它的人物、掌故、风物和文化DNA。对于佛山人而言，了解这些，就是了解他们的城市自我；对于外来人而言，了解这些，就是接触这个城市的“地气”。

佛山有“肇迹于晋，得名于唐”的说法。汉武帝派张骞通西域之后，中国始通罽宾，即今克什米尔。罽宾属于或近于佛教发祥之地，在东汉魏晋以后的数百年间，多有高僧到中原传播佛教和译经。唐玄奘西行求法，就是从罽宾进入天竺的。据清代《佛山志》，东晋时期，有罽宾国僧人航海东来传教，在广州西面的西江、北江交汇的“河之洲”季华乡结寮讲经，宣传佛教，洲岛上居民因号其地为“经堂”。东晋安帝隆安二年（398），初来僧人弟子三藏法师达昆耶舍尊者，来岛再续传法的香火，在经堂旧址上建立了塔坡寺。因而佛山经堂有对联云：“自东晋卓锡季华，大启丛林，阅年最久；念西土传经上国，重兴法宇，历劫不磨。”其后故寺废弛。到了唐太宗贞观二年（628），居民在塔坡冈下辟地建屋，掘得铜佛三尊和圆顶石碑一块，碑上有“塔坡佛寺”四字，下有联语云：“胜地骤开，一千年前，青山我是佛；莲花极顶，五百载后，说法起何人。”乡人认为这里是佛家之山，立石榜纪念，唐贞观二年镌刻的“佛山”石榜至今犹存。佛山的由来，因珠江冲积成沙洲，为佛僧栽下慧根，终于立下了人灵地杰的根脉。

明清以降的地方志，逐渐发展成为记录地方历史风貌的百科全书。读地方志一类文献，成为了解地方情势，启示就地方而思考“我是谁”的文化记忆遗产。毛泽东喜欢读地方志书。在战争年代，每打下一座县城，就找县志来读。1929年打下兴国县城，获取清代续修的《瑞金县志》，如获至宝，挑灯夜读。新中国成立后，毛泽东到各地视察、开会，总要借阅当地志书。1958年在成都会议之前，就率先借阅《四川通志》、《蜀本纪》、《华阳国志》，后又要来《都江堰水利述要》、《灌县志》，并在书上批、画、圈、点。他在这次成都会议上，提倡在全国编修地方志。1959年，毛泽东上庐山，就借阅民国时期吴宗慈修的《庐山志》及《庐山续志稿》。可见编纂地方人文社会科学文献，是使人明白这个地方“我从何而来”、“我的文化基因若何”，保留历史记忆，增加文化底蕴的重要工程。

从历史记忆可知，佛山之得名，是中外文化交流的一个亮丽的典型。它栽下的慧根，就是以自己的地理因缘和人文胸怀，得经济文化的开放风气之先。因为佛教东传，不只是一个宗教事件，同时也是开拓文化胸襟的历史事件。随同佛教而来的，是优秀的印度、波斯、中亚和希腊文化，它牵动了海上丝绸之路。诸如雕塑、绘画、音乐、美术，物产、珍宝、工艺、科技，思想、话语、逻辑、风习，各种新奇高明的思想文化形式，都借助着航船渡过瀚海，涌入佛山。佛山的眼界、知性、文藻、胸襟，为之一变，文化地位得到提升。

但是佛山胸襟的创造，既是开放的，又是立足本土的。佛山的城市地标上“无山也无佛”，山的精神和佛的慧根，已经化身千千万万，融入这里的河水及沃土。佛山的标志是供奉道教北方玄天大帝（真武）的神庙，而非佛寺，这是发人深省的。清初广东番禺人屈大均的《广东新语》卷六说：“吾粤多真武宫，以南海佛山镇之祠为大，称曰祖庙。”那么为何本土道教的祖庙成了佛山的标志呢？就因为佛山为珠江水流环抱，水是它的生命线，如屈大均接着说的：“南溟之水生于北极，北极为源而南溟为委，祀赤帝者以其治水之委，祀黑帝者以其司水之源也。”于是从北宋元丰年间（1078—1085）起，佛山就建祖庙，宋元以后各宗祠公众议事于此，成为联结各姓的纽带，遂称“祖庙”。祖庙附有孔庙、碑廊、园林，红墙绿瓦，亭廊嵯峨，雕梁画栋，绿荫葱茏，历数百年而逐渐成为一座规模宏大、制作精美、布局严谨、具有浓厚岭南地方特色的庙宇建筑群。

这种脚踏实地的开放胸襟，催生和推动了佛山的社会经济开发的脚步。晋唐时期的佛山，还只是依江临海的沙洲，陆地尚未成片。到了宋代，随着中原移民的大量涌入和海外贸易的兴起，珠江三角洲的进一步开发，佛山得到了进一步发展，于是有“乡之成聚，肇于汴宋”的说法。佛山邻近省城，可以分润省城的人才、文化、交通、商贸需求的便利；但它又不是省城，可以相当程度地摆脱官府权势压力和体制性条条框框的约束，有利于民间资本、技艺、实业和贸易方式的发育。珠江三角洲千里沃野，需要大量铁制的农具，因而带动了佛山的冶炼铸造业。屈大均《广东新语》卷十五说："铁莫良于广铁，……诸炉之铁冶既成，皆输佛山之埠，佛山俗善鼓铸，……诸所铸器，率以佛山为良，陶则以石湾。"生产工具的改进和省会、海外需求的刺激，又进一步带动了以桑基鱼塘为依托的缫丝纺织业。

起源于南越先民的制陶业，也在中原制陶技术的影响下，迅速发展起来了。南宋至元，中原移民把定、汝、官、哥、钧诸名窑的技艺带到佛山石湾，与石湾原有的制陶技艺相融合，在吸取名窑造型、釉色、装饰纹样的基础上，使"石湾集宋代各名窑之大成"。石湾的土，珠江的水，在佛山人手里仿佛具有了灵性，它们在南风古灶里交融裂变、天人合一，幻化出了五彩斑斓的石湾陶。清人李调元《南越笔记》卷六记载："南海之石湾善陶。凡广州陶器，皆出石湾，尤精缸瓦。其为金鱼大缸者，两两相合。出火则俯者为阳，仰者为阴。阴所盛则水浊，阳所盛则水清。试之尽然。谚曰'石湾缸瓦，胜于天下。'"李调元是清乾嘉年间的四川人，晚年著述自娱，这也取材于《广东新语》。水下考古曾在西沙沉没的古代商船中发现许多宋代石湾陶瓷。在东至日本朝鲜、西至西亚的亚曼和东非的坦桑尼亚等地，也有不少石湾陶瓷出土。自明代起，石湾的艺术陶塑、建筑园林陶瓷、手工业用陶器不断输出国外，尤其是园林建筑陶瓷，极受东南亚人民的欢迎。东南亚各国如泰国、越南、新加坡、马来西亚、印度尼西亚等地的出土文物中，石湾陶瓷屡见不鲜。至今在东南亚各地以及香港、澳门、台湾地区庙宇寺院屋檐瓦脊上，完整保留有石湾制造的瓦脊就有近百条之多，建筑饰品更是难以计其数。石湾陶凭借佛山通江达海的交通条件和活跃的海外贸易，走出了国门，创造了"石湾瓦，甲天下"的辉煌。石湾陶瓷史，堪称一部浓缩的佛山文化发展史，也是一部精华版的岭南文化发展史：南粤文化是其底色，中原文化是其彩釉，而外来文化有如海风拂拂，引起了令人惊艳的"窑变"。

佛山真正名扬四海，还因其在明清时期演绎的工商兴市的传奇。明清时期的佛山，城市空间不断拓展，商业空前繁荣，由三墟六市一跃而为二十七铺。佛山的纺织、铸造、陶瓷三大支柱产业，都进入了繁荣昌盛的发展阶段。名商巨贾、名工巧匠、文人士子、贩夫走卒，五方辐辏，汇聚佛山。或借助产业与资本的运作，富甲一方，造福乡梓；或潜心学艺、精益求精，也可创业自强。于是，佛山有了发迹南洋的粤商，有了十八省行商会馆，有了古洛学社和佛山书院，有了诸如铸铁中心、南国丝都、南国陶都、广东银行、工艺美术之乡、民间艺术之乡、中成药之乡、粤剧之乡、武术之乡、美食之乡等让人艳羡的美名，有了陈太吉的酒、源吉林的茶、琼花会馆的戏……百业竞秀、名品荟萃，可见街市之繁华。乡人自豪地宣称："佛山一埠，为天下重镇，工艺之目，咸萃于此。"外地游客也盛赞："商贾丛集，阛阓殷厚，冲天招牌，较京师尤大，万家灯火，百货充盈，省垣不及也。"清道光十年（1830）佛山人口据说已近60万，成为"广南一大都会"，与汉口、景德镇、朱仙镇并称"天下四大镇"，甚至与苏州、汉口、北京共享"天下四大聚"之美誉，即清人刘献廷《广阳杂记》卷四所云："天下有四聚，北则京师，南则佛山，东则苏州，西则汉口。"佛山既非政治中心，亦非军事重镇，它的崛起打破了"郡县城市"的旧模式，开启了中国传统工商城市发展的新途径。它以"工商成市"的模式，丰富了中国城市学的内涵。

近现代的佛山，曾经遭遇过由于交通路线改变，地理优势丧失、经济环境变化的困扰。但是，佛山并没有步同列四大名镇的朱仙镇一蹶不振的后尘，而是在艰难中励志探索，始终没有松懈发展的原动力，在日渐深化的程度上实行现代转型。改革开放以来，佛山又演绎了经济学家津津乐道的"顺德模式"和"南海模式"。前者是一种以集体经济为主、骨干企业为主、工业为主的经济发展方式。借助这种模式，顺德于20世纪80年代完成了从农业社会到初始化工业社会的过渡，完善了有利于科学发展的体制机制，诞生了顺德家电的"四大花旦"——美的、科龙、华宝、万家乐。后者是以草根经济为基础，按照"三大产业齐发展，五个层次一齐上"的方针，调动县、镇、村、组、户各方面的积极性和社会资源，形成中小企业满天星斗的局面。上述两种模式衍生了佛山集群发展的制造基地、各显神通的专业市场、驰名中外的佛山品牌、享誉全国的民营经济。

佛山在自晋至唐的得名过程中埋下了文化精神的基因，又在现代产业经济发展中，培育和彰显一种敢为人先、崇文务实和通济和谐的佛山精神。这种文化基因和文化精神，使佛山人得近代风气之先，走出了一批影响卓著的名人：从民族资本家陈启源到公车上书的康有为，从"近代科学先驱"邹伯奇到"铁路之父"詹天佑，从"岭南诗宗"孙蕡到"我佛山人"吴趼人，从睁眼看世界的梁廷枏到出使西国的张荫桓，从岭南雄狮黄飞鸿到好莱坞功夫巨星李小龙。在现代工商发展方式上也多有创造，从工商巨镇到家电之都，从"三来一补"到经济体制改革，从专业镇建设到大部制改革，从简镇强权到创新型城市建设，百年佛山人在政治、经济、文化领域引领风骚，演绎了一个个岭南传奇。佛山适时地开发了位于中国最具经济实力和发展活力之一的珠江三角洲腹地，位于亚太经济发展活跃的东亚及东南亚的交汇处的地理位置优势，由古代四大名镇之一转型为中国的改革先锋。

佛山人生生不息、与时俱进的创造力，蕴含着深厚的文化血脉和丰富的文化启示，值得进行系统的梳理和深层次的阐释。当代的佛山人，在默默发家致富、务实兴市的同时，应该自觉地了解生于斯、长于斯的这个城市的“自我”，总结这个城市发展的风风雨雨、潮起潮落的足迹，以佛山曾是文献之邦、人文渊薮的传统，来充实自己的人文情怀，提高“佛山之梦”的境界。佛山人也有梦，一百年前“我佛山人”吴趼人在《南方报》上连载过一部《新石头记》，写贾宝玉重入凡世乃是晚清社会，他不满于晚清种种奇怪不平之事，后来偶然误入“文明境界”，目睹境内先进的科技、优良的制度，不胜唏嘘。他呼唤“真正能自由的国民，必要人人能有了自治的能力，能守社会上的规则，能明法律上的界线，才可以说自由”；而那种“野蛮的自由”，只是薛蟠要去的地方。这些佛山文化遗产，是佛山人应该重新唤回记忆，重新加以阐释的。

“我佛山人”是我研究小说史时所熟悉的。我曾到过佛山，与佛山人交流过读书的乐趣和体会，佛山的文化魅力和经济成就也让我感动。略有遗憾的是，当我想深入追踪佛山的历史身份、品味和文化DNA时，图书馆和书店里除了旅游手册之类，竟难以找到有丰厚文化底蕴的新读物。“崇文”的佛山，究竟隐藏在繁华都市的何方？“喧嚣”的佛山，可曾还有一方人文的净土？我困惑着，也寻觅着。如今这套《佛山市人文和社科研究丛书》，当可满足我的精神饥渴。它涵盖了佛山的方方面面，政治、经济、文化，历史、人文、地理，城市、人物、事件，时空交错、经纬纵横，一如古镇佛山，繁华而不喧嚣，富有而不夸耀；也如当代佛山，美丽而不失内秀，从容而颇具大气。只要你开卷展读，定会感受到佛山气息，迎面而来；佛山味道，沁人心脾；佛山故事，让人陶醉；佛山人物，让人钦佩；佛山经验，引人深思；佛山传奇，催人奋进。当你游览祖庙圣域、南风古灶、梁园古宅之后，从容体味这些讲述佛山文化的书籍，自会感到精神充实，畅想着佛山的过去、当下和未来。我有一个愿望，这套丛书不止于三四本，而应该是上十本、上百本，因为佛山的智慧和传奇，还在书写着新的篇章，佛山是一部读不完的大书。佛山，又名禅城。佛山于我们，是参不透的禅。这套丛书可以使我们驻足沉思，时有顿悟！

我喜欢谈论人文地理，近来尤其关注包括佛山在内的南中国海历史文化。但是对于佛山，充其量只是走马观花、浮光掠影，爱之有加，知之有限。聊作数言，权作观感，是为序。

2014年2月9日

序

“石湾陶，景德瓷”，中国陶瓷之精髓。

“陶”实为“瓷”之母，石湾作为中国陶窑的代表，理应具有像景德镇作为中国瓷窑代表那样的地位。然其并不为人所共知，历代文献对石湾窑的记载寥寥无几，国人对其艺术价值之忽视更让人扼腕。

石湾地处南方，为典型民窑，主要产品多是民间日常用器，虽行销广泛，出品中的艺术陶器亦备极工巧，奈何大都为民间玩物，非官窑产品或贡物，少了名分与头衔，因而并不为士大夫阶层所重视。石湾窑在中国陶瓷史上实被忽略与误解了，其作为“中国陶”代表的地位亦同时被贬低。然而，清代与民国时期的日本和美国专著则均有记载石湾陶瓷，可见石湾窑早已声名在外，引起国外研究者的注意。

几百年来，许多古代名窑都已湮灭。石湾这一陶业中心，虽历无数劫难，却顽强生存至今，正说明石湾民窑文化生命力之强大。明清以来，石湾窑更是代表了广窑的最高水平。

经过新中国成立后几十年的考古挖掘及研究，石湾窑渐渐向世人展示了其博大精深的文化内涵。国际上最早研究和收藏石湾陶的葡萄牙大律师文第士先生、一生致力于石湾窑研究的施钦仁与施丽姬父女、中山大学文物馆主任委员容庚教授、岭南大学博物馆馆长冼玉清教授等均有共识，认为石湾窑陶器为广东出色的文物，亟待整理研究。多位专家学者为研究石湾陶瓷做出了重大贡献。现今，经收藏家与研究者长期努力，当代石湾窑之研究已上一新台阶。在此感谢所有的前辈同行，没有他们艰苦卓绝的研究工作，就不可能有我们今天的研究成果。

多年来，关于石湾窑的研究，仅注重其艺术陶瓷及表面现象。石湾窑经历了几千年的传承和完善，实已自成体系，其结构与内涵更值得我们深究。

今天研究之目的，于其表是为石湾窑文化正本清源，辨明是非，确立其应有地位；于其里是为还原岭南历史文化之原貌。这一理想，任重而道远，不可一蹴而就。唯望抛砖引玉，携志同道合者，开创一片新天地。

周彝馨　吕唐军

2013 年 12 月于禅城栋宇画廊

目　　录

第一章 绪 论

第一节 研究石湾窑文化的意义

“石湾陶，景德瓷”，是中国陶瓷的精髓。中国历史上有众多名窑（图1.1）。佛山石湾素有“南国陶都”之称，新中国成立后更被授予“中国陶都”、“中国陶瓷名镇”、“陶瓷名镇”之名，可见石湾窑的地位。2006 年，“石湾陶塑技艺”项目入选第一批国家非物质文化遗产名录。

“陶”实为“瓷”之母，石湾窑作为中国陶窑的代表，应具有像景德镇作为中国瓷窑代表那样的地位。可是它并不为人所共知。历代文献对石湾窑的记载寥寥无几，在省、府、县的志书中记载也很简略。许之衡《饮流斋说瓷》[①] 中甚至评论：“广窑在粤名曰石湾，……自明时已迁于此。……清初颇有良工数人，其仿钧见称于世。……至今日制器尚盛，实则胎质粗下，远不及潮阳、合浦。……百粤殊贱视之，徒以其历史甚古，曾出良工，省外遂颇重视，诚所谓物离乡者贵，非欤?”许之衡是广东人，对石湾陶瓷竟有此论，可见石湾窑为前人所忽视。石湾窑地处南方，是典型的民窑，主要产品是民间日常用器，虽行销广泛，出品中的艺术陶器亦备极工巧，但大都为民间玩物，非官窑产品或贡物，少了名分与头衔，所以并不为士大夫阶层所重视。石湾窑在中国陶瓷史上实被忽略与误解了，其作为“中国陶”代表的地位亦同时被贬低。然而，清代与民国时期的日本和美国专著均有记载石湾陶瓷，可见石湾窑早已声名在外，引起国外研究者的注意。

明清以来的石湾窑代表了广窑的最高水平。在釉彩艺术上，它承继了青瓷体系的优良做法，模仿宋代各名窑的作品，尤以仿钧最为独到，保存了久已失传的钧窑风格，发挥了色彩斑斓的表现力；在雕塑艺术上，它题材丰富，以写实主义手法表现出生动的形象和神态。几百年来，许多古代

---

① 见第一章第三节。

图 1.1　中国窑址略图

资料来源:《中国陶瓷·石湾窑》。

名窑都已湮灭，而石湾这个陶业中心，虽然经过无数的灾难，却顽强生存至今，正说明了石湾民窑文化生命力的强大。

20 世纪 50 年代，中山大学文物馆主任委员容庚①教授便认为石湾艺术陶瓷为广东出色的文物，亟待整理研究。张维持②教授、商承祚③教授、冼玉清④教授、黄祖敏先生⑤、韩沛然先生⑥和朱杰勤⑦教授等都为研究石湾陶瓷做出了重大贡献。

多年来，关于石湾窑的研究，仅注重其艺术陶瓷及表面现象。石湾窑经历了几千年的传承和完善，实已自成体系，其结构与内涵更值得我们深究。

今天我们做此研究，其目的，于其表，是为石湾窑文化正本清源，辨明是非，确立其应有地位；于其里，是为还原岭南历史文化之原貌。

第二节 石湾窑文化研究范围

一、时间维度

本研究时间范围界定于新石器时代至 1949 年，包括原始时期、封建时期与近代的石湾窑文化内容。

---

① 容庚（1894—1983），原名肇庚，字希白，号颂斋，东莞莞城人。师从罗振玉、王国维，对殷周以来甲骨文、彝文字进行过大量的研究。1922 年入北京大学研究所国学门为研究生。1926 年毕业，先后任教于北京大学、燕京大学。抗日战争胜利后，任岭南大学中文系主任。后任中山大学中文系教授。著作有《金文编》、《金文续编》、《商周彝器通考》等。

② 见第五章第三节。

③ 商承祚（1902—1991），古文字学家、金石篆刻家、书法家。字锡永，号驽刚、蠖公、契斋，广东番禺人。早年从罗振玉选研甲骨文字，后入北京大学研究所国学门为研究生。毕业后曾先后任教于东南大学、中山大学、北京女子师范大学、清华大学、北京大学、金陵大学、齐鲁大学、东吴大学、沪江大学、四川教育学院、重庆大学、重庆女子师范大学等。有《殷虚文字类编》、《商承祚篆隶册》行世。

④ 见第五章第三节。

⑤ 番禺世家子弟，数十年鉴赏石湾陶瓷的经验，协助商承祚先生甄别石湾陶瓷。

⑥ 中山世家子弟，熟悉石湾陶瓷的市场价格行情，协助商承祚先生选购石湾陶瓷。

⑦ 朱杰勤（1913—1990），出生于广东顺德。1933 年考入中山大学文史研究所当研究生，1936 年毕业。抗日战争爆发后，1940 年取道越南抵达昆明，先后在迁至云南的中山大学、昆明巫家坝空军军官学校、重庆南洋研究所、云南东方语文专科学校、云南大学、云南军区司令部等处任教。1952 年调回广州任中山大学历史系教授。1958 年起调任暨南大学历史系教授、系主任。文革开始后，1970 年暨南大学停办，朱杰勤教授先后转入华南师范大学历史系和中山大学历史系，1978 年文革结束后暨南大学复办，朱杰勤教授才又重返暨南大学历史系并担任系主任，1981 年创办暨南大学华侨研究所并任所长。1984 年经国务院学位办批准，暨南大学专门史（中外关系史）专业设立博士学位点，由朱杰勤教授担任博士生导师并招收首批博士研究生。1990 年朱杰勤教授因心脏疾病去世，享年 77 岁。

新石器时代是石湾陶文化有实证的最早年代。1977 年河宕旧墟（位于大雾冈东面）贝丘遗址的发掘证明了早在 4000 年前的新石器时代，石湾一带就曾居住过制陶业相当发达的原始农业部落。封建时代的石湾窑文化有大量实证流传，是石湾窑文化巅峰的证明。近代对于石湾窑文化的研究，经过了 60 年的积淀，各类相关资料渐渐充实，我们才能尝试对其进行总结，辨明是非，理清头绪。

有人说历史的编撰要经历 50 年的沉淀，石湾现代窑文化的研究恰恰如此。石湾窑的现代史，议论纷繁，观点不一，分歧颇大，难以形成可以广泛接受的主流观点。我想，当前并不是适合的时机对当代石湾窑文化做出定论，因此，本次研究暂不涉及石湾现代窑文化的研究。只要能将石湾窑的千年源流理清，对石湾窑文化正本清源，相信石湾现代窑文化的研究在不久的将来就会有所大成。

二、空间维度

当代所讲的石湾的空间方位与历代所述有出入。石湾古代曾隶属南海县佛山镇石洲乡，1954 年由佛山市接管，现在则隶属于佛山市禅城区。其历代的辖区范围也有所不同。

本书中所述的石湾，是广义之石湾地区，即与石湾陶瓷或石湾窑有直接关系之地区，其通常指石湾江（东平河）东北岸、大雾冈（又作大帽冈）以西、海口以东、澜石以北约 2 平方公里的狭长地带。

此外，另有两个区域与本书探讨的石湾窑密切相关。一个区域是从石湾西北角的海口村沿东平河东岸向西北到小塘的奇石村，另一个区域是从奇石沿着河边往北到南海北部的官窑。这两个区域都有大量的唐宋窑址，尤以奇石附近最为密集。这两个区域出土的大量唐宋陶片，无论在胎质、釉色、锻烧方法上都与石湾窑唐宋器物极其一致。可见石湾和这两个区域是同一个窑系生产系统。

第三节　石湾窑研究的历史与现状

一、石湾窑研究的历史

多年来，由于重瓷轻陶的偏见，石湾陶器一直鲜见于典籍，也长期不受古董收藏者的青睐。中山大学教授冼玉清1940年在《广东之鉴藏家》一文中，列举了自明正德年间至1930年广东知名鉴藏家51位，其中明代7位，清中至民初44位。其中特别列明藏有陶瓷的仅4家，所藏陶瓷并无石湾古器的记载。

历代文人士大夫阶层多认为石湾陶瓷乃生活用品或玩物，并不注意其价值与文化内涵，致使研究者寥寥无几，并有不少曲解贬低之论。加上石湾从事陶业者多为文化水平不高的工匠，难以留下典籍著作，以致石湾窑文化在古代与近代都没有确立其应有的地位。表1.1中将古代与近代（新中国成立前）文献中对石湾窑有直接描述的总结归纳如下。另有部分曲解石湾窑的文献，如将石湾窑的作品混淆于阳江窑或是广窑的，不一一列举。

表1.1 历代文献对石湾窑的描述

序号	国别	时间	作者	著述	内　容
1	中	明	朱彝尊①	明诗综②·谣谚	石湾瓦，甲天下。
2	中	清	屈大均③	广东新语④	南海之石湾善陶，凡广州陶器皆出石湾。石湾之陶遍及二广，旁及海外之国。

① 朱彝尊（1629—1709），清代诗人、学者、藏书家。字锡鬯，号竹垞，又号驱芳，晚号小长芦钓鱼师，又号金风亭长。秀水（今浙江嘉兴市）人。康熙十八年（1679）举博学鸿词科，除检讨。二十二年（1683）入直南书房。曾参加纂修《明史》。博通经史，诗与王士祯称南北两大宗。作词风格清丽，为浙西词派的创始者，与陈维崧并称朱陈。精于金石文史，购藏古籍图书不遗余力，为清初著名藏书家之一。朱彝尊著有《曝书亭集》80卷、《日下旧闻》42卷、《经义考》300卷；选《明诗综》100卷，《词综》36卷（汪森增补）。

② 《明诗综》辑录明代3400余位明代诗人的作品，自洪武朝始，止于崇祯朝，重要诗人选入百首，亦有只选一首者，特重于死于末造之臣，凡有诗者大致网罗无遗，末卷录民间杂歌谣辞155首。汪森、朱端、张大受等人有评语。有清康熙四十四年（1705）自序六峰阁刊本。

③ 屈大均（1630—1696）明末清初著名学者、诗人，与陈恭尹、梁佩兰并称“岭南三大家”，有“广东徐霞客”的美称。字翁山、介子，号莱圃，广东番禺人。诗有李白、屈原的遗风，著作多毁于雍正、乾隆两朝，后人辑有《翁山诗外》、《翁山文外》、《翁山易外》、《广东新语》及《四朝成仁录》，合称“屈沱五书”。

④ 成书于屈大均晚年，是一部有价值的关于广东的清代笔记。全书共28卷，每卷述事物一类，即所谓一“语”，如天、地、山、水、虫、鱼等。

续表 1.1

序号	国别	时间	作者	著述	内　　容
3	中	清（1822）	阮元①	广东通志②	冶则佛山，陶则石湾，皆良工也。石湾所制陶器，似古之官窑，郡人有石湾瓦甲天下之谚，形制古朴，有百级纹者，在江西窑之上。
4	中	清同治十一年（1872）	郑梦玉	南海县志③	石湾所制陶器似古之官窑，郡人有石湾瓦甲天下之谚，器形古朴，有百圾碎④者，在江西窑之上。石湾金鱼大缸，两两相合，俯者为阴，仰者为阳，阴所盛水浊，阳所盛水清，试之尽然。 石湾乡三窑同建。
5	中	清末	范端昂⑤	粤中见闻⑥·瓦缸	南海之石湾善陶，其瓦器有黑、白、青、黄、红、绿各色，备极工巧，通行两广。
6	中	清		霍氏族谱	霍氏三世祖原山公烧龙窑一座，土名莘村冈，窑名“文灶”。东西俱十六丈七尺，南北俱二丈五尺。
7	中	清嘉庆年间	林绍光	拟公禁石湾挖沙印砖说略	石湾六七千户，业陶者十居五六。

① 阮元（1764—1849），扬州仪征人，字伯元，号云台、雷塘庵主，晚号怡性老人，谥号“文达”，清代嘉庆、道光间名臣。他是著作家、刊刻家、思想家，在经史、数学、天算、舆地、编纂、金石、校勘等方面都有着非常高的造诣，被尊为一代文宗。

② 《广东通志》从明代的《广东通志初稿》算起，曾经编修了八次。第六次纂修是在清嘉庆二十三年（1818）由阮元负责，道光二年（1822）完成。全书分三百三十四卷，共十九门六十八目。

③ （清）郑梦玉等修，广州翰文楼，清同治十一年（1872）。

④ 见第三章第三节。

⑤ 范端昂，字吕南，清康熙、雍正年间三水县三江乡人。由开建学候选州同，而毕生主要从事研经讲学和著作。曾于英德三山、阳山通儒乡、边州金龟山等处讲学，连县知县黄邑候送他“经术醇儒”之匾额。著述颇丰，有《粤中见闻》、《香夜竺泐》二卷、《夜制续泐》五卷、《夜诗泐》四卷、《夜泐续补》三卷等。

⑥ 范端昂晚年之作，成书不会迟于雍正八年（1730）。全书凡 35 卷 29 万字，翔实记述了广东农业和手工业生产的情况，介绍了广东人民的生活习俗，引用了大量的民间谣谚和故事传说，很有地方特色。

续表 1.1

序号	国别	时间	作者	著述	内容
8	中	民国（20世纪20年代）	许之衡①	饮流斋说瓷②	广窑在粤名曰石湾，……自明时已迁于此。……清初颇有良工数人，其仿钧见称于世。……至今日制器尚盛，实则胎质粗下，远不及潮阳、合浦。……百粤殊贱视之，徒以其历史甚古，曾出良工，省外遂颇重视，诚所谓物离乡者贵，非欤？
9	中	1918年	梁敬敦	石湾陶器	
10	中	1925年	刘子芬	竹园陶说	广窑即石湾窑，在广州佛山镇之石湾村……陶器上釉者。明时曾出良工，仿制宋钧红、蓝窑变各色，而以蓝釉中映露紫彩者为最浓丽，粤人呼为翠毛蓝，以其色甚似翠羽也。窑变及玫瑰紫，色亦好；石榴红，色次之。今世上流传广窑之艳异者，即此类之物也。
11	中	1937年	何世光	广东石湾陶业	
12	中	1935年	刘策余	广东石湾陶泥的分析	
13	中	1935年	郑正平	石湾陶业概况和今后改良的我见	
14	中	1936年	贯之	广东省陶业之改造方针	
15	中	1930年	梁照葵③	石湾陶器考	

① 许之衡（1877—1935），字守白，广东番禺人。1903年岁贡生。曾毕业于日本明治大学。历任北京大学国文系教授兼研究所国学门导师，北京师范大学讲师。一生对中国古典词曲声律颇有研究，亦擅刻印。著有《中国音乐小史》、《曲律易知》、《守白词》、《饮流斋说瓷》等。

② 《饮流斋说瓷》是在总结前人知识与个人见闻的基础上而成的一部研究中国陶瓷史的专著。书中收集了大量古陶瓷的学名和俗称，为后人保留下众多的历史名词与古董术语，至今仍为中外博物馆及文物界相沿使用。

③ 梁照葵（1866—1933），清孝廉。

续表 1.1

序号	国别	时间	作者	著述	内容
16	中	1930 年	梁照葵	石湾缸瓦业调查报告	
17	中	民国	李景康①	石湾陶业考②	
18	英	1904 年	F. 布克利	日本和中国③	
19	英	1906 年	S. W. 布谢尔	中国艺术④	
20	日	1917 年	大西林五郎	支那陶瓷全书⑤	
21	德	1927 年	柯道·柏林	石湾陶器杂记	
22	日	1936 年	上田恭辅	支那陶瓷之时代的研究⑥	
23	日	民国（昭和 15 年，1940 年）	上田恭辅	支那陶瓷之诸考察⑦	
24	日	1941 年	上田恭辅	支那古陶瓷研究之手引⑧	
25	美	民国	加它	中国的宏丽	

① 见第五章第三节。

② 李景康：《石湾陶业考》，广东文物展览会编：《广东文物》（卷十），1940 年版，第 1019～1020 页。

③ 英国伦敦出版。

④ 英国伦敦出版。

⑤ 民国 5 年（日大正 6 年）日本用铜版活字刻印的中国从战国到明、清陶瓷大全书，书中重点解述各个时期陶瓷窑口、陶瓷特征、发展影响等（大西林五郎：《支那陶瓷全书》，日本：松山堂书店，1917 年）。

⑥ 上田恭辅：《支那陶瓷之时代的研究》，大阪屋号书店，1936 年版。

⑦ 上田恭辅：《支那陶瓷之诸考察》，大阪屋号书店，1940 年版。

⑧ 上田恭辅：《支那古陶瓷研究之手引》，大阪屋号书店，1941 年版。

晚清以来，不少人对石湾窑基地的创始年代做过研究，有各种说法，归纳起来，大体有起于宋及起于明两说。主张起于宋代的说法，或根据父老传闻，或根据捡到宋代陶片，或根据几个大姓于宋代迁居石湾及宋代石湾已有陶师庙等材料，虽有一定论据，但都不是经过考古发掘，也没有和与石湾有关的古窑址联系起来去考察，因而没有从根本上解决问题。主张起于明代的说法大致有三种：一种是根据明代成化年间的存世品立论；另一种是根据旧乡志的传闻，说在明万历年间，尚书李待问奉命去潮州办贡瓷，顺道返佛山，看见石湾有建窑的地利，热心于家乡兴办实业，因而创办起来；又一种是某些著录把广窑、阳江窑和石湾窑穿凿混淆起来[①]，世人又根据石湾有些陶工的祖先在阳江附会上去，得出石湾窑是明代从阳江迁来之说。第一种是从古物鉴赏家的角度出发，就手头所掌握最早的传世品下结论，没做科学的调查研究。第二种纯属传闻之误，石湾传世陶器有“宣德”（1426—1435）、“成化”（1465—1487）旧物，佛山出土的陶器亦有“洪武八年”（1375）、“天顺七年”（1463）、“成化壬寅年”（1482）的石湾窑黑釉陶罐，时间远早于神宗万历年（1573—1620）。第三种影响颇大，必须澄清。就目前调查的结果来看，石湾窑的陶瓷生产从唐代以后就从未间断过，时间比北宋的阳江窑早。北宋阳江窑出土的遗物“瓷胎清白细腻，火候很高，釉色有淡青、青绿等种，器壁内外均刻有花纹，器形和潮州窑中出土的同类器形大致相同”[②]。而石湾窑产品属半瓷性质，胎质灰色或灰白，釉色青黄、酱褐为主。两窑差异很大，应没有渊源关系。阳江、东莞也有地名叫石湾。宋明以来，由于佛山石湾陶业兴盛，阳江或东莞都有陶工迁居石湾，因而石湾窑与阳江窑或东莞窑有某些产品的风格互相影响，则是可能的，这可做进一步的研究。

当代学术界对“石湾窑”起始大约有两种看法：一是传统的5000年陶文化说，即起源于新石器时期的河宕文化。持此种观点为省、市博物馆界的一些专家。二是石湾窑起源于唐代说。持此种观点的是广东省博物馆曾广亿[③]先生，他的论据是南海奇石等古窑址和周边唐代墓葬出土的陶瓷器皿。

民国时期石湾窑引起了部分国外研究者的重视与研究，其中较为重要的有日本人大西林五郎的《支那陶瓷全书》，上田恭辅的《支那陶瓷之时

---

① 如蓝浦的《景德镇陶录》和园叟的《陶雅》。张维持的《广东石湾陶器》已对这种混淆做过批判。

② 曾广亿、古运泉、宋良壁：《佛山石湾阳江石湾古窑关系初探》，《石湾陶展》，香港大学冯平山博物馆，1979年版。

③ 见第五章第三节。

代的研究》、《支那古陶瓷研究之手引》和《支那陶瓷之诸考察》，美国人加它的《中国的宏丽》和柯道·柏林的《石湾陶器杂记》。也有国人的研究，如梁敬敦的《石湾陶器》，何世光的《广东石湾陶业》，刘策余的《广东石湾陶泥的分析》，郑正平的《石湾陶业概况和今后改良的我见》，贯之的《广东省陶业之改造方针》，李景康的《石湾陶业考》，梁照葵的《石湾陶器考》、《石湾缸瓦业调查报告》等。

20 世纪 50 年代，中山大学文物馆历年征集购置所得石湾艺术陶器 400 多件，该馆主任委员容庚教授认为石湾艺术陶瓷为广东出色的文物，亟待整理研究。

1957 年 4 月，广东省文化局文物工作队在石湾东的莲子冈下，与陶师庙废址（日本侵华时被拆毁）相距约 10 米处发现了一个古窑址，出土了大量的青釉、黑釉陶片和无釉陶片，以及匣饰、注饼等窑具。器形有碟、碗、缸、壶、杯、盆、水壶等。釉色有青、黑、紫黑三种，釉色和形制与皇帝冈[①]、阳江石湾所发现的青釉器是一致的。烧造年代可以判断为宋代。这一发现为石湾窑的创建和源流提供了地下遗物根据。

1962 年再次发现了宋窑之下压叠着唐代窑址。

1972 年在奇石村发现了唐宋窑群，共露出 20 多座北宋时期的长条形斜坡式龙窑，其中有 3 座龙窑压叠着 11 座已受毁坏的唐代小型馒头窑[②]。这一带，唐代和北宋的酱青釉和酱褐釉日用瓷片遍地都是，也有少量魂坛和花瓶等器物。石湾和奇石出土的陶器，无论在胎质、釉色和锻烧方法上都极其一致，几乎难以分辨。在大雾冈附近几次探挖，出土的器物有碗、碟、罐、盆等，是广东唐代日用陶瓷的特征，可以证明是附近唐代窑址遗留下来的废品，与唐墓所出雷同，因而可以断定是唐代产品。

1976 年，中山大学历史系师生与佛山市博物馆及石湾陶瓷研究所的同志一起，对石湾附近的贝丘遗址和古窑址进行了初步调查，对河宕旧墟的贝丘遗址进行了重点试掘。石湾大雾冈东边山脚下不到 1 公里的范围内，发现六七处新石器时期的贝丘遗址。河宕地区的贝丘遗址为石湾陶瓷起源提供了可靠的资料。

1977 年冬到 1978 年春，广东省博物馆和佛山市博物馆又联合对河宕旧墟一处新石器晚期贝丘遗址进行了发掘。在这个遗址约 1 万平方米的面积内，发掘了 750 平方米、77 座原始社会墓葬，出土陶片共约 3 万片。出土了大批夹沙陶、软陶、硬陶、印纹陶和磨光黑陶碎片，纹饰有 30 多种。

---

① 广州西郊增埗水厂前，出土的陶瓷器为广州西村窑烧制。

② 见第二章第三节。

河宕旧墟遗址的文化堆积，自上而下可分为三层：上层为唐宋至近代的遗物和墓葬，下层和中层为同一新石器文化两个连续阶段的遗存。经北京考古研究所碳14测定：中层用人骨测定的年代为距今3600～3800年，树轮校正为3900～4200年；下层用贝壳测定的年代为距今4900～5000年，树轮校正为5500～5700年。其中陶器的云雷纹比商周铜器的云雷纹还要早1000多年。

2009年9月，禅城区博物馆在石湾鸡仔冈脚下的原石湾劳动小区水浸区（当时为美陶花园工地）发现了大量的黑白釉陶器。工地开挖面积大约6800平方米，其中一条被掩埋了的河涌淤泥中混有大量陶器，层厚2～3米。2010年5月在冈西北面开挖二期工程地基时又发现了大量陶器和残片，开挖面积约3000平方米，残片堆积面积约100平方米，器物与2009年发现的物品基本相同，均为黑白釉生活器皿。前后发现的陶器残片堆积面积相加约200平方米。据堆积物面积和水井数量推断这里原有规模较大的陶器作坊，这些作坊均建在山冈半腰和河涌边，各作坊烧制的残次品就近倾倒在河涌里，经年累月填平河涌，形成街巷，是石湾陶业基地的核心地带。新发现的陶器是新中国成立以来在石湾地界集中出土数量最多、时间跨度最大、种类最全的考古发现。主要以日用陶器为主，器物较完整。出土物品除了少量唐宋的器皿外，大量是南宋至明代的日用陶器，其中以南宋和元代为最多，且与传世的石湾日用陶器相似度极高。工地东面发现一个很大的炼泥坑，工人打钻头时导出大量陈腐红泥浆。在东南坡断面发现一个馒头窑烧结的土层。出土陶器样品送到省文物鉴定站做热释光测定，其中黑釉陶片为775年，酱釉陶杯为571年，擂钵残件为870年，酱釉陶片为802年。[①] 石湾美陶花园工地大部分出土的相对年代为南宋至元代，填补了唐宋以来石湾地界出土器物的空白。

由于石湾厂房密集，虽有叠压古窑的线索，挖探沟也难于找到适宜的空隙。因此，春秋、战国至隋代这个时期石湾陶瓷的生产状况，我们所知甚少。目前仅能从新中国成立后澜石出土的战国墓葬群和东汉墓葬群中得到一些信息。新中国成立后曾在澜石鼓颡冈发现遍地的米字纹、方格纹硬陶片，火候比河宕旧墟贝丘遗址的原始陶片为高，可见石湾地区的陶窑技术在不断发展。[②]

---

① 相对误差为15%，年剂量取用经验值5.5。

② 林乃燊、邹华、石稳：《石湾陶瓷的源流、特色和历史地位》，《中山大学学报（哲学社会科学版）》1980年第3期。

二、石湾窑研究现状

经过长期的酝酿，当代石湾窑的收藏和研究已经上了一个台阶。

故宫博物馆、中国历史博物馆、广东省博物馆、佛山市博物馆、香港冯平山博物馆、香港大学、澳门贾梅士博物馆、美国路易斯安那州州立艺术学院等地都收藏有大量的石湾窑作品。特别是故宫博物馆藏的石湾陶器不在少数，2005 年在广东省博物馆举办《粤海珍萃：清代广东贡品特展》中便出现 9 件石湾窑贡品；2007 年北京故宫博物院编印的《故宫收藏：你应该知道的 200 件佛像》一书中亦有 11 件清代石湾窑精美佛像。这些清代宫中藏品，已经足够打破以往“石湾器物不被宫廷赏识”的传说。

新中国成立后石湾陶瓷研究风气大起，众多研究者加入了石湾陶瓷的研究行列，其中有研究石湾陶瓷文化或者石湾陶瓷技术的著作，如陈润德《石湾陶器》，冯达《珠江区的石湾陶器》，曾志虹《解决石湾陶业存在问题的关键在哪里》，赵本《石湾的陶器艺术》，林庆文、秦牧《记石湾陶业的发展情况和存在问题》，萧殷《石湾陶瓷雕塑》，高永坚《石湾的陶瓷艺术》，能智修弥《石湾陶瓷器》、《广窑，石湾窑的产品》、《石湾陶塑》，砚楼《百粤陶都》，张维持《广东石湾陶器》、《石湾陶器在欧洲》，何秉聪[①]《古石湾陶艺项目》、《古石湾陶艺项目（续）》、《旧石湾著名釉色》、《旧石湾公仔[②]》，张维持、韩于西《继往开来的石湾窑釉》、《漫话石湾陶》、《石湾陶脊》，张维持、李抱荣《石湾窑仿钧窑的成就与特色》，黎润明《浅谈石湾窑变》。其中张维持、曾广亿等对石湾窑研究的文献有代表性，其研究科学系统，论据充分，较有参考价值（表 1.2）。

表 1.2　新中国成立后石湾窑研究的重要文献

序号	作　者	年份	文　献
1	张维持	1991	广东石湾陶器[③]
2	广东省博物馆、佛山市博物馆	2006	佛山河宕遗址[④]

① 见第五章第三节。

② “公仔”是粤语方言，在石湾陶艺中有特定的含义，石湾的人物和动物艺术陶器，俗称“石湾公仔”。

③ 张维持：《广东石湾陶器》，广东旅游出版社 1991 年版。

④ 广东省博物馆、佛山市博物馆：《佛山河宕遗址——1977 年冬至 1978 年夏发掘报告》，广东人民出版社 2006 年版。

续表 1.2

序号	作　者	年份	文　献
3	佛山大学石湾陶瓷艺术研究课题组	1996	石湾陶瓷艺术史①
4	Fredrikke Skinsnes（施丽姬②）	1981	*A Study of Shiwan Pottery*③
5	Fredrikke Skinsnes（施丽姬）		石湾陶艺
6	Fredrikke Skinsnes（施丽姬）		略谈石湾美术陶④
7	曾广亿⑤、古运泉、宋良壁	1979	佛山石湾、阳江石湾古窑关系初探⑥
8	曾广亿	1981	佛山石湾陶业历史及有关问题探讨⑦
9	曾广亿	1987	石湾窑的起源及其发展⑧
10	曾广亿	1992	古代石湾陶器⑨
11	陈智亮	1978	广东石湾古窑址调查⑩
12	石史	1982	陶都石湾⑪
13	邓海超	1989	港岛庙宇之屋脊装饰⑫
14	佛山市政协文史组、佛山市史志编集办公室	1982	生动传神的石湾陶塑艺术⑬
15	霍流芝⑭	2001	石湾龙窑时期的辉煌⑮
16	霍流芝	2002	神奇的南风古灶⑯

① 佛山大学石湾陶瓷艺术研究课题组：《石湾陶瓷艺术史》，中山大学出版社 1996 年版。

② 见第五章第三节。

③ Fredrikke Skinsnes，*A Study of Shiwan Pottery*，香港大学博士学位论文，1981 年。

④ 施丽姬：《略谈石湾美术陶》，《石湾陶展》，香港大学冯平山博物馆 1979 年版。

⑤ 见第五章第三节。

⑥ 曾广亿、古运泉、宋良壁：《佛山石湾、阳江石湾古窑关系初探》，《石湾陶展》，香港大学冯平山博物馆 1979 年版。

⑦ 曾广亿：《佛山石湾陶业历史及有关问题探讨》，广东省博物馆 1981 年版。

⑧ 曾广亿：《石湾窑的起源及其发展》，《石湾艺术陶器》，岭南美术出版社 1987 年版。

⑨ 曾广亿：《古代石湾陶器》，《中国陶瓷・石湾窑》，上海人民美术出版社，1992 年版。

⑩ 陈智亮：《广东石湾古窑址调查》，《考古》1978 年第 5 期。

⑪ 石史：《陶都石湾》，《佛山文史资料选辑》（第 2 辑），1982 年，第 4 ～ 37 页。

⑫ 邓海超：《港岛庙宇之屋脊装饰》，《中国文物世界》43，1989 年，第 136 ～ 160 页。

⑬ 佛山市政协文史组、佛山市史志编集办公室：《生动传神的石湾陶塑艺术》，《佛山文史资料选辑》（第 3 辑），1982 年，第 1 ～ 3 页。

⑭ 见第五章第三节。

⑮ 霍流芝：《石湾龙窑时期的辉煌》，广东经济出版社 2001 年版。

⑯ 霍流芝：《神奇的南风古灶》，花城出版社 2002 年版。

续表 1.2

序号	作　者	年份	文　献
17	刘孟涵①	2006	石湾公仔②
18	佛山市陶瓷工贸集团公司	1991	佛山市陶瓷工业志③
19	申家仁④	1995	略论宋元时期石湾陶瓷艺术的发展⑤
20	林明体⑥	1999	石湾陶塑艺术⑦
21	马梓能	2003	佛山陶瓷文化⑧
22	Hui Yat-chuen（许日铨）	2003	*Lingnan in a Mustard Seed the Cultural Significance of Shiwan Doll-figure Decorated Pottery Roof Ridges on Temples in Hong Kong and Macau*⑨
23	陈玲玲⑩	1999	佛山石湾古艺陶摭辨⑪
24	钟汝荣、史鑫	2009	石湾陶塑⑫
25	钟汝荣、史鑫	2008	石湾善陶——佛山“石湾公仔”⑬
26	林乃燊、邹华、石稳	1980	石湾陶瓷的源流、特色和历史地位⑭
27	毛萍	1995	明清石湾陶艺与中国绘画⑮

说明：本表中列举文献以研究型文献为主，不包括图集类文献。

今天“石湾窑文化研究”课题尤为重要，经历了半个世纪的发掘和研究，现在是时候建立石湾窑文化研究的体系了。

---

① 见第五章第三节。

② 刘孟涵：《石湾公仔》，广东人民出版社 2006 年版。

③ 佛山市陶瓷工贸集团公司：《佛山市陶瓷工业志》，广东科技出版社 1991 年版。

④ 见第五章第三节。

⑤ 申家仁：《略论宋元时期石湾陶瓷艺术的发展》，《佛山大学学报》1995 年第 6 期。

⑥ 见第五章第三节。

⑦ 林明体：《石湾陶塑艺术》，广东人民出版社 1999 年版。

⑧ 马梓能：《佛山陶瓷文化》，广东经济出版社 2003 年版。

⑨ Hui Yat-chuen（许日铨），*Lingnan in a Mustard Seed the Cultural Significance of Shiwan Doll-figure Decorated Pottery Roof Ridges on Temples in Hong Kong and Macau*，香港大学博士学位论文，2003 年。

⑩ 见第五章第三节。

⑪ 陈玲玲：《佛山石湾古艺陶摭辨》，《石湾陶艺收藏家协会会刊》1999 年第 10 期。

⑫ 钟汝荣、史鑫：《石湾陶塑》，岭南美术出版社 2009 年版。

⑬ 钟汝荣、史鑫：《石湾善陶——佛山“石湾公仔”》，广东教育出版社，2005 年版。

⑭ 林乃燊、邹华、石稳：《石湾陶瓷的源流、特色和历史地位》，《中山大学学报（哲学社会科学版）》1980 年第 3 期。

⑮ 毛萍：《明清石湾陶艺与中国绘画》，《佛山大学学报》1994 年第 5 期。

第二章 石湾窑概况

第一节 石湾窑的历史文化背景

石湾在佛山市的西南郊，离市区6公里，东北距广州20公里，全区面积约6平方公里。石湾西南临西江，西达肇庆、高要、德庆、郁南、封开、梧州、南宁，北通清远、英德、曲江、韶关、乐昌，沿江河而下亦可通佛山和广州，交通地理位置十分优越。

一、石湾的历史建制

石湾历史悠久，约在周代，已日渐成陆，属于古代“越族（南越）散居之点”。石湾何时得名，何时成为乡的建制，现尚无文献可考。①

据史料所载，秦汉时代，石湾地方属于南海郡番禺县地。隋代开皇十年（590），分旧番禺县地为番禺、南海两县，石湾属于南海县，唐代仍沿旧制。五代十国时期，刘龑建都广州，国号“南汉”，改元乾亨元年（917），同时将广州改称兴王府，并将南海分为两县，一名咸宁县②，一名常康县③，以及永丰、重合二场。石湾和佛山地方为咸宁县属，重合场④则为常康县属。宋太祖灭南汉后，在北宋太祖开宝五年（972），又将咸宁、常康两县和永丰场（即佛山、石湾）、重合场合为南海县，恢复南海县名，佛山、石湾地方仍属南海县治。同年设置西林都，扩大原季华乡权力，统治三山、林岳、平洲、夏滘、蠕冈、叠滘、佛山、张槎、魁同（今石湾、

---

① 据当地两种传说：一是古代石湾的东平河河道弯曲，河床大小石块很多，舟行不便，故名。二是南宋度宗咸淳九年（1273），苏妃离宫私逃，藏身南雄县珠玑巷内，为帝侦悉，下诏搜查，当地居民为逃避牵连，纷纷举家南下逃难。当时有何、罗等氏族，乘木排沿江而下，后至石湾老鼠冈下东平河时，被石阻而上，遂登岸定居。“石湾”之名便由此而起。

② 遗址在现佛山市顺德区简岸。

③ 传说位于广州西北方。

④ 传说在官窑。

澜石)、深村十个堡。元、明代沿称，明代中叶后改称为乡（佛山则称镇）。石湾由村建立乡制后，按地域划分为上、中、下三约，俗称上、中、下窑，以原鸭岬涌往西北、海口一带为上约（窑），鸭岬涌以东至三丫涌为中约（窑），三丫涌往东南至大基头一带为下约（窑）。清代沿明制。上窑为一街，中窑为二、三街，下窑为四街（图 2.1），可见陶窑对石湾的重要性。

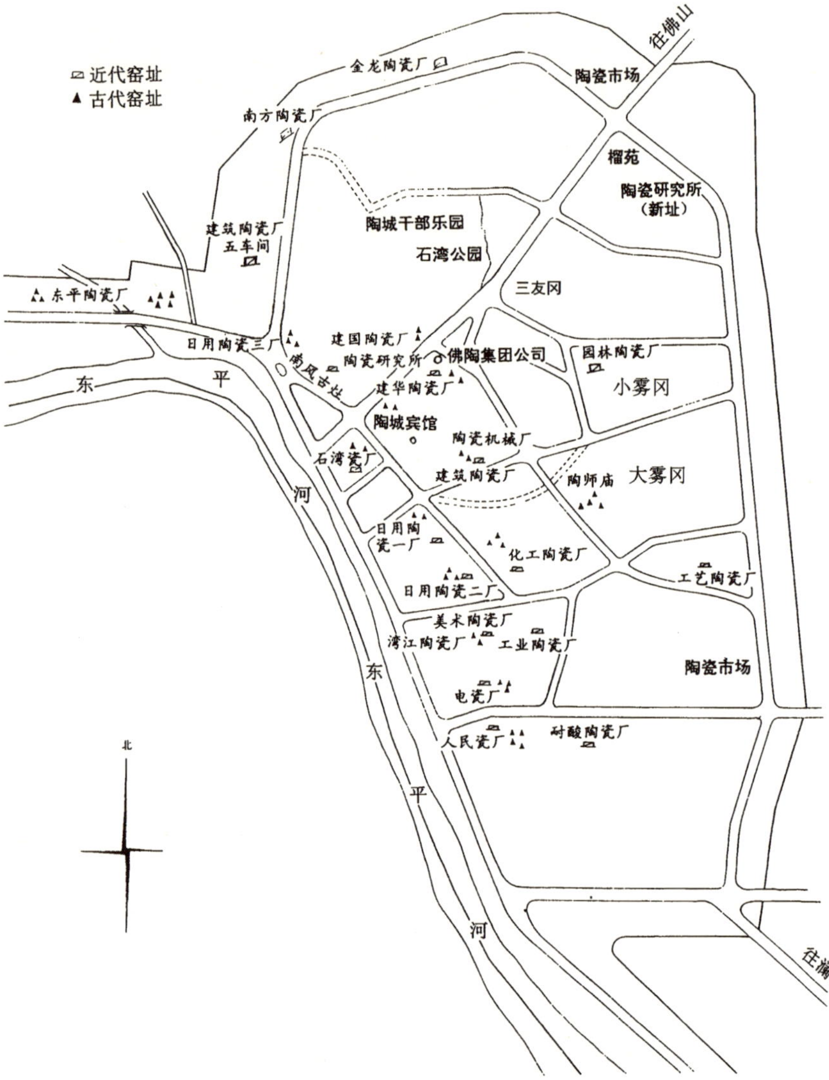

图 2.1　石湾窑址分布略图

资料来源：《佛山市陶瓷工业志》，周彝馨修改。

民国三年（1914），合并南海县溶洲乡，改名“石洲乡”。民国22年（1933）南海县推行地方自治，石洲乡改称南海第十区，以张槎、大富、莲塘、沙冈、澜石、塘头、潘村、黎涌、石头、深村、绿境、华远窑、石紫、弼塘、大沙、大江、河宕等乡为区域范围。区公所则设在石湾“莲丰书院”内。民国27年（1938），日军南侵，广州、佛山、南海相继沦陷。民国34年（1945），抗日战争胜利，石湾光复。

1949年10月6日石湾解放，先后由南海县和佛山市管辖。1953年，称南海县第一区石洲乡石湾镇。1954年10月17日，南海石湾镇正式划归佛山市管辖，改称为佛山市石湾镇。现在则隶属于佛山市禅城区管辖。

二、石湾窑址范围及其地理环境

狭义的石湾窑通常指石湾江（东平河）东北岸、大雾冈以西、海口以东、澜石以北约2平方公里的狭长地带（图2.2中斜线部分）。该地陶土和冈砂蕴藏丰富，是制陶的佳处。

大雾冈原为石湾最高冈，但石湾地区地形变迁巨大，古代的江湾如今已夷为平地，据莲子冈丰宁寺莲峰书院内清代《禁挖冈砂阴砖碑示》、显庙冈庙内《拟公禁石湾挖沙印砖说》以及五显冈南明永历的《禁挖冈砂碑示》，可知是陶工常年大量挖掘冈砂和陶土所致。佛山地方志上有“禁挖冈砂”的告示：“近来挖砂者日甚一日，几乎削肤见骨。陶用土坯，其土皆从贩运而来，岂砂不可贩运而至……”足见石湾陶瓷在明代已是靠购买外地陶土来制作的，连本地的冈砂亦挖至“削肤见骨”，不得不引起“公禁”程度。大雾冈①本来紧挨东平河，现在已相距2里之遥。附近冈丘连绵，陶泥丰富。北有圭冈（缘松冈）、驷马冈（赤霞）、狮冈（白泥②），东有大雾冈、辛村冈③，东南有金瓜冈、新龙冈④、大藤社冈⑤。可见石湾三面都是些山陵，耕地很少。西南临一条小河，名为东平河，入西江，航线约40公里。这里陆路交通同样方便，而水陆交通的便利，有利于陶业的发展。石湾有11条涌，都是流向东平河的，只有两条（沙路涌和三丫涌）是由东平河倒流入石湾内的，故有“九龙出洞二龙归”⑥的美景。

---

① 以前产陶泥最多。
② 因向产陶泥，故又名白泥。
③ 东1.5公里处，挖掘冈沙，以此山最甚。
④ 东南2公里处。
⑤ 东南1公里处。
⑥ 石湾古六景之一。

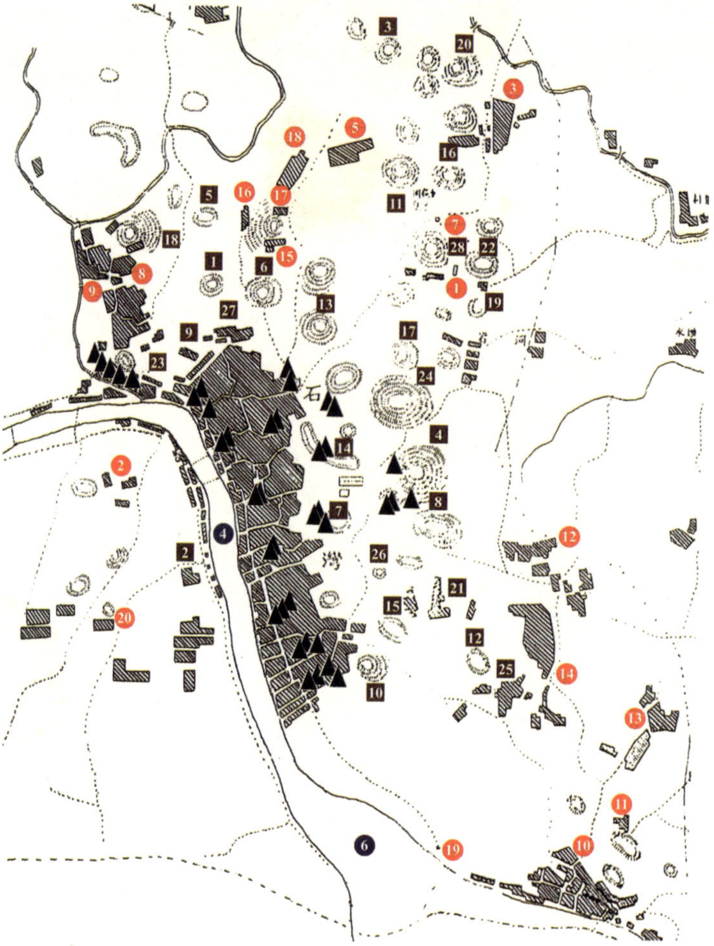

▲古代窑址

1 宝塔冈
2 贝冈
3 大清冈
4 大雾冈
5 冯冈
6 凤凰冈
7 何冈
8 禾翔冈
9 华冈
10 华村冈
11 金瓜冈
12 金爪冈
13 来翔冈
14 莲子冈
15 卢塘冈
16 马头冈
17 梅子冈
18 千秋冈
19 瑞龙冈
20 三清冈
21 上沙冈
22 狮冈
23 瓦冈
24 小雾冈
25 下沙冈
26 圆头冈
27 正隆冈
28 竹坡冈

① 白鹤巢
② 百塱
③ 弼塘村
④ 东平河
⑤ 东翼涌
⑥ 海心沙
⑦ 红泥涧
⑧ 锦沙里
⑨ 聚龙桥
⑩ 澜石
⑪ 黎涌
⑫ 潘村
⑬ 上黎涌
⑭ 塘头
⑮ 吴九塱
⑯ 吴坑
⑰ 小仓
⑱ 西翼涌
⑲ 倚盖亭
⑳ 圆头

图 2.2　20 世纪初石湾古窑分布

资料来源：《窑仙庆聚——国际石湾陶艺会石湾陶塑》（周彝馨修订）。

广义的石湾窑范围要包括南海奇石。从石湾镇西北角的海口村出发，沿着石湾河东岸向西北走，直到小塘奇石村[①]，是连绵不断的小山冈，较大的有肖家冈和王借冈。这一带，凡有山冈的地方都有古窑址，奇石附近最为密集，周围六七个村庄沿北江河口约 3 公里的山坡旁边全是古窑址，与石湾窑同期。且这些窑址出土的遗物器形、釉色、烧制方法等与石湾窑基本一致，是同属石湾窑系统的窑址，亦属于石湾窑研究范围。[②] 图 2.3 为与石湾窑有关的地名位置示意图。

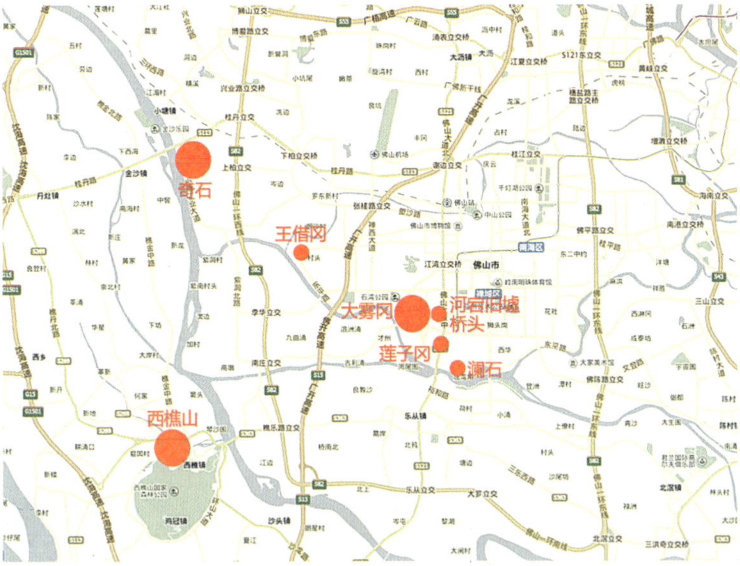

图 2.3　与石湾窑有关的地名位置

资料来源：周彝馨绘，底图引自百度地图。

三、佛山的历史文化

佛山原名季华乡，“肇迹于晋，得名于唐（628）”，距今已有 1300 多年的历史，是中国的历史文化名城。佛山的历史起源于现禅城区澜石。距今 4500 ～ 5500 年前，百越先民沿西江、北江繁衍生息，开创渔耕和制陶的原始文明。唐贞观二年（628），因在城内塔坡冈上挖掘出 3 尊佛像，此地被认为是佛家之地，遂立石榜改季华乡为“佛山”。

---

① 现隶属南海区狮山镇小塘办事处。

② 林乃燊、邹华、石稳：《石湾陶瓷的源流、特色和历史地位》，《中山大学学报（哲学社会科学版）》1980 年第 3 期。

佛山人文积淀深厚，是广东历史上出了最多状元的城市。广东在中国历史上一共出过9个状元，其中5个来自佛山。佛山还曾产生过康有为、詹天佑①、吴趼人②、伦文叙③、戴鸿慈④、谭平山⑤等名人。

早在唐宋年间，佛山的手工业、商业和文化已鼎盛南国。明清时期，更是发展为商贾云集、工商业发达的岭南重镇，是中国历史上“四大名镇⑥”和“四大聚⑦”之一。明清时期佛山有辉煌的陶瓷业、铸造业、纺织业和中成药业，有着“南国陶都”、“广纱中心”、“粤剧之乡”、“武术之乡”、“岭南成药之乡”、“南方铸造中心”、“民间艺术之乡”等美誉，形成了“秋色⑧”、“行通济”等佛山独特的民间风尚习俗。

佛山民间艺术各具特色，通过剪、刻、扑、塑、扎、铸、绘、粘等工艺技法，制作出剪纸、扎作、彩灯、秋色、陶艺、灰塑、木版年画等数十种特色艺术品。陶塑、雕刻⑨、扎塑⑩、绣花⑪和剪纸合称佛山历史上的“五朵金花”。佛山剪纸是中国著名的民间传统艺术，源于宋代，盛于明清时期，至今已有800多年历史。佛山剪纸原以剪为主，后改用刀刻，在中

---

① 詹天佑（1861—1919），字眷诚，号达朝，中国近代铁路工程专家。原籍安徽婺源（今属江西），生于广东南海。12岁留学美国，1878年考入耶鲁大学土木工程系，专习铁路工程，获得哲学学士学位。1905—1909年主持修建我国自建的第一条铁路——京张铁路，创造“竖井施工法”和“人”字形线路，震惊中外；在筹划修建沪嘉、洛潼、津芦、锦州、萍醴、新易、潮汕、粤汉等铁路中，成绩斐然。著有《铁路名词表》、《京张铁路工程纪略》等；有“中国铁路之父”、“中国近代工程之父”之称。

② 吴趼人（1867—1910），清代谴责小说家。字小允，又字茧人，后改趼人。广东南海人，号沃尧，因居佛山镇，自称我佛山人。清末小说家。活跃在清代文学时期，代表作品有《二十年目睹之怪现状》、《痛史》、《九命奇冤》等。

③ 伦文叙（1467—1513），字伯畴，号迂冈。明朝南海县黎涌人（该地现为佛山市澜石镇黎涌村）。明弘治十二年（1499）己未连中会试第一、殿试第一，考中状元，后授翰林院修撰。

④ 戴鸿慈（1853—1910年），字光孺，号少怀，晚号毅庵，广东南海大同绿涌村人。清末出国考察五大臣之一，中国近代史上第一位司法部长。光绪二年进士，身历咸丰、同治、光绪、宣统四朝，历官刑部侍郎、户部侍郎、刑部尚书、军机大臣，是清朝200余年广东省籍任职最高的官员，其一生的亮点是出洋考察及回国后倡言和参与新政。

⑤ 谭平山（1886—1956年），又名谭彦祥、谭鸣谦、谭聘三，佛山高明人。早年加入同盟会，进行反对清朝政府的斗争。1917年入北京大学学习。1919年参加五四运动。1920年回广东参与组织广州的共产党早期组织。1921年中国共产党成立后，任中共广东支部书记。1923年出席中共三大，当选为中央执行委员、中央局委员。大革命时期，是国共合作的积极支持者和执行者，曾作为共产党人代表参加中国国民党第一、第二次全国代表大会，并在国民党一届一中全会和二届一中全会上均当选为中央执行委员会常务委员，任中央组织部部长。

⑥ 广东佛山镇、江西景德镇、湖北汉口镇、河南朱仙镇。

⑦ 即四个民丰物阜的都会：北京、佛山、苏州、汉口。

⑧ 又称“秋景”、“秋宵”、“出秋色”、“出秋景”等。

⑨ 木雕、砖雕、玉雕、牙雕、骨雕等。

⑩ 纸扎、纸塑、蜡塑等。

⑪ 四大名绣之一的粤绣。

国剪纸艺术中独树一帜。佛山木版年画源远流长，汉代时的广州、佛山一带已流行贴门神的习俗，木版年画生产以清乾隆、嘉庆至抗日战争前为盛。

佛山的铸造业始于2000多年前。宋代佛山所铸鼎、锅、钟、塔等闻名全国。到明代佛山的铸造技术已达相当高的水平，成为南中国冶炼中心。鸦片战争期间，佛山所铸大炮为抗击外来入侵发挥了重要作用。

佛山是"南国红豆"粤剧的发源地，诞生了粤剧艺人的代称——"红船子弟[①]"和粤剧最早的戏行组织——"琼花会馆[②]"。秋色又名"秋宵"、"秋景"，是佛山独有的大型民间文化娱乐活动，可分为秋色工艺品和表演艺术两大类。过去秋色多在秋收时节的晚上举行，表现形式上分为灯色、车色、马色、地色、水色、飘色、景色七大类。秋色于明永乐年间发展起来，各种精美的工艺品通过游行的形式来展出，并表演舞龙、舞狮、锣鼓柜[③]等助兴，让群众观赏评议。年复一年，秋色技艺越来越高超，规模越来越大。

佛山是闻名的"武术之乡"，是中国南派武术的主要发源地。明初佛山武术已相当普及。清末民初佛山武术流派纷呈，涌现出一批有国际影响的武术名家和武术组织，并通过各种途径走向世界。现在世界上广泛流行的蔡李佛拳、洪拳、咏春拳等不少拳种和流派，其根都在佛山。著名武术大师黄飞鸿，咏春宗师梁赞、叶问，影视武打明星李小龙等祖籍及师承亦在佛山。2004年，佛山被授予"武术之城"称号。佛山还是"狮艺之乡"，是南狮的发源地，是首个"中国龙狮龙舟运动名城"；禅城区是"中国龙狮运动之乡"。

佛山是"岭南成药之乡"。古方正药的历史有400余年，涌现了"黄祥华"如意油、"冯了性"药酒、"源吉林"甘和茶等一批老字号名药。佛山还是珠江三角洲的"美食之乡"，这里土地肥沃，水网交错，物华天宝，"海陆空"物产颇丰，在厨艺大师们的精心烹调之下，成为美味佳肴。[④]

---

① 粤伶以红船为交通工具，"红船子弟"便成为粤剧艺人的代称。

② 供艺伶聚散、教习、切磋和戏班管理的戏行会馆，称为"琼花会馆"，是粤剧界最早的戏行组织。

③ 锣鼓柜是流行于珠江三角洲一带的颇具地方特色的民间音乐活动形式，出现于清康熙年间（1662—1722）。锣鼓柜由4人抬着行进，持大钹（俗称镲）者在左，打锣者在右，掌板者在柜后。锣鼓柜所演奏乐器与古老的粤剧所用乐器大致相同，吹管、弹拨、拉弦齐上阵，有班鼓、群鼓、战鼓、板、高边锣、大文锣、翘心锣（俗称铜锣）、单打、大钹、大小唢呐、横箫、短喉管、二弦、中三弦、小三统、竹壳提琴、二胡、月琴、秦琴等，演奏人员手执乐器边行边奏。

④ 引自百度文库。

四、石湾窑的历史文化地位

明清时期，石湾是南海县七堡地区的政治、经济、文化中心，莲峰书院为七堡局，是行政机构，后来又成为七堡团练总局，是南海县莲华四十六乡的一个政治机关。[①]

“石湾陶，景德瓷”，点出了石湾窑作为中国陶窑代表的地位。石湾素有“南国陶都”之称，新中国成立后更被授予“中国陶都”之名，其陶瓷文化的历史地位是受到肯定的。石湾窑对佛山文化的贡献极其重大，陶塑是最能代表佛山文化的“五朵金花”之一。

清孝廉梁照葵（1866—1933）在《石湾六景记》[②] 中撰写的石湾旧六景，便以“陶窑烟火”为首，诗云：“湾江流域列三窑[③]，窑器精粗夜夜烧，巴律西[④]如今崛起，烛天烟炭尽良宵。”烧窑用木柴自下而下，烧至上顶时，火出栏尾，烈焰熊熊，甚为壮观。四景为“隔水柴歌”，亦与烧陶有关。诗云：“折薪男女运斤宜，隔岸歌声尽俚词，米贱柴平缸瓦贵，童谣想见太平时。”石湾烧窑所用的燃料木柴，由东、西、北三江的山区结筏流来，至沿江对岸河堤旁的柴基，民工们搬之、锯之、斧之、削之，发出的声音与工人的长歌短曲相和应，婉转悠扬，饶有风趣。[⑤]

---

① 霍流芝：《石湾龙窑时期的辉煌》，广东经济出版社 2001 年版。

② 1930 年发表于香港《华字日报》。

③ 古代石湾的上、中、下三窑（即上、中、下三约）。

④ 巴律西是 18 世纪法国陶艺家，据说欧洲制成白瓷乃自巴律西开始。当年巴律西改造瓷器一再失败，弄得倾家荡产，最后把房子拆了，家具也作柴火烧了，几近疯狂才成功地改良出精美的瓷器。梁启超在《新民说》第十五节之“论毅力”一文中，对巴律西的“铸陶”毅力甚为推崇。

⑤ 二景是“九龙出洞”，诗云：“弥弥长流九派多，山泉清浊问如何，此间功肯施疏凿，最好渊源禹治河。”写的是石湾背山面水，诸山冈涧溪之水迤逦蜿蜒。大雨后的九条河涌，排水之状有如九龙出洞，其中两涌在涨潮时又可引接江水回流直到涌尾，故石湾民谚有“九龙出洞二龙归”之说。三景为“万笥朝宗”。诗云：“远控西江滚滚来，万千气象此登台，咩洞汹涌趋湾海，片片风帆逆面开。”此景写的是从石湾高庙（与南风灶相邻，石湾地势高处所见，眺望东平水道西江支流的鲤鱼沙、莲塘窦、大富、王借冈之间的宽阔水面，风帆片片直对高庙，有如群臣执笥朝拜皇上之雄姿。五景为“莲峰昼市”。诗云：“日中为市哄莲峰，趁市陶工杂野农，回首那堪辛丙岁，贼氛兵燹记重重。”石湾莲峰书院在莲子冈麓，与陶师庙相邻，建于清康熙年间，院前场地宽广、林荫集翠。每日午间更显热闹，四乡来人万头攒动，摆卖、说书、唱戏、卖武者甚多，喧闹逾于城市。但自辛亥、丙辰（1911 年、1916 年）两经兵燹，已不复如前。六景为“塔峰夕照”。诗云：“宝塔曾依大帽巅，夕阳西下影孤悬，祖茔绝顶留遗地，苔蚀残砖锁暮烟。”莲子冈、大雾冈是石湾山冈最高处。传作者先祖——南宋进士梁勋墓葬于其巅，旧有七层宝塔一座，塔高百尺许，建于元明之间。每当日落之际，塔影迷离，仿如西湖南屏山之雷峰夕照也。

第二节 石湾窑历史

中国陶瓷包括了两种不同特色的产品——“陶”与“瓷”。“石湾陶，景德瓷”，是中国窑的精髓。

石湾窑生产源远流长。根据考古研究，河宕贝丘遗址数以万计的陶片证明，早在距今5000年前的新石器时代，石湾先民已经在挖土烧陶。石湾陶器的历史在新石器时代晚期开始，西周晚期至春秋战国时期由于广东进入青铜时代而出现短暂的停滞，再到唐代出现了规模性的陶瓷作坊，历宋、元两代发展，兴盛于明清时代。“南风灶[①]”龙窑的出现是石湾窑鼎盛时期的标志。明代中叶以后，“石湾六七千户，业陶者十居五六”。鸦片战争之后，大量的洋货倾销而入，给石湾窑带来灾难性的打击。到1949年新中国成立后，大量被迫改行的陶瓷艺人又重新烧制作品。至改革开放，石湾窑更加快速发展，其陶瓷制品以自身独特的文化内涵被人们喜爱，远销海内外。

一、原始时期

石湾陶最早可追溯到新石器时代。

石湾有两条明显的历史脉络，联系着两个地方——西南的西樵山和西北的奇石。以大雾冈为起点，到西樵山和奇石各约15公里，形成了一个大致的等腰三角形。

最早的起源是在西南线。远古时候，从西樵山到大雾冈，是一片断断续续的丘陵和缓坡台地，有浅海、沼泽、土洲群和西江、北江众多支流和港汊，有良好的渔猎和耕作环境。在西樵山周围曾发现20处原始社会遗址，包括10000多年前的旧石器晚期遗址和3000～4000年前的新石器晚期遗址。这些遗址大体可分为早晚两期，晚期有磨制石器和夹砂粗陶片，晚期文明就是以磨光石器与几何印纹陶器共存的文化遗址为特征的。[②] 西

① 又名“南风古灶”，因灶口向南而得名。位于石湾东平河畔，是建于明代正德年间（1506—1521）的一条龙窑，是世界上连续使用至今的最古老的柴窑。

② 莫稚：《广东南海西樵山出土的石器》，《考古学报》1959年第4期。

樵山的晚期新石器遗址，时间是岭南地区（包括粤北的“石峡文化①”）3000～5000年前的新石器时代晚期。从遗存下来的大量陶器碎片中，可以看到当时的陶器制作已具一定水平。

1976年，中山大学历史系部分师生受石湾镇委的委托，与佛山博物馆及石湾陶瓷研究所的同志一起，对河宕旧墟的贝丘遗址进行了重点试掘。河宕遗址位于石湾东面大雾冈东侧河宕乡河南村旁的旧墟（图2.4）。遗址是海拔约15米高的土墩类贝丘遗址，南北长110米，东西宽90米，现存面积约10000平方米，发现六七处新石器时期的贝丘遗址。1977年冬至1978年春，广东省博物馆和佛山市博物馆又联合对河宕旧墟新石器时代晚期贝丘遗址进行了发掘。在这个遗址的约10000平方米的面积内，发掘了776平方米（仅为遗址的1/13），清理了77座原始社会墓葬，出土有刻划花纹和素面的陶纺轮123件，夹砂陶、软陶、白陶、彩陶和硬陶近40000片，可复原陶器近20件（图2.5），陶器上纹饰30多种，刻划符号70个共46种。

这是石湾历史黎明时期的地下物证，河宕地区的贝丘遗址提供了石湾陶瓷起源的可靠资料。河宕新石器时代晚期贝丘遗址出土了大量的夹砂陶、软陶、硬陶、印纹陶和磨光黑陶碎片。出土的陶瓷碎片，经北京考古研究所碳14测定：中层用人骨测定的年代为距今3600～3800年，树轮校正为3900～4200年；下层用贝壳测定的年代为距今4900～5000年，树轮校正为5500～5700年。证明了在新石器时代晚期，聚居在石湾河一带的岭南先民就开始利用大雾冈一带的陶泥和冈砂，大量烧制印有几何图形的陶器；也从另一个侧面显示了先民们在注重陶器实用性的同时并不回避其装饰性。

河宕遗址的陶器有六个特点：

一是陶系多样。夹砂陶②、泥质陶③、红陶、白陶、几何印纹陶④、彩陶、软陶、硬陶同时并存。

---

① 石峡文化是中国岭南地区的新石器时代晚期文化，因广东曲江石峡遗址而得名，主要分布在北江、东江的中上游地区，年代距今四五千年。石器工具普遍磨光，如有弓背两端刃、有段石锛、有肩石锛、凿、钺和镞等。稻作农业发展程度较高，发现较丰富的粳、籼稻遗存。陶器中三足器、圈足器发达，有少量曲尺纹、漩涡纹、几何印纹陶。迁葬墓有两套随葬品，一套是同人骨一起迁来的残破陶器，另一套是二次埋葬时新放入的。大墓随葬品多达数十件至百余件，包括成批石器及琮、瑗、璧等贵重玉器，往往还伴放稻谷米粒作为祭奠食物。石峡文化与岭南地区土著文化明显有别，少数陶器具有良渚文化特征。与北邻的江西赣江流域樊城堆文化关系最为密切，有人将两文化并称为樊城堆—石峡文化。

② 包括粗砂陶和细砂陶两类。

③ 包括素面红陶、磨光红陶，磨光红陶中还有少量彩陶。

④ 橙红、橙黄、灰黄、灰白、白陶等印文软陶。

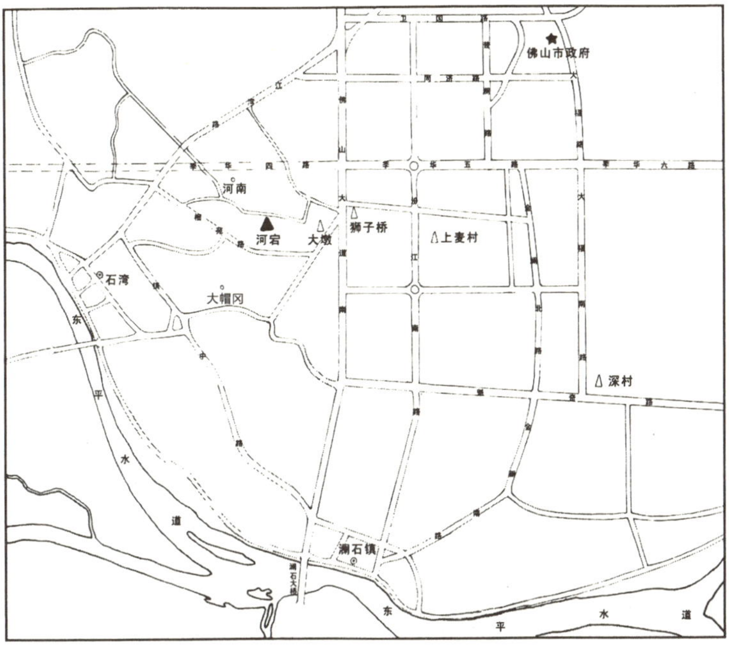

图 2.4　河宕遗址地理位置

资料来源：《佛山河宕遗址——1977 年冬至 1978 年夏发掘报告》。

图 2.5　河宕遗址出土陶器（左：圈足罐；中：彩陶小罐；右：盂）

资料来源：《佛山河宕遗址——1977 年冬至 1978 年夏发掘报告》。

二是陶色比较驳杂，不能简单地用红陶、灰陶或白陶来概括它。从陶器表面颜色看，无论是夹砂陶还是泥质陶，都有多种颜色。尤其是泥质陶，表色以橙红、橙黄、浅红和灰白、黄白（统称白陶）为主。还有少量的黑皮陶。从装饰方面看，夹砂陶釜中有一部分表面涂上了赭红色陶衣，泥质盘豆类中有一部分绘有简单的赭红色条彩。

三是器形匀称，外观大方。种类以夹砂圜底釜、圈足罐、盘和豆类四大器类为主。

四是几何形印纹陶相当普遍和发达。印纹种类达30多种，且有自身的特点。一件陶器多拍印两种或两种以上的组合纹，同一种或一类的纹饰如云雷纹、曲折纹、叶脉纹还富于变化。若加以细分，尚可分出多种不同的纹样。如折肩或圆腹罐的上腹或折肩下拍印1～3周的云雷状带纹，或"S"形纹等。河宕遗址的印纹种类，主要有方格纹、复线方格纹、长方格纹、叶脉纹、云雷纹、"S"形纹、曲折纹、多条短线互相垂直的编织纹、凸圆点纹、重圈纹、双线方格凸点纹、宽条草席纹、重方格对角线交叉纹、双线方格内双线交叉加凸点纹、梯形格纹、鱼鳞纹、条纹（篮纹）等。非印纹的有绳纹、口沿上的各种刻划纹、腹部的附加堆纹等。印纹拍印多比较深而清晰。到目前为止，河宕的陶器纹饰是我国同一历史时期印纹陶遗址中陶饰最丰富多彩的（图2.6）。其中的云雷纹，比商周青铜器的云雷纹还早1000多年。

图2.6　河宕泥质硬陶罐腹部纹饰　新石器时代

资料来源：《佛山河宕遗址——1977年冬至1978年夏发掘报告》。

五是河宕部分陶器施绘有赭红色条彩。这说明距今4000年前后河宕、灶冈等珠江三角洲遗址还存在少量彩陶。

六是河宕遗址陶器上还发现70个、46种刻划符号。这在广东目前发现的先秦时期的遗址墓葬中可能是数量最多的一处。刻画的符号有“Ⅰ”、“Ⅱ”、“Ⅲ”、“×”、“↑”等。在西安半坡仰韶文化、山东大汶口文化和青海柳湾等新石器遗址的陶器中，都有类此符号。河宕的陶文，继上述地区之后，又为中国文字的萌芽提供了可贵的实物资料，可见中国文字的起源是多元的。刻划符号中不仅有单个的，也有两三个一起的合文，合文有两个相同符号的连续，也有三个不同符号的联合，这是以往广东罕见的。河宕遗址不仅有简单的刻划记号和数码符号，还有鱼形纹的象形图文，尤其还有个别笔划复杂、至今广东尚未见到的原始“文字”。这个发现为研究广东岭南地区陶器刻划符号和早期文字问题的探索增添了一批可贵资料。《中国南方印纹陶》中评价：“河宕是岭南地区几何印纹陶发达时期的典型遗址”。

河宕遗址东面约1公里的桥头地区也发现了贝丘遗址，出土的陶片都是较厚的磨光黑陶，纹饰有划纹、印纹与磨光等，有的与殷周青铜器纹饰相似，其时代晚于河宕旧墟遗址。

陶器制作远比石器、骨器复杂。陶器是人类用物理和化学的方法，改变、加强天然物质的性能和形式，来为人类服务的一个重大成就。陶器制作是石湾最早的一项复杂手工生产活动。石湾原始陶器的出现与农业的发展有着密切的关系，农业灌溉需要陶制的盆罐，定居生活又为制作大量陶器提供了客观条件。石湾陶器制作是随着以农业为主的定居生活出现的，同时它又使生活逐渐稳固下来。从石湾河宕旧墟与桥头地区两个新石器贝丘遗址可见，早在5000年前，这一带曾居住过制陶业相当发达的原始农业聚落，他们揭开了石湾窑历史的序幕，用精致的印纹陶和磨光黑陶，书写了石湾窑历史的绚丽篇章。①

二、隋代以前

若以中华文明发展史为轴，制陶业从新石器时代晚期开始，到西周晚期和春秋战国时期，进入青铜时代而出现了短暂的停滞。石湾隋代及之前的古窑址至今尚未发现。但石湾小雾冈（又作小帽冈）和澜石大松冈、八仙冈、鼓颡冈以及南海、广州等地，均发现有战国墓和汉代墓群，已清理的汉墓近千座，随葬品中有大量陶器，许多器物具有岭南特色，如陶屋、

① 林乃燊、邹华、石稳：《石湾陶瓷的源流、特色和历史地位》，《中山大学学报（哲学社会科学版）》1980年第3期。

水田、小艇等模型，陶匏罐、三连罐、四连罐、五连罐等器物。石湾镇东边的澜石鼓颡冈出土的大批战国时期的米字纹、方格纹硬陶片，比贝丘遗址出土的原始陶片的技术要高，还有碗、碟、盏、杯和米字纹陶瓮等。可见，岭南进入青铜时代后，石湾窑的技艺还获得了较大的发展。

秦末及汉，珠江三角洲远离战火，经济、文化、农业、手工业获得空前的发展，人口增多。必须指出一点，现有史料一般认为先秦时期岭南为蛮荒之地，然而，河宕等地出土的文物已经证明情况并不如史料所述。从另一角度看，秦帝国倾全国之师进犯岭南，冒如此风险，如果只为征服一"蛮荒之地"，显然不合理。从史书记载来看，秦军兵锋所指，正为珠江三角洲地区，即现在的广佛一带。从各种迹象我们可大胆推断，当时广佛一带的经济、文化发展水平至少与中原地区不相上下，甚至超越了中原地区，否则也不会引来秦军不顾一切的进犯。与此相应，石湾地区制陶业获得了长足的发展，开始出现专门制造艺术陶器的手工业。而且汉朝的封建帝王、贵族、官僚和富人为了显示自己的社会、政治地位与财富，大兴土木，建造雄伟的宫殿、神坛、庙宇、墓地和庭院，因此使用了大量色彩艳丽且具有装饰性、艺术性的陶瓷雕塑进行美化。

汉朝尤其盛行用陶塑作为陪葬品替代活人殉葬，使陶瓷雕塑需求越来越大。从石湾汉墓出土的大批陪葬品来看，最多的是陶制品。并且汉代商业发达，货币流通量大，铜制钱币使金属价格变贵，出现了民众大量使用陶瓷器具替代铜制品的现象。在这样的社会环境下，陶塑手工业迅猛发展，且品种繁多。从出土的文物看，当时的制陶技术已远远超越了秦代的水平，釉陶已普遍出现，而且器形繁多、花纹细致、坯胎坚实，并掌握了釉药的基本性能。釉色有青釉、青黄釉、酱黑釉等。器形有瓮、鼎、壶、罐、碗、碟、匏壶、三连罐、四连罐、五连罐等；还有屋（图 2.7）、仓、井、灶、水田、小艇、猪、牛、羊（图 2.8）、鸡、鸭（图 2.9）等模型，制作精致，造型优美；纹饰则有印纹、弦纹、刻划纹、附加堆纹、彩绘、涂朱、镂孔等七类。在石湾小雾冈、澜石大松冈、八仙冈等地清理的汉墓中，出土的大量陶器中有屋、仓、井、灶、猪、牛、羊、鸡、鸭、马车、陶船、舞乐俑、奴隶俑等。这些陶艺制品粗朴、浑厚、形象生动。汉墓出土的牛俑、陶鸡，体态厚重，线条流畅，造型生动；舞俑鲜活，已具备写实特色。舞乐俑、奴隶俑（图 2.10）、五禽陶塑可说是石湾陶塑的"先祖"，鸡形钵、猫形灯罩则是石湾艺术器形的发端。

图 2. 7　三合院式陶屋（长 31 厘米，宽 25 厘米，高 21 厘米）
东汉　1961 年澜石大松冈出土
资料来源：《广东省博物馆藏品选》。

图 2. 8　陶羊（长 16 厘米，宽 10 厘米，高 12. 3 厘米）
东汉　1972 年澜石大松冈出土
资料来源：《广东省博物馆藏品选》。

图 2.9　陶鸭（长 21 厘米，宽 8.5 厘米，高 9.5 厘米）、
陶鸡（长 15 厘米，宽 7.5 厘米，高 15 厘米）
东汉　1961 年澜石大松冈出土
资料来源：《广东省博物馆藏品选》。

图 2.10　舞乐俑、奴隶俑　汉　澜石汉墓群出土　佛山市博物馆藏
资料来源：《佛山市陶瓷工业志》。

佛山汉墓出土文物中以“水田附船模型”（图 2.11）和陶屋模型（图 2.7）最为珍贵。“水田附船模型”是现存最早的精品之一。“水田附船模型”呈横长方形，塑有水田六块，田中有扶犁耕田、插秧堆肥、磨镰收割、打谷脱粒的农夫俑形像。水田后方附小船一只。整个陶塑构思奇妙，把水稻生产过程艺术地展示在一具陶塑中，集中凝练地表现了稻米生产的

典型场面。六个陶塑人物形态各异，造型生动，有戴斗笠的、束高髻的、扶犁犁田的、躬身插秧的、扬铲施肥的、执镰收割的、田埂磨镰的。连田里的秧苗、肥堆、禾堆也一一塑出。一幅带有岭南风情的农业生产风情画被刻画出来，真实地反映了大汉时代珠江三角洲先民们的生活情景。塑造中运用贴、捺[①]、捏等手法，体现了汉代陶塑艺术注重人物神韵、取大势、去繁缛、概括性强的时代风格。石湾艺术陶瓷后来以厚重、粗朴、淡雅为主调，这一特点在“水田附船模型”中已初见端倪。而“模型”之小之精，亦可谓石湾盆景陶塑的雏形。“水田附船模型”不仅再现了东汉时期水稻生产的真实场景和当时农夫的生动形象，具有历史价值，而且以其精巧的制作、生动的造型成为中国陶塑艺术史上的瑰宝。

图 2. 11　水田附船模型（水田长 38 厘米，宽 29 厘米；船长 21 厘米，高 6 厘米）　汉　广东省博物馆藏

资料来源：《中国陶瓷·广东陶瓷》。

汉代以来，石湾地区农业发达，人口增多，推动着陶瓷的生产。近年来石湾地区出土的汉代至隋代的墓葬陪葬品中，许多器物都具有明显的石湾窑风格。外地亦有这种发现，如广州东郊东汉砖室墓出土的挂釉陶盂，就是石湾陶器的风格[②]。这证明石湾陶瓷汉晋时期销路已在扩大。

三、唐　代

1957 年首先在石湾大雾冈发现宋窑遗址及大量器物；1962 年再次发现宋窑之下叠压着唐代窑址。1976 年在大雾冈附近进行探挖，出土的器物有碗、碟、罐、盆等，都是敞口、矮足、平底，施釉不均，容易剥落，碗内

---

① 用手按。

② 黄文宽、麦英豪：《广州市东郊东汉砖室墓清理纪略》，《文物参考资料》1955 年第 6 期。

有垫烧痕迹，这是广东唐代日用陶瓷具有的特征。在出土的遗物中，有的因火候过高而塌架变形，有的则因火候不足而烧不熟，也有的粘连在一起，可以证明是附近唐代窑址遗留下来的废品。其中出土的淡青釉碗、碟，与石湾、澜石附近唐墓所出器物无论在釉色、胎质和造型上都极其一致。尤其是有两种碟，与唐墓所出几乎完全一样，因而可以断定是唐代产品。此外，考古出土有塑有庙宇和人物的陶坛，还有一件酱黄釉兽头类陶塑残片，器表刻有“大唐调露元年岁次己卯八月廿四日菩萨□弟子朱曰□造此兽头永充制□寺讲堂供养”字样，准确地记载了器物的年代（679年）。由此可见唐代石湾已经大批生产陶瓷，逐渐成为岭南的陶瓷基地，距今已有1300年的历史，甚至可能还要更早一些。①

1972年在南海奇石村发现了唐宋窑群。从奇石村北面的虎石山起至南面的崩冈头山，断续绵延，长约3公里。古窑主要密集在虎石山、大庙冈、桂林园、石头冈、新丰顶、冈园山、旁冈山、高冈山、崩冈山等九个山冈，共11座被龙窑压叠、已被毁坏的唐代小型馒头窑。这些窑址出土的遗物器形、釉色、烧制方法等与石湾窑基本一致。

大唐时代，国力强盛，无论经济、文化、生产，都达到辉煌的程度。制陶形成了独立的手工业，陶器走向市场，成为商品。石湾出现大型窑场的历史，最迟可以上溯至唐代（618—906）。唐代石湾窑烧制陶瓷，采用平面近似椭圆形的馒头窑，釉色以青釉为主，制作技术与工艺则是轮制与手轮兼制并用。唐代石湾陶瓷产品种类极为简单，仅见日常生活用的碗、碟、盆和丧葬用的高身陶坛、三足香炉等。因为当时市场需求量大，石湾窑主要生产日常用器和丧葬用器两大类，滞缓了对陶器品类特别是艺术陶瓷的开发。这一点从石湾发掘的唐代窑址中得到印证。唐代青釉平底碗，内外均施半截釉，器底用3～5个圆形或方形小泥饼垫烧，逐个层叠，常见有9～20件废品黏连。可见当时为节省人力，煅烧时不用匣钵，反映了当时石湾窑求多、求快的粗放生产状况。在这种薄利多销、供不应求的情况下，石湾民窑服从于市场需要，陶塑器类的简约化实属正常。

9世纪以后，即唐代晚期，我国陶瓷开始作为商品，成批输出国外。唐代政府非常重视对外贸易，加上石湾处于沿海地区，出口货物更是供不应求。且因为石湾陶器具属于民窑产品，价格低廉，注重实用性，深受百姓的喜爱而畅销于世界。

在经济繁荣的影响下，石湾陶塑的制作工艺与之前相比又上一层次。

---

① 林乃燊、邹华、石稳：《石湾陶瓷的源流、特色和历史地位》，《中山大学学报（哲学社会科学版）》1980年第3期。

唐朝出土的陪葬品开始清晰地体现当时制陶的工艺水平。现藏于广东省博物馆的出土唐代陶坛（图 2. 12），是石湾艺术陶最早的代表作之一。这件陶坛器身呈鼓状，轮制制作。陶坛集人物、动物、花纹、楼宇构架于一身，采用了雕塑、模印、捏塑、贴附等多种手法，而统一于庄重肃穆的格调之中。坛底厚重，坛身饰有水波纹和 10 片象征佛教的大叶莲瓣。坛体的构思显得粗朴而庄重，坛肩环立的人物若即若离，运用附贴手法，人物神态各异，制作精巧，连衣裙的飘逸都生动可感；坛顶的楼宇檐角高翘，似有腾飞之势，使整个陶坛增添灵动之气。釉色以酱黄釉为主，青釉辅之。陶坛充分证明了当时的陶器表现能力和艺术手法已有很高水平，体现了制作者对寄魂陶坛的传统理解，也反映了唐代佛教文化的深刻影响。这是石湾早期陶器中罕有的精品，标志着石湾陶艺已经成形。

图 2. 12　酱黄釉高身陶坛（口径 8 厘米，
高 73 厘米）　唐　广东省博物馆藏
资料来源：《中国陶瓷·石湾窑》。

石湾窑唐代釉色，可分青釉和酱黄釉两种。前者数量居多，釉层开片和不开片的均有；后者数量较少，釉剥落严重甚至脱尽。灰白胎施青釉，灰胎施酱黄釉。唐代后期有匣钵，碗碟都是叠烧，碗内有数撮垫烧的泥块。

四、宋元时期

1. 宋元时期石湾窑的发展

“唐八百，宋三千”，宋代是石湾陶业的极盛时期，整个社会的消费时尚推动了陶业发展。陶瓷器生产是宋代经济中最重要的商品生产之一，陶瓷窑场遍及全国各地，陶瓷业空前发展，出现了“五大名窑，八大窑系”。五大名窑分别为“定、汝、官、哥、钧”（一说为“柴、汝、官、哥、定”），八大窑系包括定窑系、磁州窑系、耀州窑系、钧窑系、龙泉窑系、景德镇青白窑、越窑系、建窑黑釉瓷系①。陶瓷制品被当成封建阶级的时尚用品，对陶瓷技艺也有着严格的要求，在一定程度上促进了陶瓷制造业技术的整体提升。

广东宋代窑址已为考古所发现的有阳江石湾、东莞石湾、佛山石湾、广州西郊的西村和增埗、潮州的百窑村、肇庆竹竿山、惠阳白马山等数百处。这些窑总称“广窑”。从考古发掘出来的宋代瓷器、瓷片看，北宋时期广窑主要烧制瓷器，唯石湾窑主要烧制陶器。石湾窑是宋时“广窑”的中心。

宋代石湾不仅掀起日用陶瓷生产的第一次高潮，还正式拉开了日用陶艺术化与艺术陶生产的帷幕。最能说明当时生产规模的是古窑遗址的情况：奇石遗址是北宋中后期弃置的，其中大量的是馒头窑，有一条龙窑压在馒头窑之上。馒头窑一般是直径 2 米多的圆形小窑，龙窑是数十米长的大窑，每次烧窑，产品的容量是馒头窑望尘莫及的。奇石遗址告诉我们：北宋时期，曾进行窑灶改革，用龙窑取代馒头窑。这反映了商品生产的发达，也反映了经营者资金的集中。石湾未发现宋代的馒头窑，可见宋代石湾已普通采用龙窑。从窑址的范围及废品的堆积层来看，生产量是相当大的。宋代石湾窑址的布局还依稀可见：设置有晒坯场地、泥料存放场地和原料加工场地，窑址旁边还有废料堆积场地，这些设施完全适合陶瓷生产的流程。场地范围说明了当时生产规模之大。

南宋和元代石湾陶业比较萧条，原因在于南宋至元代中国出口商品的主要港口从广州转到了泉州。这一时期泉州的陶瓷大量外销，而石湾陶瓷出口量相对减少。元代石湾陶塑类产品仅见水波纹陶坛和陪葬用的牛、

① 见第五章第四节。

马、鸡、狗等小件陶塑，制造较粗糙。值得注意的是元代出现了早期的龙窑——“文灶”，相传为霍氏三世祖原山公所造，土名莘村冈。并且元代少数器皿上出现了窑变釉，标志着仿钧釉的萌芽。元代广东手工业工人反抗封建王朝统治工匠的斗争取得一些胜利，手工业工人不再编为匠户，人身束缚有所减轻，使佛山手工业有较大的发展，为明清石湾窑的发展奠定了基础。

1957 年 4 月，广东省文化局文物工作队在石湾东的莲子冈下、与陶师庙废址相距约 10 米处发现了一个古窑址，出土了大量的青釉、黑釉陶片和无釉陶片，以及匣饰、注饼等窑具。器形有碟、碗、缸、壶、杯、盆、水壶等。釉色有青、黑、紫黑三种。青是淡青，釉甚稀，不很均匀；黑颜色很不固定，各器釉色深浅不同，有漆黑发亮的，有黑中带紫的，有黑中带黄的。均为缩脚釉露胎，釉色和形制与皇帝冈（即广州西村窑）、阳江石湾所发现的青釉器是一致的。烧造年代可以判断为宋代。

1972 年在奇石村发现了唐宋窑群，共露出 20 多座北宋时期的长条形斜坡式龙窑。从断层剖面观察，其中有 3 座龙窑压叠着 11 座已被毁坏的唐代小型馒头窑。这一带，唐代和北宋的酱青釉、酱褐釉日用陶片遍地都是，也有少量魂坛、花瓶等器物，还有北宋中后期年号的陶片。印记有纪年的，如“嘉佑□□□”（1056—1063）和“政和六年”（1116）（图 2. 13）；有记名的，如“陈□□”、“潘宅”（图 2. 14）、“□宅”、“太原□”、“张可”、“安祖”、“潘南”、“潘安”等（其中部分可能为工匠姓名）；有没有文字而纯为花形图案的（图 2. 15）。可见当时已大量生产陶器作商品交易。石湾和奇石的器物，无论在胎质、釉色或锻烧方法上都极其一致，几乎难以分辨。奇石以青黄釉及酱褐色釉为主，也有少量淡青釉。淡青釉碗、碟，与大雾冈所出亦相像。青黄釉及酱褐色釉原料是草灰和泥浆，这两种釉色石湾一直沿用至今。奇石制作有耳器物的手法和石湾的做法一模一样，各种器耳都是以泥搓成泥条，屈成耳型，然后粘贴在器物上，这种耳的粘贴法属于典型的石湾风格。可见当时石湾与奇石是同一时期、同一生产系统的上下两个窑区。

2009 年 9 月和 2010 年 5 月，禅城区博物馆在石湾鸡仔冈脚下的原石湾劳动小区水浸区（当时为美陶花园工地）发现了大量的黑白釉陶器。据堆积物面积和水井数量推断这里原有规模较大的陶器作坊，这些作坊均建在山冈半腰和河涌边，各作坊烧制的残次品就近倾倒在河涌里，经年累月填平河涌，形成街巷，是石湾陶业基地的核心地带。出土陶器以南宋和元代为最多。出土陶器样品送到省文物鉴定站作热释光测定，其中黑釉陶片为 775 年，酱釉陶杯为 571 年，擂钵残件为 870 年，酱釉陶片为 802 年。

图 2.13 “政和六年”酱釉四系坛残片（口径 14 厘米，残长 23 厘米）
宋政和六年（1116） 南海区奇石村出土 广东省博物馆藏
资料来源:《中国陶瓷·石湾窑》。

图 2.14 陶瓷残片①（口径 14 厘米，残长 23 厘米）
宋 广东省博物馆藏
资料来源:《中国陶瓷·石湾窑》。

石湾美陶花园工地大部分出土的相对年代为南宋至元代，填补了唐宋以来石湾地界出土器物的空白。出土以日用陶器为主，种类繁多，器物较完整，时间跨度大，又以宋元时期黑白釉陶器为主，与传世的石湾日用陶器相似度极高，大致分为四大类：①饮食用品，如碗、杯、擂盆、罐、壶、

① 左一残片上有文字“大吉”，左二残片上有文字“陈”，左三残片上有文字“潘宅”，左四残片上有文字“岑□”。

图 2.15　奇石村出土陶器上的印记

资料来源：《广东石湾古窑址调查》。

盘、埕、盆、钵；②文房用具，如水盂、水注；③生活用具，如香炉、花瓶、粉盒、灯盏、印章盒等；④制陶用具，如模印、匣钵、饼印等。北宋的器皿以白釉为主，底部多用圈足、内涩圈、施全釉，底部平整，旋削技术较好，采用支钉烧加被冚[①]烧制，很少黏结，主要有碗、酒壶、小罐等。南宋和元代的陶器釉色多以黑釉、酱釉为主，器型是当时人们生活的日用必需品，如碗、碟、茶壶、灯盏、酒埕、缸等。明代石湾行会提及的茶煲行、大盆行、缸行、古玩行、花盆行等多达 26 个行会中所生产的器物品种，除了古玩行之外都能在此找到残片或完整器。由于各家作坊所掌握的技术熟练程度不同，产品的质量也有很大区别。从事黑釉生产的作坊从釉色和器型上看纯熟老练，不仅器皿造型各式各样，釉色光亮润泽，灰白胎，较厚重，多件黑釉陶器有铭文或有作坊标志，可以看出已进入规模化生产并掌握了较高的制陶技艺，与现代石湾日用陶如出一辙。通过数量也可看出当时应该采用龙窑烧制，同一款式的器皿数量多且体积大了，如多

① 音 kǎn，粤语方言，盖的意思。

件大瓦盆、大缸、大花盆、大罐等黑釉、酱釉的器皿的残件。本次发现多件红陶胎器皿，胎质紧密，黏性非常好；灰白胎原料则取自周边地方，胎质粗松，含少量冈沙，与目前石湾多数制陶者所用的胎土基本一样。另外发现了少量的窑变釉陶器，如窑变釉四系小壶，胎表面加了一层化妆土，呈蓝白釉，俗称“雨淋墙”，但釉色暗哑，可能是仿钧窑的萌芽阶段产品。①

从奇石沿河边往北约10公里是南海区北部的官窑。官窑的几个山丘有密集的古窑址，大量弃置的唐宋陶片与石湾、奇石的一样，大都是日用陶瓷，以青黄釉和酱褐色釉居多。

石湾作为商品陶瓷基地的形成，究竟是从远古的南海西南线发展的结果，还是受唐代兴盛起来的南海西北线（奇石、官窑）或东线（皇帝冈）陶瓷生产的推动和影响的结果，有待进一步的考古发掘。但奇石和官窑都未发现有北宋以后的陶片，显然是北宋中后期衰落的。皇帝冈的情况也类似。宋以后，只有石湾这个基地坚持下来，明清时还得到长足发展，存在三个明显的原因：①交通条件产生了变化。北宋以前，西江、北江在三水汇合后，通往广州的主航道经过三水县的芦苞墟，取道南海县的官窑、石门这一线。北宋以后，这条水路淤浅，被取道王借冈北边从沙口分汊的两条水路取代。一条往东，经佛山北部的汾江到广州；一条往东南，经石湾、澜石，取道佛山南部的支流到广州。② 在古代，陶瓷的运输主要靠水运，由于水运改道，所以奇石、官窑就衰落下来了。②佛山的手工业高度发展。宋代以后，佛山的手工业生产和商业都比广州发达，成了岭南的经济首府，皇帝冈虽然不受交通条件的影响，但作为长远的陶瓷基地，原料、燃料来源和兴建大量龙窑的地理条件都远不如石湾，所以皇帝冈这个基地也衰落了。③石湾窑进行了设备和技术革新。石湾从北宋起即普遍采用了先进的龙窑，进行了设备更新。奇石、官窑和皇帝冈三个基地，不是由于地理条件不如石湾，就是设备没有更新（如奇石仍多用馒头窑）。所以石湾窑能立于不败之地。③

2. 宋元时期石湾窑的外销

宋代广州是南方首要通商口岸，设有专门管理对外贸易的机构——市舶司，佛山设有分支机构——市舶务，石湾南部的临海炮垒（现为排灌

---

① 王建玲：《石湾窑新发现及其意义》，《佛山科学技术学院学报（社会科学版）》2011年第3期，第49～56页。

② 这一线的西南支流，又可到新会、江门一带。

③ 林乃燊、邹华、石稳：《石湾陶瓷的源流、特色和历史地位》，《中山大学学报（哲学社会科学版）》1980年第3期。

站）则设有市舶提举司。佛山已成为南方重要的对外贸易港口之一，广州、佛山对外贸易的大宗货物即是陶器。宋代的贸易超越以往，出口的陶器更多，外销商品中绝大多数是陶瓷器。赵汝适《诸蕃志》中记载，中国商人到东南亚各地以陶器和青白瓷器作为主打贸易。朱彧《萍洲可谈》[①]中记载了北宋广州商船出口的情形："舶船深阔各数十丈，商人分占贮货，人得数尺许，下以贮物，夜卧其上。货多陶器，大小相套，无少隙地。""广人举债总一倍，约舶过回偿，住蕃虽十年不归，息亦不增。富者乘时畜缯帛陶货，加其直与求债者，计息何啻倍蓰。"为适应外销，扩大对外贸易，陶瓷业逐渐从内地向沿海的浙江、福建、广东、广西发展。出口的陶器以日用粗陶器为主，如盆、瓮、缸、碟、碗之类，大都来自石湾。

1974 年和 1975 年广东省博物馆在西沙群岛考古发掘出大量陶器遗物，这是当年外运船只触礁遇难留下的，其中有宋代青釉小口罐等陶器。海南省琼山是石湾陶器经江门转运海外的一个中途停泊站，亦发现宋代石湾窑器物。近代以来，东南亚各国如菲律宾、印度尼西亚、马来西亚、新加坡等地出土过大量宋代石湾陶器；在阿拉伯半岛东南部的阿曼苏丹国索哈地区也出土有北宋石湾杂色釉骑师人物像、酱黑釉四耳罐和黑釉三足炉等石湾陶器。

元代广州的贸易比前代更盛，仍以陶瓷器为主，如瓦瓮、粗碗、水埕、罐等生活所需器皿，来自石湾的陶器仍占据相当的比例。广州富商了解到海外市场除丝绸布帛之外还需要陶器，于是屯积居奇，加值卖给外商，从中牟利。[②]

3. 宋代石湾窑产品的种类及型制

中国古代陶瓷发展史自五代（907—960）后，就有官窑和民窑之分。石湾属于民窑，陶瓷的生产与人们日常生活密切联系，受官方的羁绊较少，受市场上供求关系影响较大，尤其是受出口的影响较大。这正是民窑的显著特征。

宋代石湾窑生产的陶器产量多，品种比唐代丰富。广东省博物馆和佛山市博物馆的考古学家们，根据发掘的遗物和残片分析，发现宋代石湾窑生产的日用陶器，有多个种类。日用陶器有碗、碟、杯、盏、壶、盆、

---

① 《萍洲可谈》，宋代朱彧著，三卷，成书于 1119 年。卷一记朝廷章典，卷二多记北宋末年广州蕃坊、市舶司之事，卷三记有王安石、司马光、苏轼、黄庭坚、沈括等人的事迹。朱彧，北宋地理学家。字无惑。湖州乌程（浙江湖州）人。其父朱服，历知莱、润诸州，曾使辽。后为广州帅。彧于宣和年间，以父之见闻，著《萍洲可谈》，保存了有价值的中外交通资料，其中关于广州外国商人及市舶情况记载尤详。

② 申家仁：《略论宋元时期石湾陶瓷艺术的发展》，《佛山大学学报》1995 年第 6 期。

罐、盒、埕、瓮、炉、坛等10多种，每类又分成大、中、小不同的型号。还生产匣具，如匣钵、擂盆、擂杵、垫杯、渣饼、试片等。

陶器在形制上有细分，如：

碗分六式。其中有青釉凸唇徐腹，高圈足的；有青釉、酱黄釉敞口，圈足的；有酱黑釉敞口，圈足的；有酱褐釉敛口[①]，圈足的；有折口卷唇，高身圆饼足的；有青釉素无纹以及酱黑釉、酱褐釉碗底有轮旋纹圈的。其中有些碗的圈足内底印有“福”、“安祖”、“□记”等方形或斧形款式。

碟分四式。有青釉，侈口[②]，圈足的；有灰白胎施青釉、青黑釉，敞口浅身圈足的；有青褐釉，侈口，花瓣唇，圈足的；有青绿兰白变釉，侈口，圆饼足，底微凹的。

罐分六式。有直口，扁腹，平底，肩部附四耳的；有直口，鼓腹，底微凹的；有直口，矮身，圆饼足的；有折唇侈口，鼓腹饼足的；有折边，敞口，鼓腹，平底的；有口唇与颈肩施釉，余皆露胎的；有折边，敞口，圈足的。这些罐有酱黑、酱褐、酱黄三种釉色。

盏。白釉、酱黑釉和白陶釉均有，酱黑盏边唇还捏了一条扁扭。

其余盆与各种匣具也有种种不同的制式。除此之外，从发掘的器盖残片和器足残片来看，宋代还生产各种盛装用的坛、埕和各式高足杯、炉。

从现有的宋代遗物来看，宋代石湾窑的陶塑制作种类也比唐代丰富得多，有魂坛、堆贴瓦檐重叠式矮身陶罐、彩绘花瓶、陶琴、兽头类陶塑、人物俑堆塑坛等，涉及器皿、文玩、动物、人物等各个陶塑类别。如石湾陶器五弦琴，现存台湾故宫博物院。人物像堆塑陶坛于1964年在石湾澜石鼓颡冈出土，坛上堆塑了供养人和武士像，是人物陶塑的又一种形式。1972年在奇石村宋窑址出土有直径约14厘米、较完整的陶雕兽头1个，眼和嘴镂空，眉、耳、胡须以酱黄釉绘画，其成型方法似是把罐坯倒置然后镂刻捏塑，反映了当时在大量日用陶器生产的基础上开始出现艺术陶器（图2.16）。[③]

4. 宋代石湾窑的技术与艺术特点

宋代石湾窑的日用陶瓷、建筑园林陶瓷和艺术陶瓷品种大幅增加，造型和款式丰富多彩。宋代的釉色品种也远比前代丰富，除传统的青白釉、黄釉、黑釉外，还创造了彩釉、花釉、窑变釉等。装饰纹样也更为新颖，制作手法更加丰富：绘花、刻花、划花、印花、堆贴、浮雕以及运用树

---

① 器物口沿部不外撇，顺腹壁直上到口沿微微内收的形态。

② 古汉语，专业术语，多用于陶瓷、金属器皿。侈口又称广口，其形状一般为口沿外倾。

③ 申家仁：《岭南陶瓷史》，广东高等教育出版社2003年版。

图 2.16　陶雕兽头（直径 14 厘米）　宋

资料来源:《中国陶瓷·石湾窑》。

叶、剪纸贴饰等。琉璃脊饰的出现确立了石湾艺陶的面貌，它既被人们珍重，又不必在密室里珍藏。

从制陶工艺来看，宋代石湾窑较唐代有较大进步。宋代以前石湾窑的器物较不规整，胎的厚薄不一，碗底多见平足、圆饼足，底心突起，显示出旋削技术不熟练。宋代器物则胎壁厚薄一致，表面圆滑，底足平稳，旋削技术比唐代熟练了。

宋代石湾生产的日用陶器，器形饱满均衡，线条流畅，富有变化，手法有轮旋、绘画、刻划、堆贴、捏塑①、模印、捺塑②等，为后世器皿类艺术陶的产生和发展奠定了基础。宋代石湾陶器的装饰艺术较唐代有较大变化，纹样题材广泛、形象丰富、手法多样，极尽工巧细密，达到了相当高的艺术水平。例如一款酱黄釉陶坛，半圆形坛盖与坛身浑然一体，坛盖和坛身均用贴塑手法饰以绳纹，绳纹用泥条按捺而成，全坛似用绳子捆扎，颇有艺术性。

宋代石湾窑的釉色更为丰富，从出土的陶器和残片来看，除主要施酱黄釉、酱黑釉、酱褐釉外，还有施青釉、黑釉、白釉、开片釉、白陶衣与窑变釉等。酱黑釉一般施釉厚，釉层比较均匀，光泽较强。酱黄釉一般釉层较薄，光泽不强，不开片，垂釉处似泪痕，呈黄色。酱褐釉釉层褐中泛青，光泽不强。青釉釉层厚薄不均，厚处有青中泛黄的，也有青中泛蓝的，似一种釉变，釉层一般均开片，光泽仅次于黑釉；但也有似陶衣不闪光的，有少量釉层剥落比较严重。白釉白中泛淡灰色，釉层很厚，开细冰裂纹。白陶衣是一种研碎的白色粉末，无光泽，手刮即掉。上述釉色以酱

① 见第三章第三节。
② 见第三章第三节。

黄釉居多，酱黑釉和青釉次之，酱褐釉又次之，白釉和白陶衣数量最少。施釉方法也更为多样，有蘸施、荡施、涂施、浸施等，不仅把釉施于外壁，还施于器内。施釉后的器物，煅烧时釉药流动大，容易发生搭釉现象，造成废品，这是同时期各地窑址碰到的共同问题。为了避免过多废品，石湾窑当时所用的釉药甚稀，施釉技法比较注意，先浇器物里面的釉药，然后再倒拿器底在釉药中醮外釉。这种技术的特点是器物底部短釉露胎。石湾青釉、黑釉、酱黄釉都比较薄，青釉、酱黄釉更是半透明，流动性不大。石湾宋窑遗物很少由于搭釉造成废品的现象。可以说，稀薄釉是石湾窑的创造。①

石湾窑元代釉色比较单纯，传世与出土器物，釉色仅见青釉、酱黄釉、酱黑釉和窑变釉四种。窑变釉数量极少，可能是仿钧釉的萌芽阶段。

面对海内外的市场需求，石湾窑艺人竞相学习全国各大名窑的制陶绝艺，和各大名窑相互交流，提高制作工艺水平。这时期，石湾窑开始集各名窑之大成。石湾许多陶工是宋元官窑和钧窑窑工的后裔，因石湾窑是广窑，故又称“广钧”。石湾窑除仿钧釉外，还广泛仿烧其他名窑釉色，如仿哥窑的“冰裂纹”、仿龙泉窑的“梅子青”、仿建窑的“鹧鸪斑”、仿磁州窑的“铁绣花”和仿汝窑的“玻璃绿”等②。民窑是顺应市场的产物，受官方约束比较少，艺术创作相对自由。石湾窑在将各名窑的作品模仿得惟妙惟肖后，开始融会贯通，烧制具有南国特色的陶器，以鲜活的意象，结合人民的诉求，创作了以“百姓和社会生活”为主题的陶器，最终以“广钧”、“泥钧”闻名天下。

从石湾宋墓和奇石宋窑中出土的遗物来看，宋代石湾陶器的彩绘已经达到了很高的水平。宋代彩绘陶瓷颇有写意画的笔意，兰草、竹叶用笔疏朗，情趣盎然；还有绳纹、波浪纹、弦纹、瓜棱纹、缠枝花卉纹等。其中缠枝花卉纹十分精美，花卉蔓草舒展自如，卷曲合度，缠枝的曲、伸、卷、缠都饱含大自然旺盛的生命力。最精彩的还是人物绘画。1964 年在澜石宋墓出土了一件彩绘人物瓶，开光内描绘了人物从豪饮到大醉的四个姿态，四开光外是吉州窑典型的海涛纹，广东省博物馆研究员曾广亿先生断定该瓶是奇石窑的产品。③

从出土的窑具和碗碟中心残留的垫饼痕、泥块来看，宋代石湾陶瓷器

---

① 林乃桑、邹华、石稳：《石湾陶瓷的源流、特色和历史地位》，《中山大学学报（哲学社会科学版）》1980 年第 3 期。

② 见第三章第三节。

③ 见第四章第二节。

的烧成方法是支烧、垫烧和匣烧并举。[①] 宋代石湾窑煅烧技术也比唐代进步。宋代陶器叠置入窑的方法有两种：一种是把同类器形叠置在一起，中间放上碎泥片套入匣钵，然后装窑，碗碟的中央因而有碎泥痕迹（图2.17）；另一种是一件器物用一个匣钵，这样烧制的陶瓷器成品率较高。[②] 石湾采用一次烧成的方法，从陶瓷碎片看，呈灰白色，石湾的泥料含铁较重，铁在还原气氛中才呈现出灰白色，证明当时已能控制还原焰。远在1000年前科学不发达的时代，控制火焰，全凭煅烧经验，确实不容易。

图2.17 碗[③]（口径17.8厘米，高6厘米，足径6.5厘米） 宋 吴国伟藏

资料来源：吕唐军摄。

元代出现了早期的龙窑，相传为霍氏三世祖原山公所造，窑名“文灶”。文灶东西长16丈7尺（约51.3米），南北长2丈5尺（约7.7米）。在石湾《霍氏族谱》中，有该龙窑的详细图样、位置和面积记载。元代龙窑结构较简单，只有两排火眼（投柴孔），分别设于窑的两边，火眼之间的距离70～80厘米，龙窑全长约30米，窑头设有火堂，窑旁设有窑门。这种龙窑结构适用于烧杂草、松树枝等燃料，耗费相当大。由于火眼设在两旁，窑内各部分的温度相差极大，窑里器坯，离火眼较近的由于温度过

① 申家仁：《岭南陶瓷史》，广东高等教育出版社2003年版。

② 广东省文物管理委员会：《佛山专区几处古窑址的调查简报》，《文物》1959年第12期。

③ 内有叠烧痕迹。

高，往往塌架变形；离火眼较远的，则由于温度不够又往往烧不透，造成很多废品。

五、明清时期

1. 历史背景

明代是我国陶瓷艺术高度繁荣的时期。石湾窑自明代开始进入兴盛期。

明清时期，全国商品经济发展，特别是佛山手工业和商业繁荣，跃居四大镇之首，直接促进了石湾陶业的发展。明初郑和七下西洋，又进一步扩大了海外市场。隆庆元年（1567）开始开放海禁，使对外贸易活跃起来，加强了广东与南洋各国的经济联系，石湾陶瓷得以大量出口。佛山更成为南方重要的对外出口基地，产品大量销往海外。石湾窑属民窑，明清烧制的陶器又多是民间日常生活不可缺少的器皿，加上北面河道淤浅，汾江和石湾江更便于与广州通航，这些条件促使石湾窑业进入一个繁荣时期。

清初，人们经历过无数大大小小的动乱，经济环境遭受破坏，手工业也备受打击。政局稳定后，清政府开始鼓励生产，大力发展经济，颁布了一系列有利于经济发展的措施，一度出现了超越明朝的繁荣景象。石湾陶瓷也开始了自身辉煌的时代，陶瓷行业无论技术、人才还是窑、工艺等方面都空前发展，与纺织业、成药业、冶炼业共同成就了佛山古代四大名镇之一的美名。广州出口的陶货绝大部分来自石湾，“石湾多陶……石湾之陶遍二广，旁及海外之国”，清人屈大均《广东新语》中的这一记载可作佐证。

清中叶，佛山水域逐渐淤浅，河道疏浚不善，江面越来越狭窄。道光年间，佛山涌只有在潮汐水涨时才可通航，严重妨碍了生产原料输入与成品的输出，致使产业基地开始转移别地。

2. 明清石湾窑的兴盛

明清和平时期（明嘉靖至清光绪年间），石湾窑进入辉煌时代。李景康的《石湾陶业考》中记载，石湾窑全盛时期共有陶窑107座，男女工人6万有余。

明清时期，石湾发展为综合性陶瓷生产基地，产品分为日用陶瓷、建筑陶瓷、艺术陶瓷、工业陶瓷四大类。[1] 尤以日用陶瓷、建筑陶瓷和艺术陶瓷驰名中外。当时“石湾之陶遍二广，旁及海外之国”，赢得了“石湾瓦，甲天下”[2] 的崇高声誉。明代石湾艺术陶瓷开始了它真正的历史使命，题材丰富，名家辈出，烧制了不少稀世之宝。石湾以日用陶瓷为主的产品畅销海内外，成为市场亮点，艺术陶塑亦渐渐为人们所关注。

随着国内外市场的扩大，石湾窑生产规模和陶工队伍都在扩大，许多外地劳动者到石湾务工，尤其是附近几个县和三水、高要、四会、东莞等地。当时石湾设有各县的会馆。清代嘉庆年间林绍光《拟公禁石湾挖沙印砖说略》中记载了石湾窑全盛时期的人口：“石湾六七千户，业陶者十居五六。”这还不是全部的从业陶工，还有农闲季节从三水、高要、四会、东莞等地来石湾务工的季节陶工。这部分陶工农忙季节种地，农闲季节从石湾的窑厂挑泥回去，做成器坯，再挑回来，计件领取工钱。从嘉庆到光绪（1796—1908）的100多年间，石湾的陶窑增加了约70条，生产的陶器品种有1000种以上，陶业队伍也增长了约1/3。据记载，嘉庆二十三年（1818），石湾缸瓦窑就有40多处。光绪年间，年中贸易数额甚巨，是工业的半壁江山。

由于陶瓷业的兴旺，陶泥冈砂需要量极大。石湾除本地出产陶土之外，还从东莞等地大量运进陶泥。一些人为了私利乱挖冈砂，明代曾示碑禁挖。至清代，乱挖冈砂之事仍屡有发生，且多次禁止无效，反而越加严重。嘉庆年间林绍光《拟公禁石湾挖沙印砖说略》中述：“近来挖沙者日甚一日，几乎削肤见骨”。与这种“削肤见骨”景象相应的便是众多的从业陶工。

明嘉靖七年（1528），石湾制陶行业通过捐赠方式建筑了位于莲子冈上、丰宁寺边的陶师庙，面积比宋朝建造的陶师庙要大得多，里面供奉着陶器祖师。清代同治年间，陶师庙又重修一遍。另外，还出现了陶业行会，证明了当时石湾陶瓷行业的成熟。

清代除盘、碟、罐之类日用器皿及笔洗、花盆、花瓶等文具、陈设品外，还大量生产陶脊等建筑用材和以“渔、樵、耕、读”为主题的陶塑。产品往往带有当时的陶瓷店号、作者等印章款式，如明代晚期有“祖唐居”、“陈粤彩”、“杨昇”、“可松”等，清康熙年间有“两来正记”、“文如璧”等，清乾隆前后有“源益店”、“大昌”、“宝玉”、“琼玉”、“如璋”、“来禽轩”等，清道光前后有“黄炳”、“霍来”、“冯秩来”、“瑞

---

① 见第三章第一节。

② 《明诗综》第一百卷《谣谚》。

号”等。[①]

清代资本主义萌芽，城镇兴起了大量的手工业作坊和工厂，商业开始它自身有意识的运作。这时期各大民窑相继崛起，石湾陶塑生产规模进一步扩大，逐渐成为广东的一个综合性陶瓷生产基地。

石湾陶塑表达百姓共同的精神诉求，向中原灌输岭南风尚。这一时期的重要标志是石湾的人物陶塑创作空前繁荣，赢得各阶层的喜爱。这时出现了一批代表人物，如黄炳、黄古珍、陈渭岩、刘佐潮、潘玉书等，还有众多的名家名店如潘铁逵、霍津、陈赤、廖作民、霍小厚、林堂煜、温颂龄以及醉石轩、冠华窑等。他们的出现是石湾陶塑艺术革新的标志，其创作手法贯通古今，勇于在继承中创新。他们创作的人物形象、衣纹线条、施用釉色皆单纯流畅，古拙的艺术感浓郁。

3. 陶瓷种类的开创和发展

明代以后，石湾生产的陶瓷产品种类繁多、题材丰富，开始出现陶脊、独立的人物陶塑、山公盆景等新的陶艺种类。这一时期石湾窑创造了名目繁多的艺术陶器品类，以题材区分有人物、花果鸟兽、亭宇器皿等，以功能区分有日用陶瓷、艺术陶瓷、建筑陶瓷、祭祀明器、山公盆景等。

明代出现了陶脊的艺术形式。为了满足岭南人民对神、佛等宗教偶像崇拜的意愿，石湾窑生产了大量的神、佛雕塑以及宗庙、祠堂建筑的装饰陶瓷雕塑。陶脊就是在这样的环境下出现的，极具观赏性的艺术形象被塑造在屋脊上，充满生趣。明代出现的陶脊在清代丰富起来，清中叶以来，广州、佛山及珠江三角洲一带讲究庙宇豪华装修成为时尚，尤其是陶塑装饰之风大盛。这类装饰无论是在题材上、技术上还是审美意识上，从简单的鸟兽花果到富于表现色彩、精雕细刻的人物，石湾陶塑都在不断进步。陶脊经常出现《六国封相》、《杨家将》、《姜子牙封神》、《薛仁贵[②]东征》等精彩的题材[③]。佛山市博物馆（在佛山祖庙内）藏光绪年间陶脊《穆桂英挂帅》[④]（又名《九龙谷》），作者文如璧，塑有大小人物60多个，高1.6米，长8.8米。清代中叶，石湾陶脊开始畅销国内外，东南亚国家的民众对此大为喜爱。

明清之际石湾陶艺承上启下，创造出的陶艺新品种除上面所举多种类型外，还有石湾鼓墩（一种坐具）、动物陶塑等。鼓墩式样之多，非各名

---

① 见第五章第一节、第二节，附表3、附表4。

② 薛仁贵是唐初有名的军事将领。唐太宗为了收复辽东、统一天下，征讨盖苏文弑逆、援救新罗，曾三次派薛仁贵出兵征讨高句丽。

③ 见附表5。

④ 见附表5。

窑所能及。我国鼓墩流行于明嘉靖、隆庆、万历时期，石湾鼓墩的流行应在万历之后。明清前石湾动物陶塑如宋代的兽头类玩具和元代的牛、马、鸡等作品，制作技巧简单，造型较呆板。明清后，尤其是经黄炳大师的发展，动物陶塑进入了一个崭新的阶段，无论是题材上，还是表现技巧上，都为前人所不及。

4. 明清石湾窑陶瓷制品的销售及其影响

石湾窑陶瓷制品的销售至明清时期得到拓展。内销市场由原来的珠江三角洲及邻近范围扩展到省外。清初屈大均《广东新语·器语》中记载“石湾之陶遍二广”。范端昂《粤中见闻·瓦缸》也记载“南海之石湾善陶，……通行两广”。这两部文献中所说的“二广”即广东和广西。清嘉庆年间《藩宪严禁挖沙印砖碑示》载，石湾陶器“供给通省瓦器之用”。康熙《南海县志·食货》载“多瓦器出石湾”。光绪《南海乡土志》载“缸瓦：由石湾运省”，这里所说的“省”是指省城广州。光绪《广州府志·物产》载：“陶瓦器出石湾。……郡人有石湾瓦，甲天下之谣。”当时广西市场主要集中在两地区：一是沿珠江水系逆流而上的梧州；另一是顺珠江水流而下至阳江，然后至“钦廉一带”。产品的运输主要靠船载水运。

明永乐（1403—1424）、宣德（1426—1435）年间，郑和率领巨大的船队，在近30年时间内，7次下西洋，走遍了亚洲、非洲30多个国家和地区，最远到达非洲东岸现今的索马里和肯尼亚一带，大大促进了我国和这些国家的政治交往和经济文化交流。从此，中国与这些国家的交往络绎不绝。当时的中国青瓷和青花瓷器在国外很受欢迎，大量行销海外。在这一类陶瓷器品中有来自石湾的著名“广东陶器”。但石湾窑陶器的输出，唐宋时期都没有文字记载，到了清初屈大均才第一个记述。据史载，隆庆元年（1567）中国开始开放海禁，对外贸易马上兴旺起来，石湾陶瓷得以借助商机，大量生产，扩大出口量。当时，石湾的窑制品已经远销东南亚等国，并为亚洲人们所喜爱，名声在外。石湾陶器为海外侨胞所喜闻乐用。荷属东印度居民对石湾所制的龙凤缸很喜爱，作为储藏珍贵器物之用。婆罗洲的土人有瓮棺葬的习俗，多用石湾的陶瓮，视之为神圣的东西。

第二次世界大战后国外出土了大量中国陶瓷遗物，当中有一批石湾陶器。从所得材料分析，石湾陶器外销主要有三大区域，即东南亚、阿拉伯半岛和非洲东部。自明代起，石湾打破了过去单一日用陶瓷出口的状况，艺术陶塑、建筑陶瓷、生产用陶器等也不断输出国外，尤其是建筑陶瓷很受东南亚人民的欢迎。根据美国学者施丽姬博士的研究，至今在东南亚各地以及香港、澳门、台湾庙宇寺院屋脊上，完整保留石湾制造的陶脊就有近百条，建筑饰品更无法统计。多条陶脊标明了年号和店号，年代多为清代中叶至末叶，店号有“奇玉”、“英玉”、“文如璧”等。

2009年9月和2010年5月石湾美陶花园工地发现了大量的唐宋至明代的陶器和中外铜钱等石湾陶外销的物证。如明代越南的“天禧通宝”和明天启年日本的“宽永通宝”等，证明当时石湾窑已外销至日本、越南等地。①

荷兰人和英国东印度公司是石湾艺术陶器最早、同时也是最大的买家。在清代早期至中期，经东印度公司从广州输出的陶瓷就有不少是石湾艺术陶器，这些陶艺品运抵欧洲后，散落在欧洲各大博物馆，如英国伦敦维多利亚阿鲁拔博物馆、德国的艺术及工艺博物馆等。

石湾陶器的销售量，至清末始在文献里略有记载。如光绪《南海乡土志》记载，石湾窑“每年出口值银一百余万元，行销西、北江，钦廉一带及外销各埠。”光绪年间的抄本《南海乡土志·矿物制造》载：“缸瓦窑，石湾为盛，……年中贸易过百万，为工业一大宗。”又载“本境所产之物，……所制之品以绸绫，罐瓦为大宗。”“缸瓦：由石湾运省。……每年出口值银一百余万元。”“由石湾出口二十余万元，由佛山出口十余万元”。石湾窑陶瓷产品销售量在《南海乡土志》统计的“本境所产之物”中，居于首位。②

5. 明清石湾窑的技术革新

业随岁更新，技与艺俱进。明清石湾窑的兴盛体现在如下两个方面：

（1）龙窑的改革。石湾陶瓷艺术兴盛始于明正德年间（1506—1521）的窑灶改革，龙窑的改革标志着石湾陶瓷的生产达到一个新的水平。古代窑业的废品数量是惊人的，对于民窑来说，延续和发展生产，最重要的是如何减少废品率。明代以前，石湾的龙窑和南方各地的龙窑一样，技术水平还未达到有效控制窑温，以至出现大量废品，每次烧窑的产量也比较低。明正德年间，石湾陶业将元代的龙窑（“文灶”）进行改革，成为著名的“南风灶”。它克服了火候不均匀的缺点，便于控制窑内煅烧温度，大大降低了废品率。更重要的是陶工在烧窑实践中，摸索出装窑与煅烧的方法。明代石湾龙窑的改革、装窑技术的提高、煅烧温度的控制，都为后来石湾仿造各地名窑产品提供了技术条件，奠定了一定的基础。“南风灶”

① 王建玲：《石湾窑新发现及其意义》，《佛山科学技术学院学报（社会科学版）》2011年第3期，第49～56页。

② 黄晓蕙：《广东佛山石湾窑的形成、发展及繁盛成因探析》，《四川文物》2005年第12期。

的改进是明代陶工在窑灶方面的一大贡献。①

元代龙窑（“文灶”）结构比较简单，燃料耗费相当大。同时由于窑内温度相差大，造成很多废品。正德年间出现了“南风灶”，在“文灶”的基础上进行了改建。南风灶长 34.4 米，窑室长 30.87 米，窑面有火眼（投柴孔）29 排，每排火眼由元代的 2 孔增至 5 孔，龙窑两旁每个火眼的距离缩小为 30 厘米左右，使窑内各部分火候均匀，且便于控制窑内温度。烧窑均以木材为原料，温度由人工观察操控。这一改革既增加了窑洞容量，又减少了废次品率。

据考证，清代石湾的龙窑分布在上窑、中窑及下窑 3 个区域，都集中在山冈周围。据不完全统计，上窑海口村的龟山就有 9 条窑；中窑镇冈有 8 条，老鼠冈有 4 条，章冈有 11 条；下窑的山冈较多，窑分布广，凤头冈有 7 条，七星冈有 9 条，新社冈有 5 条，望楼冈有 10 条，新材冈有 27 条。上、中、下三窑共计有陶窑超过 90 座。②

（2）釉色的发展。明代以前，石湾和南方其他窑场同属一个体系，以青釉为主。到明代，石湾的陶工已经摸索出大量的颜色釉。当时石湾窑的颜色釉五彩斑斓，釉色已达到一个高峰。颜色釉是石湾窑的一项重大成就，其丰富多彩的颜色釉在我国陶瓷史上占有重要地位。通过出土和收藏的陶瓷作品显示：明代之前，陶瓷主要是青瓷；明代之后，则以生产白瓷为主。过去唐宋流行的陶瓷无论是款式和制作陶瓷的技术都发生了改变，这一现象充分表明，人们的审美观念在发生变化，同时见证了陶瓷行业进入另一个高度发展的时代。在施釉上除了沿袭唐宋浸、荡、蘸、浇、刷诸法之外，还有吹釉的方法，这是明代施釉技术上的革新。

石湾素有“无窑不仿”之说，并以仿蓝色、玫瑰色、紫色、翠毛色等最为成功。仿钧窑的成品胎体厚重，釉厚光润，釉面有棕眼、蟹爪纹，和钧窑器物相似，但石湾陶器胎质为陶土，而釉药及烧成温度属仿中有创，乃青出于蓝而胜于蓝。

明清石湾窑创造了以善仿钧窑特色的、被称为“广钧”的石湾釉色，使石湾艺术陶器从此著称于世。这时期，石湾创造的仿名窑釉色达数十种之多，别具特色的如翠毛釉（图 2.18）和三稔花等③。《竹园陶说》记载：“广窑即石湾窑，在广州佛山镇之石湾村……陶器上釉者。明时曾出良工，仿制宋钧红、蓝窑变各色，而以蓝釉中映露紫彩者为最浓丽，粤人呼为翠毛蓝，以其色甚似翠羽也。窑变及玫瑰紫，色亦好；石榴红，色次之。今

① 见第二章第三节。

② 黄修林、张景辉：《谈“石湾的陶瓷古窑”》，《中国陶瓷》2004 年第 10 期。

③ 见第三章第三节。

世上流传广窑之艳异者，即此类之物也。”

图2.18　翠毛釉瓶（口径2.2厘米，高17.2厘米）
明　广东省博物馆藏
资料来源：《中国陶瓷·石湾窑》。

该时期的人物塑像不像过去那样全部施釉，没有衣饰掩盖的如手、足、脸、胸都不施釉，以素胎进行刻划，以便更真实地表现人物的神态。所施的釉色以石榴红、粉蓝、宝蓝、水白、冰裂釉为多，也有仿舒窑的彩绘画釉色，色彩充满生命力。

除窑灶与釉色技艺的改进外，石湾窑场在明清已使用陶车旋刀，使器坯里外厚薄一致而平滑。

6. 明清石湾窑的艺术特点

明代艺术陶瓷主要是以人物和动物等生活所见所闻为主，其中人物陶塑题材广泛，渔、樵、耕、读、牧等都在石湾陶塑主题之内，从具有岭南文化底蕴的造像（如佛像（图2.19）、道教神像、历史英雄人物和诗人等），到案头摆设、藏品和建筑装饰，无不显露出艺术色彩和岭南风情。其中以陶脊上的人物故事陶塑尤为精彩动人。

清代石湾陶塑艺术创造了形式多样的表现方法和风格朴实、浑厚豪放的艺术特色。石湾陶塑的表现手法，普遍以贴塑、捏塑、捺塑和刀塑等为

图 2.19 古葱白釉布袋佛（高 17 厘米） 明

资料来源：《中国陶瓷・石湾窑》。

主[①]，相互配合，交替采用，注重精雕细刻，尤其对人物或动物的神态刻画更是一丝不苟，因此“形象传神”成为石湾陶塑艺术的一大特色。

石湾最重要的艺术作品如超然的罗汉、威武的战士、凶恶的钟馗[②]、醉酒的李白、神态十足的西瓜刨[③]等许多佳作都是以人物为主题的，艺术家们更加关注民间传统艺术的创作，作品活泼动人，他们善于继承和创新，改变创作程序，大量使用艺术性的表现手法，使作品人物鲜活起来。石湾窑开始展现一种气度，不逊色于其他艺术。

六、清末到民国时期

清末到民国时期是中国历史的一个重要转型期，社会动荡，内忧外患接连不断。近代中国遭受诸多的苦难，尤其是清朝为镇压农民起义军[④]，曾包围攻打过佛山，以致佛山街道被毁，陶瓷业遭到重创。1840 年鸦片战争以后，随着资本主义势力的入侵，洋货的大量涌入，中国的城乡手工业

① 见第三章第三节。

② 钟馗是中国传统文化中的“赐福镇宅圣君”，专能镇宅驱魔，道教中称“翊圣雷霆驱魔辟邪镇宅赐福帝君”，简称“镇宅真君”、“驱魔真君”、“驱魔帝君”。

③ 粤语方言，指龅牙吃西瓜者，有幽默调笑之意。

④ 咸丰四年（1854），李文茂和陈开等在佛山等地起义，反抗清朝统治。

受到严重的打击，致使石湾陶瓷业逐渐走向衰落，生产萧条，产品销量大减，从业人数减少。1895年中日甲午战争后，中国沦为半殖民地半封建社会，日本的陶瓷业迅速崛起，排挤中国的国内外陶瓷市场。石湾窑业急剧衰落下来，原来107座龙窑，只剩下五六十座在断断续续地生产。据统计，石湾窑业1928年产值为300万元，1929年降至200万元[①]，到了1936年，就只有80万～90万元了[②]。当时大小窑户倒闭的有1/3，1935年工人失业达到四五千人，整个石湾呈现一片破落萧条景象。1936年，“货无销路，工人无工作失业者，达四五千人以上，其数目之多，为石湾前所未有也”[③]。昔日繁华热闹的石湾变得破败、萧条。1938年10月25日（农历九月初三）日寇铁蹄踏上石湾，在这个小镇上投下了6枚炸弹，把石湾的码头和两条繁盛的大街炸成瓦砾。翌日，日军在陶师庙门前屠杀100多名无辜居民。石湾人纷纷外逃，或逃往粤北山区，或逃往港台地区。此后长达8年的沦陷期，石湾一直冷落不堪，原先四五万人的石湾只剩下10多家陶瓷作坊、两条龙窑，从业人口不过千人。10来个作坊在敌人的刺刀下恢复生产，苟延残喘。日本帝国主义在侵占华南的同时，也侵占了石湾窑业的主要出口基地——香港，封锁了东平河，这就同时破坏了石湾窑业的出口。石湾的陶瓷生产和出口都陷于瘫痪。1945年抗战胜利时，石湾只剩龙窑17座，工人1000人左右，产值20万元，陶瓷生产一落千丈。抗战胜利后，石湾遭受反动官僚、地主恶霸、土匪头子、警察和神棍五位一体的统治，社会格外黑暗，加上日甚一日的苛捐杂税、通货膨胀，陆续回乡的陶工难以从业，原来不曾停业的陶户难以为继、相继破产，整个石湾陷入绝望境地。至1949年，陶业户仅存300户，陶业从业者仅有2834人，比起清代全盛时期的“男女工人六万有余”[④]来，石湾衰落得已不成样子了。千年古镇石湾已从峰顶跌至谷底，往昔的辉煌已成为石湾人无尽的回忆。

同时，日本的工业机器生产也让石湾陶塑渐渐失去市场，景况一日不如一日。在国外，日本的陶瓷夺取了中国的海外市场；在国内，日本帝国主义者利用中国的制瓷原料和廉价的劳动力，在各地开厂造瓷，大量向中国及中国传统的海外市场输出，进一步打击了中国的窑业。石湾窑业也在被排挤之列。清末民初佛山镇的渡口逐渐废弃。环境的变化，在交通上对石湾陶业也有非常大的打击。

动荡的社会使窑业进入了冰寒季节。然而，就在这样苦难的时期，还

---

① 《本省石湾陶业景况》，《广东建设》1930年第5卷第6期。

② 《广东陶瓷业之改良方针》，《新广东月刊》1950年第41期。

③ 贯之：《广东省陶瓷改进方针》，1936年。

④ 李景康：《石湾陶业考》，《广东文物（下册）》，1941年版，第1019～1020页。

有一群可贵的陶瓷艺术家在坚持自己的创作，他们大胆探索，创作了一大批后来在中国陶瓷艺术史上占有重要地位的艺术珍品。1894 年甲午中日战争的失败，使人们认识到要强国富民，不仅要学习西方的自然科学，而且要引进西方的社会科学，从而把变革的视野从西方的坚船利炮扩大到政治制度和思想文化方面，以康有为、梁启超为首的资产阶级知识分子掀起了维新变法运动。广东的绘画艺术在维新精神的影响下发生了重大变化，形成了富有革新精神的岭南画派，以写实的手法描绘南国风光景物，清新艳丽；同时在创作中把西洋画中的透视法、东洋画中的设色法等艺术手法，有机地融合在中国画中。该时期的石湾陶瓷艺术深受岭南画风的影响。石湾人物陶塑创作进入了繁荣期，创作题材空前广泛，艺术技巧大大提高，造型增强，人物形体的比例、动作仪态的安排合理谐调，可视面增多，从而改变了过去粗放率拙的作风，刻画的形象情貌动人。这一时期的石湾陶艺作品紧跟时代、贴近人民，反映了丰富复杂的现实生活，具有较高的认识价值和审美价值。

第三节　石湾窑制

一、馒头窑

唐代石湾窑，多为平面椭圆形的馒头窑。

馒头窑是陶瓷窑炉的一种，亦名“圆窑”，因其平面近似椭圆形，窑顶呈弧形，火膛和窑室合为一个馒头形的空间，故名馒头窑（图 2. 20 为馒头窑模型）。馒头窑出现于商代中后期，古代北方广泛使用馒头窑，为最早以煤为炉料的陶瓷窑。北方著名的定窑、钧窑、汝窑、耀州窑、磁州窑均采用这种窑炉焙烧瓷器。它利用夹墙竖烟道所产生的抽力来控制空气进窑，温度可达 1300 ℃。石湾发现的馒头窑遗址一般长 2 米多，高 5 米以上。石湾的馒头窑为半倒焰式[①]，点火后，火焰自火膛先喷至窑顶，再倒向窑底，流经坯体，烟气从后墙底部的吸火孔入后墙内烟囱排出（图 2. 21）。由于馒头窑窑墙较厚，限制了坯体的快烧和速冷，相应减低了瓷器的半透明度和白度；且为了减少坯体变形，只有加厚坯体，因而形成了

① 窑炉内部分为预热带、烧成带和冷却带，平焰式窑炉的三个带是固定不移动的，倒焰式窑炉的三个带是同一个范围的三个过程。两种窑炉都只适宜生产要求一个温度、一个气氛的产品。

陶瓷器浑厚凝重的特色。

图 2.20 馒头窑模型

资料来源：石湾陶瓷博物馆展示，吕唐军摄。

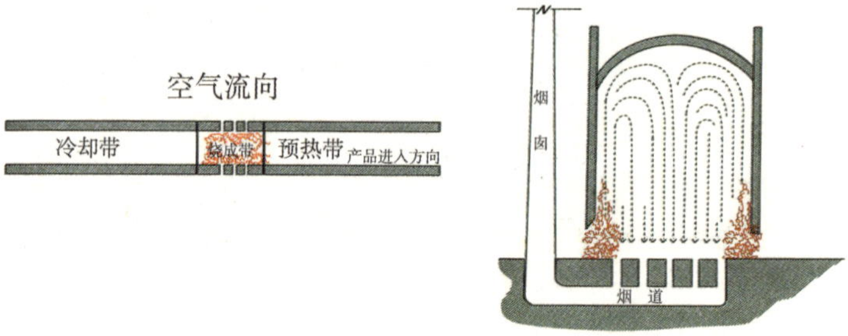

平焔式（产品位置是移动的）　　倒焔式（产品位置固定不动）

图 2.21 平焔式和倒焔式窑炉示意

资料来源：《神奇的南风古灶》。

馒头窑的特点是：①结构简单，烟囱不高，易于建筑，基建投资少。②灰坑深而大，在包覆耐火泥的木棒上盖陶瓦架成炉栅，减少了大块结渣。③煤的燃烧阻力大，靠烟囱抽力维持燃烧，难以控制还原焰。抽力过大时，窑内温度和气氛易波动，影响产品质量。④窑内温差较大。⑤劳动强度高。

二、龙 窑

龙窑的构造因地区不同而略异，但都建筑在山冈的斜坡上，犹如一条火龙自上空而下，因而得名。龙窑是斜焰式窑炉，它的预热带、烧成带和冷却带三个带是随着烧制时间进展而变化的，即它的烧成带是随着时间向上移动的，预热带和冷却带则互为长短，随着烧成带的移动而变化的。由于烧成带的移动与装窑时产品疏密、高矮和烧窑时文火、武火、面火、脚火区别有关，使窑内每一排每一件产品有不同温度和不同气氛，造成不同的效果（图 2.22）。“一窑一宝”[①] 即来源于此。《石湾陶业考》中载，石湾陶业全盛时期，共有龙窑 107 座。石湾问题研究家、南风古灶第 18 代传人霍流芝先生认为，有据可查的石湾龙窑有 92 座，尚有 15 座龙窑未能确定。

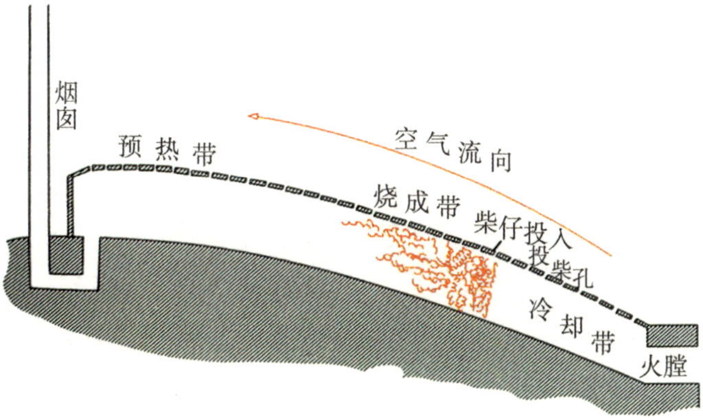

图 2.22 斜焰式窑炉示意

资料来源：《神奇的南风古灶》。

石湾从北宋起即普遍采用龙窑，进行了设备更新，所以能立于不败之地。奇石、官窑和皇帝冈三个基地，不是由于地理条件不如石湾，就是由于设备没有更新（如奇石仍多用馒头窑）而被淘汰。而最能说明宋代石湾窑制改革的，是奇石遗址。奇石遗址是北宋中后期被弃置的，奇石遗址中大量的是馒头窑，一条龙窑压在馒头窑之上。馒头窑一般是直径 2 米多的圆形小窑，龙窑是数十米长的大窑。每次烧窑，龙窑的容量是馒头窑望尘莫及的。奇石遗址告诉我们：北宋时期石湾进行了窑制改革，龙窑取代了

① 龙窑烧制效果往往出乎意料，有时烧制的釉色比预期效果还要美丽变幻，且不可复制。

馒头窑。这反映了商品生产的发达，也反映了经营者资金的集中。石湾未发现宋代的馒头窑，可见宋代石湾已普通采用龙窑窑制。宋代石湾窑址的布局还依稀可寻：设置有晒坯场地、泥料存放场地、原料加工场地，窑址旁边还有废料堆积场地，这些设施完全适合于陶瓷生产的流程。场地范围正说明了当时的生产规模之大。

元代，石湾窑使用的龙窑土名“文灶”。根据石湾霍韬家族《霍氏族谱》的记载：“霍氏三世祖原山公烧龙窑一座，土名（即地名）莘村冈，窑名‘文灶’。东西俱十六丈七尺（约 51.3 米），南北俱二丈五尺（约 7.7 米）①”。霍氏是南宋前迁到南雄，咸淳年间（1265—1274）再从南雄迁来石湾的，第三代“三世祖原山公”时正是元代。元代龙窑结构比较简单，每次烧窑的产量也较低。从霍氏族谱流传下来的“文灶”图样，可见它只有两排火眼（投柴孔），分别开在窑的两边，火眼之间的距离 70 ～ 80 厘米。龙窑全长 30 米左右，窑头设有火堂，窑旁有窑门。元代这种龙窑结构适用于烧杂草、松树枝等燃料，耗费极大。同时由于火眼都设在两旁，窑内各个地方的温度极不一致，温度相差很大。窑里器坯，离火眼较近的由于温度过高往往塌架变形，离火眼较远的则由于温度不够而又往往烧不透，难以控制窑内的温度，造成很多废品。

明代石湾陶工在生产中积累了丰富的经验，对元代龙窑加以改革。建于明代正德年间（1506—1521）的南风古灶，是世界现存最古老的龙窑，薪火相传，至今 500 多年，被誉为“陶瓷活化石”（图 2.23、图 2.24）。明代南风古灶窑体总长 37 米，宽 2 ～ 2.4 米，无烟囱②，窑面仅有葵棚挡风雨。窑肚似隧道，窑壁以小型砂砖结砌而成，顶部为券顶，窑内平面呈船底形，头尾略窄而中部稍宽。窑肚头尾坡度各不相同，呈抛物线状，窑头一段最斜，全窑平均倾斜度为 $h/L=12\%$，从窑头起 14 米内为 35%。西侧设窑门 4 个，一般宽 0.7 米，高 1.4 米。窑顶厚约 25 厘米，窑面有火眼 29 排，每排相距 0.8 ～ 1 米，除靠窑膛一排为 3 个外，其余每排 5 孔，间距 0.35 ～ 0.4 米。

① 包括整个窑场的面积。

② 仅以皮缸（或破产品）在窑尾处对火焰做适当阻拦。

图 2.23 石湾南风古灶景区①（左：高灶②；右：南风古灶）

资料来源：吕唐军摄。

图 2.24 南风古灶侧立面外观

资料来源：吕唐军摄。

“南风灶”把原来“文灶”设在窑两旁的火眼，由每排 2 孔增至 5 孔，火眼的距离缩小。火眼由窑的两侧改到窑顶（图 2.25）。这是石湾窑制的一次重大革新，具有重大意义。改革使窑内各个不同的部位都能加进燃料，克服了过去火候不均匀的缺点，便于控制烧窑时的温度，大大降低了废品率。“南风灶”的改进是明代陶工在窑灶方面的一大贡献。

更重要的是陶工在烧窑的实践中，摸索出装窑与煅烧的方法。石湾龙窑要烧出氧化焰或还原焰，全凭陶工在装窑时根据不同要求堆叠器坯。堆叠器坯的疏密不同，煅烧时窑内的气流和煅烧气氛便产生变化。这种方法形成了窑内高温状态下的还原及氧化气氛，使烧成品的色釉有了特殊的变化，加上用劈细的松柴为燃料，一根根往火眼投放，能成功地控制窑温的

① 当前的南风古灶景区内有两条龙窑，包括南风古灶与高灶。

② 高灶建于明代，传说与南风古灶为龙凤窑。现窑体总长 32 米，共有火眼 26 排。

图 2.25　南风古灶
资料来源：吕唐军摄。

急速上升或下降，这样就能够根据不同坯胎、釉料，在同一窑中烧成各种温度，造成不同气氛，使产品收到预期效果，这是明代以前所做不到的。① 明代石湾龙窑的改革，装窑技术的提高，煅烧温度的控制，都为后来石湾仿造各地名窑产品提供了技术条件，奠定了一定的基础。

新中国成立后对南风古灶进行了改造，长度缩短了 3 米，现在的南风古灶总长 34.4 米，窑室长 30.87 米；加建了烟囱，烟囱高 1.8 ～ 1.9 米。

石湾现存的明清龙窑有 3 座，除了南风古灶外，还有同庆灶②和高灶。

石湾龙窑一般的结构：窑长 100 ～ 200 尺（30 ～ 60 米），窑高 8 ～ 12 尺（2.5 ～ 4 米），窑宽 6 ～ 8 尺（2 ～ 2.5 米），容积在 130 ～ 150 立方米之间。倾斜度 15° ～ 20°。窑面为半圆拱形，每隔 3 尺（约 1 米）或 2.5 尺（约 0.8 米）横开 5 孔，每孔口径 3 ～ 3.5 寸（0.1 ～ 0.12 米），为投火眼。窑前有 2 个门口，宽 4 尺 7 寸（约 1.5 米），用以烧火。窑的两旁每节（每隔 10 个“火眼”为 1 节）亦各有 1 门，宽约 1 尺 6 寸（约 0.5 米），高 2 尺（约 0.7 米），窑的上端也有 1 门至 3 门，这都是用来装窑出窑的。明清的龙窑无烟囱，以明瓦遮挡火焰，称为“栏尾”，还在门旁各设 5 个

---

① 林乃燊、邹华、石稳：《石湾陶瓷的源流、特色和历史地位》，《中山大学学报（哲学社会科学版）》1980 年第 3 期。

② 建于明代，稍后于南风古灶，位于石湾美术陶瓷厂内，自明清以来烧制了不少石湾陶塑名家的作品，因此被称为石湾公仔第一窑。倾斜度较大、内部结构紧凑，最适合烧制石湾公仔，被称之为“公仔窑”。

烟孔。后来的龙窑加了烟囱，烟囱高 20 ～ 30 尺（6 ～ 10 米），口径 1 ～ 1.5 尺（0.3 ～ 0.5 米）。图 2.26 为石湾龙窑的模型，图 2.27 为石湾龙窑的剖面图。

图 2.26 石湾龙窑模型

资料来源：石湾陶瓷博物馆展示，吕唐军摄。

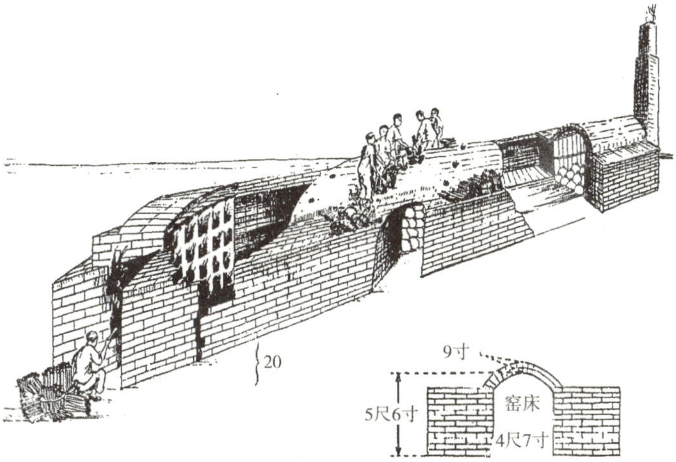

图 2.27 石湾龙窑剖面

资料来源：《石湾公仔》。

这种窑制的主要优点是升温快，降温也快，可以速烧。尤其是使用松柴，发挥成分多，灰分熔点高，着火温度低，燃烧速度快，而且火焰较长，便于快速烧成，并维持还原气氛。同一个窑的上、中、下三部分就有高、中、低三种火力，因此装窑的技术很重要，器物放置的位置不同，就会烧成老嫩不同、釉色不同的出品。如盆类装窑，通常把产品两两相合为一冚，一冚冚砌起为一桩，一桩桩顺排为一行，品字形的排行叫“软画（入画）”，四方形的排行叫“硬画”。煅烧时由于硬画空隙较大，火焰走势畅通，容易产生氧化焰和强脚火；软画空隙较窄，容易产生还原气氛（图 2. 28）。

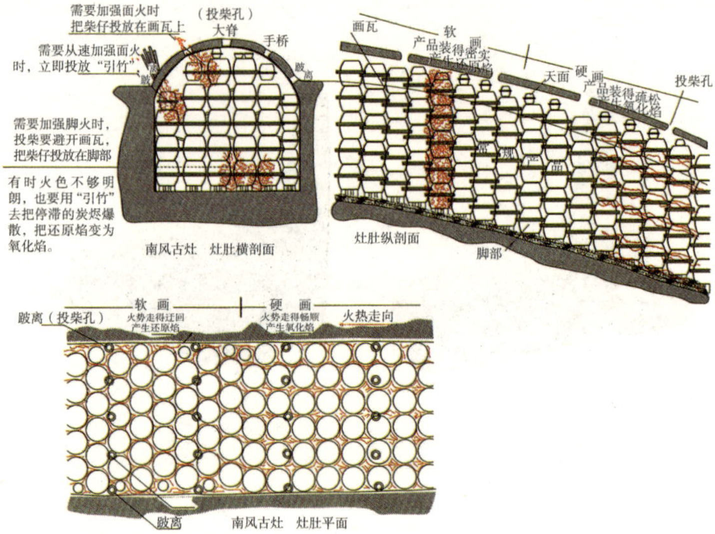

图 2. 28 软画和硬画装窑方式示意

资料来源：《神奇的南风古灶》。

石湾冈上有龙窑的有 8 个山冈，从海口开始有良村冈、白牛冈（镇冈）、老鼠冈、章冈、凤头冈、七星冈、望寮冈和辛村冈等，最多龙窑时共 107 座，蔚为壮观，为“陶窑烟火”一景。[①] 当时大盆行就有龙窑 7 座，在白牛冈东北面有白云灶、沙路灶，中部有张槎灶，西南部有南风灶、新灶、高灶和公益灶。[②]

石湾的蒙氏家族是建窑世家，石湾的很多条龙窑都是他们建造的。据石湾蒙氏族谱记载，“蒙氏与兴[③]于明朝崇祯年间来石湾下约教安坊定居，开始龙窑生理之业”，到 25 代的蒙珠（1860—1936）一直经营砌窑业，并留有遗文：“自高祖到石湾下约，历代做手作，乃是造缸瓦灶窑及修葺坏烂工夫行头，传至万子万孙。”蒙氏建窑工艺的特点主要有：①能根据陶瓷产品种类的大小、厚薄，烧成所需的温度，确定窑炉各段部位的长短宽窄及倾斜度；②施工中全靠目测和手工技艺，不用模具拱托，将窑体一气呵成；③窑炉结构合理，无折腰、隆背、涨肚等败位，适合装烧操作，节省燃料。

---

① 霍流芝：《石湾龙窑时期的辉煌》，广东经济出版社 2001 年版。

② 见附表 2。

③ 广州五羊蒙氏始祖第十八代传人。

第四节　行会制度

一、行会的成立

行会是石湾窑业生产的内部组织形式，以生产的产品类别或工作的分工、地域界限来划分。

明代尤其是明代中叶以后，石湾窑的生产组织比宋元时期更细密，专业化程度更高，与江西景德镇窑一样出现了“陶有窑、窑有户、户有工、工有作、作有家”的生产组织情况。随着陶瓷生产规模的扩大和技术的提高，明嘉靖年间（1522—1566）陶瓷生产出现了专业化分工，产生了行会组织。石湾陶业自明代天启年间（1621—1628）订定行规，初分8行，并且以大家族姓经营为主，窑场分布以姓氏经营划分为上、中、下窑三大窑区。有民谣曰：“上陈，下吴，中间廖”，就是指历史上主宰了三大窑区的几大族姓。后石湾窑行会又分32行，若析其细目，有50余行，以所生产之器具而分，各行均有一行首，以司行内一切事务。行会规定，各行产品都有传统性划分，行内的产品只能本行制造，不能跨行制造别行的品种。石湾陶业行会组创初期曾对陶业生产起过积极作用，它们“内而厘定行例，以杜内部哄争，外以立团体，以杜外界之滥入”。行会制度保障了工人工作的固定，因而提高了产品质量。

行会至明末清初增至32行，界限分明，组织严密。除了产品类别的行会外，还有制釉、砌窑、担泥、落货等行会。每个行会均有自己的堂名。清乾隆六年（1741）专产大件器皿的花盆行与缸行分离独立，品种之繁多，为24行之冠，其中尤以花脊称著。而专造人物鸟兽、以“同庆”为堂名的古玩行也脱颖而出。至清末民初，一个堂名“陶陶”的新古玩行又应运而生，与旧古玩行合并为“同庆陶陶”，成为制陶业的一枝独秀。清末民初时期石湾制陶行业有36个行别组织，如“庄美”、“陶室”、“陶裕”等。①

清末至民国年间，是石湾陶瓷业的兴盛时代。手工业的繁荣，为城乡的许多手工业者积累了一定的资本，加上该时期欧洲等其他市场对石湾陶瓷的大量需求以及石湾陶瓷艺术风格的成熟，产生了一些有资金的商人和

① 见附表1。

一些陶艺名家组成的陶瓷行会。其中，冠华窑、裕华真记公司即是该时期具有代表性的两个民间行会。行会的成立，使陶艺创作和陶艺生产紧密结合在一起，既繁荣了创作，也促进了生产，为陶艺创作成果转化为生产力提供了良好的契机。行会的制品以手工操作为主，大批量产品的生产多采用半印制、半手工方法，高档的艺术品则采用直接塑制成型的原作制作方法。原作每件不同，能显现和保存作者的艺术手法，格调更加活泼。因为行会是家庭、作坊式生产，许多任务人本身就是作者，名工辈出，形成了艺术创作上雄厚的社会基础，从而呈现出百家竞技、百花齐放的局面。

二、行规的制定

石湾陶业自明代天启年间（1621—1628）便已订定行规。花盆行于乾隆六年（1741）议定，光绪二十五年（1899）“仿随旧章，再重修建”，公议规例共 18 条。佛山市博物馆藏有《陶艺花盆行规》印牌（图 2.29）和《花盆行历例工价》印版。

《陶艺花盆行规》部分行规如下：

> 四方君子到店学师，以□年为满。每季入行银一十二元五毫，……以每店六年教一徒，此人未满六年，该店不准另入新人。倘有学师未满，不得私往别店。或学师人半途退缩转行别业，前入行之银作为乌有。或有学师上工，因东家不合用者，例不准作满师，仍要满行另招新人投师学艺。倘有外人投师学艺，年方有三十余岁者，虽现有余额，一概不准其入行学艺。倘该店有未入行之人在此雇工，我行人不得与其同伴。
>
> ……
>
> 父教子九大元，兄教弟十八大元，分三年为满……。
>
> 行内物件工价，历依行例，我行友不得私自求加增，不得私自减价。如有此弊，报信确证，定将此人转行，东西均同议罚，将此银一半归行内传费，一半归谢报信花红。
>
> 长年按伴如有收过东家银者，务宜陆续退还；或往别店未曾清还该号，传帖要此人自己挺身议妥如何退还，方准在本行开工。倘有乔难勒诈，任从扣回定银，推辞不用；或东家半途推辞，定银不得扣除。倘西行收定之后，或不做，或半途退缩，定银还双倍。
>
> 长年自正月十二、三开工，至十二月廿四、五，岁底完工。年内不得私往别店散插；或有私请别店长年散插，每名罚银二大元。倘经

明行内暂请替行，照料灶上三、二燔，不在此例。[①]

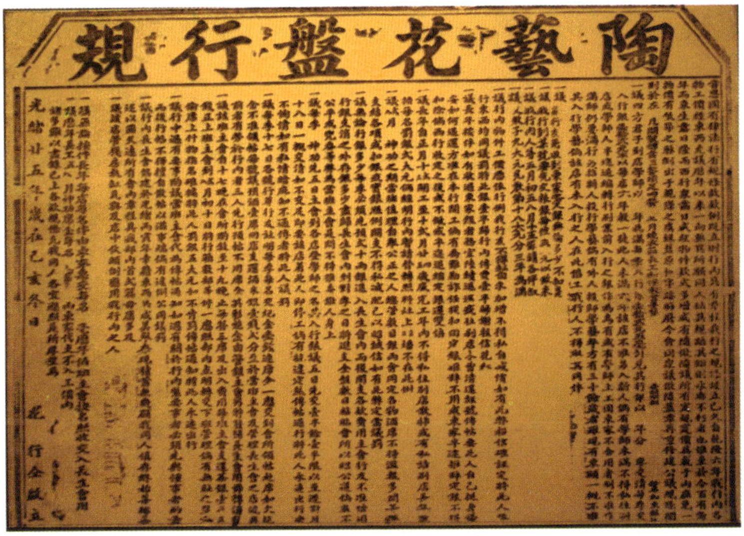
陶藝花盆行規

光緒廿五年歲在己亥冬日

图 2.29 《陶艺花盆行规》

资料来源：石湾陶瓷博物馆展示，吕唐军摄。

《花盆行历例工价》详细开列了园林建筑陶、装饰陈设陶及各类花盆的工价。如大号狮头炉每个银一钱零一厘五，二号狮头炉每个银九分四厘五；双龙瓶每只银四分九厘二，单龙瓶每只银一分二厘九，燁（“烧”的意思）一截至一燔工银二钱八分八厘，装灶照上，开灶照上，大师傅入灶肚作双计等，共 322 个明细项目，可见当时商品和劳务交易已相当规范。

在各行里有若干大小作坊，老板称为“东家”，工人和其他劳动者称为“西家”，彼此订立一定的行规。在那时各行分工的基础上，以后不断继承和发展，也有因为生产发展而出现新的行会。生产品种的规定是铁板性的，各行不论在淡市或旺市都不能互相侵扰。例如缸坛行某年产品非常畅销，大盆行产品卖不出去，大盆行也不能改制缸坛行的产品。这就妨碍了生产的发展。

在行会组织下，工人要找到职业都必须入行。行金各行不一，一般要数十元至百多元（当时价），还要请全行人吃一顿饭。学徒入行要交一笔行费，而且在学师两年的时间内没有工资，只供饭食，将工资作为行费。交不起入行金的，则学徒时间拉长以作为补偿，所以有的学徒时间延至 4 年甚至 6 年。行金是有继承性的，如父兄交了一大笔入行金，儿子和弟弟

① 《陶艺花盘行规》，广东省社会科学院历史研究所中国古代史研究室等编：《明清佛山碑刻文献经济资料》，广东人民出版社 1987 年版，第 254 ～ 255 页。

当学徒就可以少交，如花盆行，父带子只交9元，兄带弟只交18元（当时价）。行金的大小常随市场的兴衰而升降，不佳时多一点。但一般只有升高，很少降低，因为行费降低，别人就容易参加到本行中，引起竞争。

行会是封建社会自然经济的产物，它成了自然经济在手工业部门的调节器。它使会员对行会有一定的依附性。学徒期间不许退出，工人一般不能随便退行而另入别行。各个工人都必须严格遵守自己的职务，不能伪造别行的产品，就是到别行去帮一下忙也不行。同时行会还是一种互助团体，行友死时有赙金①，失业期间有补助金等，会员生活的稳定性有一定保障。这些措施对巩固和发展当时的陶业都是有利的。

生产技术的保密和保守性也是行会组织的一个特点。行会制度包括严守技术秘密，封锁技术情报的交流，这是陶业后退的一个重要因素。在行会里面，师傅具有很大的作用，他们的技术历代相传而不轻易传给别人。就是教徒弟也没有什么积极性，对其他人员更不用说了，哪怕是站在旁边多看一下也是不行的。各行之间更是相互保守，秘不外传。这对于提高生产技术和发展生产，都是莫大的障碍。

行会对防止兼并、适应自然经济的均衡生产，能起一定作用。但随着商品生产的发展和市场的扩大，行会便成为生产力发展的障碍，成为陶瓷艺术繁荣的严重桎梏。到了20世纪初，随着资本主义的发展和劳资关系的逐渐紧张，行会就一分为二：资本家成立自己的堂口，这些堂口逐渐统一为商会；工人则成立自己的工会。

第五节　陶师庙和陶师诞

因史称“虞舜，陶于河滨”，所以制陶行业以虞舜为陶业祖师。

北宋时期曾在水巷大街内建有一座祀奉陶业祖师的陶师庙，面积不大。到了明代，陶业聚盛，陶工日众，因此陶业各行工人共同倡议重建一座新的陶师庙。明嘉靖七年（1528），在石湾莲子冈下，陶业行会捐资建起了一座三进的陶师庙。东平河的水从三丫涌直入到陶师庙前。陶师庙外貌庄严美观，面积广大，南北约60米，东西约50米，共深三进，由山门、前殿、正殿及东西两廊组成，东西廊宽约7米。庙内陶塑和石、木、砖雕四布，正殿供祀虞帝，左侧有陶朱，右侧有关帝。清同治九年（1870）、

① 赙，音fù。赙金即赙钱，送给丧主资助其办理丧事的钱财。

光绪年间（1875—1908）及民初，陶师庙皆有重修。石湾陶师庙的人物陶脊，有正脊也有看脊，是各行会名艺人的代表作，中路正脊由均玉、红玉、文如壁等店塑造，两厢看脊由奇玉、琼玉店制作。其内容是《六国封相》、《魏雠[①]伏貘》、《五鬼闹钟馗》等，艺术价值尤胜祖庙的陶脊。陶师庙建筑的陶脊、庙内的各种陶艺陈设，均由各行会的名艺人制作奉献而来，均为精品。光绪年间重修陶师庙时，有文如璧捐献的陶脊，正中火珠，鲜红似血，为石湾红釉中的标准色釉，直径约40厘米，熠熠生辉，堪称石湾窑的珍宝。当时石湾各窑都以能在陶师庙中装置自己的产品为荣，把精心烧制、最为优秀的陶制品送到庙中作建筑或装饰构件。可惜该庙在1938年日寇侵华时被拆毁。

明清二代，每年农历二月初十至廿四、八月初十至廿四是陶师诞，是石湾陶工的盛会。石湾各行会轮流主持主祭，称“春秋两祭”，以“秋祭”特别隆重。在此期间各行会又分别自选一天拜祭。陶师诞期间，陶师庙香火特盛，要请出陶师“行宫”[②]，穿街过巷，入工场，上窑灶，祈求祖师爷保佑窑火畅旺，陶业兴隆。陶师诞前后，石湾陶业的各个行会相聚一起行酒，俗称“饮行”[③]。陶师庙周围还设有商店摊档，陶工及石湾人民多在此聚集。有记载曰：“山光树色，林条荫之，到廛中茶肆三五。每当正午，鱼疏杂逐，日用货品及医卜占算之属，罗列院前与庙内，外乡人及四乡人之来此，老少男妇，万头攒动，市声如洪，熙来攘往，络绎不绝，直至夕阳西下，乃各携所求而归。地处荒野而每日自午时至哺，喧闹逾于城市。百余年如一日，亦胜地也。”[④] 足可见当时石湾的繁荣和陶师庙的地位。陶师诞时高庙有戏台演出，是为了招待西线的上元、东村、溶洲低田、罗格、大岸一带的农民，一连三天都是下午演出，晚上由戌时（晚上7—9时）直演至第二天天亮。[⑤]

陶师崇拜将个别的陶工整合到陶业群体中，加强了石湾陶工内部的团结，提高了陶工的地位，保护了石湾陶业的发展。陶师诞巡游后陶瓷制品会送到陶师庙展览，这种竞争性的陈列，激发了行业内部的竞争，促进了陶业的发展。

---

① 雠，音 chóu。魏雠，晋文公之武将。貘，上古神兽。

② 安在大殿的神像为“坐宫”，专供出游的小神像为“行宫”。

③ 每年举行的全行业工人大会，事后进行大餐，称“饮行”。

④ 清梁照葵：《石湾六景记·莲峰昼市》。

⑤ 霍流芝：《石湾龙窑时期的辉煌》，广东经济出版社2001年版。

第六节 火崇拜与华光诞

“功昭日月，威耀星辰。恩泽五土，德荫陶人。”这是千百年来石湾陶人中流传的赞美火神的古诗。石湾陶人对火有深厚的感情。他们的火塘不允许人畜触踏，做饭的炉灶不可随便移动，移动炉灶必先请道士相风水、挑位置。各窑一般都设有火神的像位，每日清晨焚香膜拜，点灯前要说祝颂火神的吉祥话。每逢节日，要在饭前选一块最肥的肉投入熊熊窑火中，祈求火神保佑火旺器正。如果烧出次废品，则被认为是得罪了火神，需出钱请人唱戏酬火神。

火信仰的习俗后来发展为对火神华光大帝的崇拜。华光大帝为民间传说的天神，据《南游记》记载，他原是灵山如来佛弟子妙吉祥的化身，初名灵耀，被玉皇大帝封为火部兵马大元帅。后因在琼花宴上喝醉了酒，自号华光，大闹琼花宴，而被玉帝贬下人间，终得道转世，被封为南帝。

农历九月二十八日为华光诞，石湾陶业祭祀华光大帝十分隆重，各窑都要捐款做“醮”①，并选出直理来负责有关事宜，如搭醮棚、挂彩灯、请道士、迎华光等。建醮后，要挑选健壮的青年，沐浴更衣、斋戒后，抬水果珍馐和烧猪等物去华光庙（在今佛山市莲花路）迎奉华光大帝，沿途并有道士诵经，艺人作乐。迎回后，将华光神像供奉于醮前，开坛诵经祭拜，镇人则随坛参神。开醮时，要举行转运仪式，道士手持法器诵经绕坛三圈。据说转运仪式会令来年晦气尽消，因此参加者众。在此期间，不可开窑，以防触怒火神。清道光《佛山忠义乡志》载：“二十八日华光神诞，神为南方赤帝，火之司命。乡人事赤帝以消火灾。是月，各坊建火清醮以答神贶。务极奢侈，互相夸尚。用绸绫结成享殿，缀以玻璃之镜，衬以翡翠之毛，曲槛雕栏，锦天绣地，瑰奇错列，龙凤交飞。召巫做法事凡三四昼夜。醮将毕，赴各庙烧香，曰行香。购古器、罗珍果莹，备水陆之精素，擅雕镂之巧，集伶人百余，分作十队，与拈香捧物者相间而行，璀璨夺目，弦管纷喧。复饰彩童数架以随其后，金鼓震动，艳丽照人。所费盖不赀矣，而以汾流大街之肆为首。”可见火神信仰在石湾深入人心。

现在澜石深村的华光庙每年仍举行华光诞的醮会，参加者众。②

---

① “醮”的原意是祭，为古代礼仪，祭祀、祈祷神灵的仪式活动。

② 刘东：《石湾陶业的火崇拜》，《佛山陶瓷》2001 年第 11 期，第 32 ～ 33 页。

第三章　石湾窑产品概述

第一节　石湾窑产品类型

石湾窑产品有日用陶瓷、建筑陶瓷、艺术陶瓷、工业陶瓷四大类，其中以人物、动物等艺术陶塑为代表。

一、日用陶瓷

日用陶瓷一直是石湾窑的主要经济来源。若昔日石湾没有大量日用陶器的制作，艺术陶瓷根本就没有依存的余地。石湾窑生产所涉及的日用陶瓷种类极为广泛，几乎遍及日常生活的方方面面，其包括了生活陶瓷、文房类陶瓷（图3.1）、种植类陶瓷、玩具类陶瓷、明器祭祀类陶瓷等。其中生活陶瓷又包括炊具（图3.2）、餐具、储藏（图3.3、图3.4）、生活小品（图3.5、图3.6）、家具（图3.7）等。“三煲（即饭煲、粥煲、茶煲）一钵”可谓石湾日用陶瓷的代表。

图3.1　褐釉文房组合（长20厘米，宽15厘米，高9厘米）
民国　吴国伟藏
资料来源：吕唐军摄。

图 3.2　素胎陶镬盖（直径 19 厘米，高 14 厘米）　吴国伟藏

资料来源：吕唐军摄。

图 3.3　绿釉防蚁罐①（直径 41 厘米，高 22 厘米）　吴国伟藏

资料来源：吕唐军摄。

① 粤语俗称“激死蚁”，其罐口带一圈蓄水带，虫蚁不能爬过去，用以贮藏甜食等食物。

图 3.4　黄釉方罐（底边长 22 厘米，高 29 厘米）　吴国伟藏

资料来源：吕唐军摄。

图 3.5　白釉蓝花暖睡壶①（长 21.5 厘米，宽 6 厘米，高 24 厘米）

民国　吴国伟藏

资料来源：吕唐军摄。

图 3.6　褐釉油灯（直径 11 厘米，高 10 厘米）　清　吴国伟藏

资料来源：吕唐军摄。

① 灌进暖水，用以冬天取暖。该壶印有“中国广东南海石湾上利亚工厂出品”字样。

图 3.7　云石纹面小方几（长 12.5 厘米，宽 10 厘米，高 11 厘米）
清中期　广东民间工艺博物馆藏
资料来源：《馆藏石湾艺陶选辑》。

岭南人是多神信仰，亦有浓厚的祖先崇拜风气，石湾窑迎合了这方面的大量需要。祭祀仪式和过程是重要的，自然需要精美隆重的祭器。因此香炉（图 3.8）、五供、长明灯（图 3.9）、供品盆等陶瓷类型多样且精美，融汇了陶工的丰富想象力与高超技术。

图 3.8　铁锈釉双耳三足香炉（直径 18.5 厘米，口径 16.5 厘米，高 12 厘米）
晚清　吴国伟藏
资料来源：吕唐军摄。

图 3.9 酱黄釉长明灯（直径 18 厘米，高 4 厘米） 吴国伟藏
资料来源：吕唐军摄。

明器指的是古代人们下葬时带入地下的随葬器物，即冥器，一般用竹、木或陶土制成。在夏商时代的墓穴里就出土了陪葬的人、兽、日用器物及金银玉器。战国至汉代早期，厚葬之风甚盛，许多王公贵族死后，往往将大批他们生前所用的奴仆、器物一同下葬。此时所用的明器严格来讲没有专门的特指，一般均是主人生前所用器具的实物。到了汉代后期，厚葬之风渐衰，成套的模型明器成为了新兴的随葬品。所谓模型明器，是指汉代墓葬中常见的、一整套特点鲜明的随葬器物，主要包括院落、楼阁、仓、碓房①、圈厕②、灶、井、风车、田地、池塘以及家禽、家畜俑。人们不仅用生时所喜好的文物陪葬，也采用许多仿制的象征性陪葬品陪葬。如汉墓出土的各种陶院落、陶农庄、陶楼、陶猪舍、陶狗、陶壶等，不仅反映了当时的日常生活，同时也透露了当时的建筑形式。陶制的陪葬品在汉代相当盛行，它们是汉代人对财富期望的展现。而陶农庄、院落配以侍者、兵丁、乐者、戏者等人俑，则是汉代人对当时豪强富足生活的向往。明器用作祭祀和宗教仪式这种风气自汉至唐尤盛，此习俗延续至宋、元、明各代。宋代以后，纸制明器逐渐流行，陶瓷明器渐少。

石湾各个时期出品的日用陶瓷呈现出来的艺术之美丝毫不逊于艺术陶瓷。我们可以这样理解，石湾陶瓷之艺术气息源自生活的美，遍布于其生产的各类型产品，将生活之美播撒至方方面面。

---

① 碓，音 duì。碓房，舂米作坊。
② 即马桶。

二、建筑陶瓷

建筑陶瓷包括了脊饰（如陶脊、宝珠、脊兽等）、鸱吻、壁画、琉璃制品、瓦（如瓦筒、瓦当、滴水等）、色釉栏杆、花窗、华表、龙凤陶塑等。最能代表石湾窑艺术高度的要数陶脊和壁画了。

1. 陶脊

陶脊又称“花脊”或“瓦脊”，是装饰在屋脊上的各种人物、鸟兽、虫鱼、花卉、亭台楼阁陶塑的总称（图3.10）。“瓦脊”上的人物和动物被岭南人亲切地称为“瓦脊公仔”，是岭南独创的传统建筑装饰。

图3.10　陈家祠首进西厅正脊《甘露寺》①　清光绪癸巳年（1893）

资料来源：吕唐军摄。

“瓦脊公仔”像一幕幕凝固的戏剧，展现在巍峨的建筑之上，岭南风情扑面而来。上面有情节复杂的历史故事场景，有精彩纷呈的粤剧折子戏，《姜子牙封神》、《哪吒闹东海》②、《八仙过海》③、《金殿争帅》、《六国封相》、《长坂坡》、《薛仁贵征东》、《穆桂英挂帅》……一片梨园春色，令人目眩神迷。陶脊所施釉色以深沉稳重的蓝色、绿色、褐黄色居多。

---

① 见附表5。

② 见附表5。

③ 见附表5。

佛山祖庙灵应祠[①]的三门[②]瓦脊，由文如璧店在清光绪乙亥年（1875）制作，高1.6米，长31.6米，正反两面各有人物150多个，可谓“花脊之王”，是石湾陶脊的代表作（图3.11）。佛山市博物馆展出的陶脊《穆桂英挂帅》是光绪辛卯（1891）文如璧店的作品，塑有大小人物60多个，高1.6米，长8.8米。除佛山祖庙外，广州陈氏书院[③]、罗浮山冲虚观[④]和广州西来初地[⑤]关帝庙的屋脊和墙头装饰都保留着石湾陶脊作品。陶脊上都刻有清代石湾文如璧、均玉、宝玉等店号。当时文如璧店的陈奇、陈祖、陈辉，均玉店的殷垣、陈森，宝玉店的吴圣原、吴海、吴登等，均为当时塑造陶脊艺术作品的名家。[⑥]

石湾陶脊自清代中叶以来畅销国内外。东南亚的泰国、缅甸、越南、新加坡等地的庙宇建筑，亦多有采用石湾陶脊作建筑装饰的。越南西贡天后庙陶脊便是石湾同和堂光绪戊申年的作品。石湾陶脊装饰无论人物还是动物、花卉，皆根据其所处空间位置的特点来塑造。如陶脊上的装饰品雄狮，近看头大而低垂，鼻短不匀称，既不合比例，又显不出生气；可是把它装置于10多米高的屋脊后，给人的感觉完全不一样，雄狮高踞蓝天，神

---

① 佛山祖庙位于广东省佛山市禅城区，据传始建于北宋元丰年间（1078—1085）。原建筑于元代末年被焚毁，明初洪武五年（1372）重建。以后经过20多次重修、扩建，特别是光绪二十五年（1899）的大修，终于形成一座规模宏大、制作精美、具有独特民族风格和浓厚地方特色的古建筑群。供奉道教崇信的北方玄天大帝，名“北帝庙”。明代改称灵应祠。因为宋元以后这里一直是佛山各宗祠公众议事的地方，成为联结各姓的纽带，所以佛山人习称它为祖庙。佛山祖庙与肇庆悦城龙母祖庙、广州陈家祠合称为岭南古建筑三大瑰宝，现为国家级重点文物保护单位。1962年划定为广东省重点文物保护单位，由佛山市博物馆管理。灵应祠是佛山祖庙的主体建筑，为供奉北帝的庙宇。

② 崇正社学、灵应祠、忠义流芳祠三座建筑物的正门联建在一起，称为祖庙三门。崇正社学是祖庙东面的的附属建筑，又称文昌宫，建于明洪武八年（1375）。忠义流芳祠是祖庙西面的附属建筑，建于明正德八年（1513），因祀镇压黄萧养起义而受朝廷敕封的“忠义官”而得名。灵应祠三门的建造年代，地方志和碑记都没有记载，根据有关资料考证，应建于景泰初年。把崇正社学、灵应祠、忠义流芳祠三座建筑物的正门联建在一起，是正德八年的事。

③ 即陈家祠，中国清代广东省七十二县陈姓合资兴建的合族大宗词，在广州市中山七路。该祠规模宏大，装饰华丽，是广东地区保存较完整的富有代表性的清末民间建筑。1988年公布为全国重点文物保护单位。陈家祠始建于清光绪十四年（1888），建成于光绪二十年（1894），占地面积1.5万平方米，建筑面积6400平方米。现为广东民间工艺博物馆。

④ 冲虚观位于罗浮山朱明洞景区麻姑峰下，南临白莲湖。为东晋葛洪创建，距今已有1600多年。初为葛洪修道炼丹的南庵。葛洪“羽化成仙”后，晋安帝在此建葛洪祠，唐玄宗天宝年间（742—755）扩为葛仙祠，宋元祐二年（1087）哲宗赐额改为冲虚观，一直流传至今，成为全国最有影响的道教宫观之一。杭州黄龙观、香港黄大仙庙、马来西亚和新加坡的黄龙庙等，均认它为“祖庭”。道教谓为“第七洞天，第三十四福地”。

⑤ 西来初地位于广州市荔湾区下九路北侧西来正街一带。隋朝以前此地为珠江河岸，南朝梁武帝普通七年（526），天竺国高僧菩提达摩东渡广州于绣衣坊码头（今下九路附近）登岸，并在此建造西来庵传教。后世信徒遵奉达摩为中国佛教禅宗始祖，其登岸地点为西来初地。

⑥ 见第五章第一节、第二节，附表2、附表3。

气十足，活现出一副醒狮下山的架势。

图 3.11　祖庙灵应祠的三门瓦脊中部　清光绪廿五年（1899）
资料来源：吕唐军摄。

2. 壁画

壁画是用陶泥施釉彩后烧制而成的一种建筑构件，用以装饰园林庙宇的照壁，以高浮雕式画面出现。大的照壁由数块陶塑件组拼而成，题材多样，尤其以花鸟及龙凤、双龙戏珠等图案居多。石湾影壁最早于明中叶生产，清末民初因社会变革、建筑潮流改变而日渐式微。

佛山祖庙前殿西侧流芳祠内的大型镂空云龙照壁，长 2.6 米，高 1.72 米，厚 17 厘米，由 15 块陶塑构件合并成一大型双面镂空半浮雕五蝠云龙照壁。其形象逼真、立体感强，手法简练含蓄，是不可多得的清代陶瓷建筑装饰艺术品（图 3.12）。

图 3.12　陶塑镂空五蝠云龙纹浮雕双面照壁（长 260 厘米，高 172 厘米）　清
资料来源：《石湾花盆》。

三、艺术陶瓷

艺术陶瓷的出现，既表明陶瓷超越了单一的物质属性，也标志着石湾陶艺发展到晚清时期更趋成熟，成为一种艺术形态和文化形态，具有一定的精神文化价值。

艺术陶器是从日用陶瓷发展而来的，其中很大的部分是将生活用品再度设计创作。如图 3. 13 中的壁挂，就是在花瓶的基础上发展而来的装饰品。

图 3. 13　月白壁挂（直径 11 厘米，高 17. 2 厘米）
明　广东省博物馆藏
资料来源：《中国陶瓷・石湾窑》。

艺术陶瓷中许多种类与陶脊同出一脉，俗称“瓦脊”，由名称可见是由建筑脊饰发展而成为家居装饰的题材。其题材内容包括人物故事类、鸟兽虫鱼类、花果器皿类、山公亭宇类、仿古器物与仿古名窑产品类等，与陶脊共同成为石湾窑艺术水平的最高代表。

人物故事类艺术陶瓷取材于现实生活或传说故事中的人物形象，题材有渔樵耕读、士农工商、饮酒、弹琴、下棋、拍蚊、挖耳、婴戏、僧尼道丐等，行走坐卧，形态各异，表情细腻，生动逼真。由于石湾陶泥的可塑性强，石湾人物陶塑烧成后色泽黑褐，适宜塑造健实强壮、筋肉骨骼清晰的人物，如粗糙肌肤的老人。因此，在石湾人物陶塑中，男性形象多于女性形象，老人形象多于小孩形象。

关于动物类艺术陶瓷，汉墓出土文物中就有猪、牛、鸡、鸭等器型。后来鸟兽虫鱼类以十二生肖、猛禽及昆虫等居多，造型变化万千（图3.14）。

图3.14　蓝变釉蛙形笔插（长9厘米，宽5厘米，高4厘米）
清中期　广东民间工艺博物馆藏
资料来源：《馆藏石湾艺陶选辑》。

花果器皿类是以模具为基础加以修饰、点缀制成的艺术日用品或摆件欣赏品，多为陈设之用；也有与实用相结合的器物，如葡萄壁瓶、荷叶烟盅、熊猫笔筒、金鱼水盂等，还有各种造型的鼓墩坐具和花架。其式样之多，为各大名窑所不及。

仿古器物与仿古名窑产品类，明清时有仿商双贯耳壶、无耳铜盂、铜鼎，仿周蟠螭[①]瓶，仿汉蒜头瓶、双螭瓶，仿唐双鱼瓶、天鸡壶、凤头壶等，也仿钧窑、哥窑、磁州窑、龙泉窑、越窑和唐三彩、珐琅彩、五彩，不但仿其器型，也仿其釉色。

① 音pánchī。蟠螭是龙属的蛇状神怪之物，是一种没有角的早期龙。对蟠螭有两种说法，一种是指黄色的无角龙，另一种是指雌性的龙。

山公是盆景中人物、动物、亭台楼阁等装饰配件，使整个盆景更富于情趣和生气。山公是石湾窑独有的一种传统工艺，又称陶瓷微塑，其题材都不出《芥子园画谱》[①] 所载。“山公”即石山公仔之简称，专供石山盆景点缀之用的“石湾公仔”，其尺寸规格比一般陶塑小了许多，均在 3 ～ 5 厘米大小之间（超过 6 厘米则不属于山公）。山公规格虽小，却惟妙惟肖，主要有人物、走兽、飞禽、亭台楼阁、帆船等题材。其中，人物多为渔、樵、耕、读，还有抚琴、弄笛、吟诗、下棋、饮酒、观瀑、听涛、垂钓、骑马等；飞禽走兽有鹊、鸽、马、牛、羊、鹿等；其他还有亭台楼阁、塔、桥、船等。相传山公微塑最早出现于清末光绪年间，由石湾老艺人刘来[②]首创。早期只是单纯制作盆景上的山公配件，以供山石盆景选用。其形成了搓、捏、贴、捺、塑、挑、划等一套完整的技法，使自然风光和诗情画意充分显现在咫尺空间之内。至 19 世纪 60 年代，刘来之子刘辉胜[③]继承发展了这门陶塑艺术，成为当时以山公制作著称于世的陶艺家。山公亦成为石湾陶艺的一项传统产品。他按人体骨架比例塑造，加上有条理的衣纹，在当时称之为“胎骨”[④]，全是以红泥的原色为基调。同时，品种也增加了，初步形成了多种规格和类型。到了 20 世纪 20 年代，再由刘辉胜之子刘伟棠创造了陶塑山公盆景，使山公不仅为盆栽石山作辅助品，而且成为完整独立的作品。

四、工业陶瓷

佛山地区手工业兴旺，需要大量的工业用陶瓷，如酱料业、饮食业需要的单黄盆[⑤]、太平盅，酿酒业需要的酒埕[⑥]、七斤樽[⑦]，制糖业需要的糖缸[⑧]、大花塔[⑨]，染织业需要的大染缸等。

---

① 又称《画传》，诞生于清代。清代著名文学家李渔曾在南京营造别墅“芥子园”，并支持其婿沈心友及王氏三兄弟（王概、王蓍、王臬）编绘画谱，故成书出版之时即以此园名之。此画谱堪称中国画的教科书。

② 著名陶塑艺人、刘胜记创始人刘辉胜之父，见附表 4。

③ 见第五章第一节、第二节。

④ “胎”的意思是露出红泥的本色，没有釉彩的光泽；“骨”的意思按人的骨架比例造型。

⑤ 盆类系列产品的一种，外施酱黄，内施黑釉，口沿宽大，属海口大盘行主要系列产品之一，分 12 类 60 多种。

⑥ 埕类系列产品的一种，内外均施黑釉，口沿略分两层，小口，小底，大圆腹。埕行主要产品之一。

⑦ 樽行系列产品的一种，内外施黑釉，小口，小流嘴，状似罐。属黑釉行主要产品。

⑧ 缸类系列产品的一种，缸行主要产品之一。

⑨ 大型缸、塔类产品，表面黄釉，大型盛具。

随着工业的发展，一些新的陶瓷店号制作出新型的工业陶瓷，如电器陶瓷、耐酸陶瓷、酸液炸弹外壳等，并出现了电具行等陶瓷行会。1937 年花盆行上利亚富店制作的酸液炸弹外壳，高 62 厘米，腹径 38 厘米，底径 18 厘米，内外施酱色釉，外型似炸弹，肩部有“石湾陈富陶窑制造十二号”阴文印款（现为陈富儿子陈亨收藏）。民国初年，耐酸陶瓷全靠进口，后陈富在中山大学专家协助下试制成功，并获南京政府实业部核准。抗战初期，曾计划装酸液轰炸日本军舰，又试制成功酸液炸弹外壳。①

第二节 石湾窑产品题材

石湾窑产品题材有历史人物、粤剧戏曲、民间传说、花果鸟兽、器物纹案等。

一、人物故事类

人物故事类是石湾窑产品中最具代表性的题材，其源远流长，最能代表石湾窑的艺术成就。

人物陶塑明器或装饰 2000 年前就已在石湾一带流行，并产生影响。汉代石湾的祭祀明器就有人物题材，如舞乐俑、奴隶俑等。上千年的发展过程中，人物题材又与石湾窑产品相结合，产生了大量精品。人物陶塑往往用作日用器皿的附加装饰物贴附其上（图 3. 15、图 3. 16），如唐代生产的黄釉陶罐，就贴附了人物或佛像环罐一周。明代陈文成塑一梅瓶，腹作凸形《文姬归汉图》，也是以人物衬托器皿。

人物故事题材的艺术陶塑大概始于明代晚期。珠江三角洲地区佛教和道教盛行，佛山是其中心，仙佛罗汉（图 3. 17、图 3. 18）和观音造像等成为人物陶塑生产的重要题材。祖唐居的仿唐三彩骑士可看作独立的人物陶塑，以后黄古珍、刘胜记等也创作出不少独立的古代文人形象，如《老汉夜读》、《太白醉酒》等。清代至民国初期为陶塑的繁荣期，题材更为丰富，除各种宗教、神话传说人物外，还大量出现各种历史人物、小说戏剧人物与民间故事人物等。清道光晚期至咸丰前后，人物故事题材被搬到陶

① 佛山市博物馆：《佛山市文物志》，广东科技出版社 1991 年版。

图 3.15 多色釉竹林七贤①茶盘（宽 42 厘米，高 19.4 厘米） 清末

资料来源：《国际石湾陶艺会（二零零八年刊）》。

图 3.16 “陈古斋造”彩釉竹林七贤花插（直径 19 厘米，高 44 厘米）

19 世纪末—20 世纪初 胡柏藏

资料来源：《国际石湾陶艺会（二零零八年刊）》。

---

① 魏正始年间（240—249），嵇康、阮籍、山涛、向秀、刘伶、王戎及阮咸七人，常在山阳县（今河南辉县、修武一带）竹林之下，喝酒、纵歌，肆意酣畅，世谓“竹林七贤”。

脊上，石湾陶匠创作出大量情节生动的陶脊群像。清代后期艺人们纷纷创作独立的人物陶塑，除上述类型外，还出现了渔、樵、耕、读及“瘦骨仙”、“鬼佬”等反映百姓生活与反映帝国主义入侵的题材。清末民初，独立的人物陶塑进入高潮时期，涌现了一批杰出的民间陶艺名家。

图 3.17　白釉布袋佛（高 10 厘米）
明　淘陶居（石湾窑收藏家吴国伟馆名）藏
资料来源：《浴火凤凰——石湾窑·窑宝展》。

图 3.18　彩釉如来佛（宽 10.2 厘米，高 25 厘米）　20 世纪初
资料来源：《窑仙庆聚——国际石湾陶艺会石湾陶塑》。

建筑陶脊上的人物故事题材包括戏曲故事、历史小说、民间传说及现实题材等，多为人们耳熟能详的故事或粤剧戏曲。这是石湾陶脊中最具地方特色的题材。如佛山祖庙陶脊上的《姜子牙封神》、《哪吒闹东海》（图3.19）和陈家祠陶脊中的《甘露寺》（图3.20）等。从早期的单个场景发展到后期的连贯情节的组塑，有的甚至在一条陶脊上塑造出几组故事，宛如一幅立体的连环画。在这类题材中，粤剧戏曲对陶脊的影响非常巨大，陶脊常以折子戏的形式出现，人物皆脸谱化，生、旦、净、末、丑等服饰齐全，戏台、场景、道具也一应俱全。①

图3.19 佛山祖庙前殿西廊看脊《哪吒闹东海》 清光绪二十五年（1899）
资料来源：吕唐军摄。

图3.20 陈家祠首进西厅正脊《甘露寺》局部 清光绪癸巳年（1893）
资料来源：吕唐军摄。

① 周彝馨、吕唐军：《岭南传统建筑陶脊及其人文性格研究》，《中国陶瓷》2011年第5期，第38～42页。

二、花果鸟兽类

石湾陶塑中有众多的花果鸟兽类题材，早期的陶脊也多采用此类题材。其选用的多是具有岭南地域特色的花果鸟兽，常具有吉祥的寓意或谐音。例如荷花、石榴（喻多子多孙）、佛手瓜、桃子（喻长寿）、鳌鱼、喜鹊（一对喜鹊喻双喜临门）、鸭子、南方的独角狮子等。佛山祖庙的陶脊就有连（莲）登三甲（鸭）、榴开雀聚、富贵荷花图、松鹤延年、狮子滚绣球等题材。

鸟兽类在题材上可分现实和神话两大类。现实的有马、牛、羊、猪、狗、猫、鸡、鸭、鹅、猴、狮、虎、豹、象、鹿、鹰、鹤（图3.21）、鹊、龟、鱼等，神话的有龙、凤、麒麟、狻猊等。在塑造手法上有素胎和施釉两种。

图3.21　双鹤插（高25厘米）　清

资料来源：《中国陶瓷·石湾窑》。

花果鸟兽类题材多与实用器皿相结合，如双鱼瓶、花鸟瓜果壁挂等。清代仿舒窑的扇面花盆，其装饰图案就以三只农家极为熟悉的水鸭为题材，花盆侧面绘一湖水，湖边杂草丛生，三只鸭子在水中嬉游，神态各异，充满了农家的生活气息。清代传世作品中还有“白釉双小鸡”（图3.22），各具神韵，稚态可掬。

图3.22 白釉双小鸡（高15.8厘米） 清 广州民间工艺博物馆藏

资料来源：《石湾窑精粹》。

三、器物纹案类

器物纹案类题材通常作为装饰类题材，多与器皿相结合，多数亦具有吉祥的寓意或谐音。例如，花瓶和月季代表四季平安，暗八仙[①]（图3.23中八宝香炉的腹饰）代表吉祥等。

① 传统寓意纹样中常以八仙手中所持之物（汉钟离持扇，吕洞宾持剑，张果老持鱼鼓，曹国舅持玉版，铁拐李持葫芦，韩湘子持箫，蓝采和持花篮，何仙姑持荷花）组成纹饰，俗称“暗八仙”，它与“八仙”纹同样寓祝颂长寿之意。

图 3.23　双耳三足八宝香炉
（直径 12 厘米，口径 9 厘米，高 15 厘米）　民国　吴国伟藏
资料来源：吕唐军摄。

第三节　石湾窑工艺特点

石湾陶瓷的生产过程大体上可分为：一般粗陶器，要经过配土、练土、制坯、干坯、施釉、烧窑、出窑等阶段；精细艺术陶瓷，要经过素烧、出窑、施釉、釉烧、出窑等阶段。

一、陶土选配

石湾陶瓷的原料来源广，内含成分复杂，各种土的耐热程度、收缩程度不尽相同。在多样的物质条件下，石湾陶业使用的胎料、釉料均按不同比例配制而成，有高度的适应性，增强了改变自己和丰富自己的能动性。

早期，石湾陶瓷所使用的陶泥和砂都是取自当地的泥土和冈砂。随着石湾陶业的发展，由于长期大量的取用，致使当地的陶泥和冈砂日渐衰竭，而且还严重地破坏了当地的田园环境。据史载，早在清嘉庆二十二年（1817），广东布政使就立碑严令禁止在当地挖土取砂，自此以后，石湾的陶业生产就主要靠从外地贩运回陶泥原料。近代以来石湾人物陶塑所使用的陶泥，主要有南海、东莞和肇庆的白黏土，中山的黑黏土，清远的瓷土，花都的赤泥和当地的红泥等；所使用的砂主要来自河源、清远、肇庆等珠江三角洲周边地区。石湾艺陶所用陶土为东莞白黏土与石湾本地砂混合而成，黏力很强，可塑性高，比之福建德化、江西景德镇的瓷土可塑性好。

据史料记载，石湾曾有丰富的陶泥资源。石湾镇东、南、北三面及西面东平河的对岸，过去有大大小小数十个低矮的山冈，山冈下蕴藏有大量的陶泥，这些陶泥含铁量高，大多都呈赤红色。另外，石湾镇附近的农田过去也蕴藏有很多白色的黏土和黑土。石湾镇周边的大雾冈、小雾冈、显庙冈、千秋冈等山冈上有大量的细冈砂，其色金黄，经烧后会变成白色。从其他地方取回的陶泥颜色不一，性能各异，有些是白色或灰白色，有些是黑色或灰黑色，有些是红褐色或红黄色，有些黏度强，有些黏度弱，有些收缩率高，有些收缩率低，有些耐火度高，有些耐火度低，等等。为改善陶泥的性能，石湾的艺人们通常不会直接使用单一的陶泥来制作人物陶塑产品。他们往往根据人物陶塑烧成所需的温度高低和陶胎烧成后所需的呈色来进行配制，把两种以上的陶泥与瓷泥、细山砂按比例混合起来，炼制成适合使用的陶塑用泥。如东莞的白黏土由于含铝量低，不能耐高火，要加入瓷土和山砂来提高其耐火度；但瓷土的加入会使陶胎烧成后的呈色纯白，因此，除塑制年轻女性的脸和手以外，塑制老妇或男性人物的脸和手通常都需要加入红泥，让陶胎烧成后呈现与黄种人肤色更接近的暗红色。

石湾的产品相对别的产区要丰富很多，大小、厚薄、差异非常悬殊的成品各有各的泥料配方，而这些配方是根据产品的需要常常改动的。一般情况就是把采购来的泥土原料晒干、敲碎，然后放进水缸里浸泡，使其自然化解和沉淀，这一阶段可以使杂质分离。沉底的陶砂将会被去掉，剩下的泥膏经过吸水软化成软泥，然后按不同比例调配，用手工搓揉成可成形的泥团。石湾陶塑坯胎的颜色除了可用多种色土调配以外，也可通过添加适量的金属氧化物来呈色，这些金属氧化物有氧化铬、氧化锰、氧化钴、氧化铁红和石墨粉等。

石湾陶塑用泥的呈色配制，每个艺人通常都是根据人物陶塑的需要或自己的喜爱来配料的。例如，潘玉书在塑造铁拐李、苏武[①]等神话和历史人物时，喜欢配制褐色的骨胎泥，以此显示人物脸部的苍劲；但他在塑制西施、贵妃等美人像时，则喜欢配制白色的骨胎泥，以示人物皮肤的白嫩。黄古珍和刘传塑制的人物陶塑，则喜欢配制明亮而细腻的红色骨胎泥料。经调配炼制后的陶塑用泥，其性能都会得到很大的改善，不但有利于艺人塑制时的造型，同时又可以满足各种呈色和烧制效果的需要，而且还可以减少烧制时的变形和炸裂情况，从而提高人物陶塑产品的成品率。多种泥土混合，加入山砂，添加呈色物进行混合，并经过炼制而成的陶泥，是石湾陶塑用泥的特色。

缺少瓷土，使用含砂量极高的陶土制作，仿制北宋名窑的制品对石湾窑来说谈何容易！石湾的陶工、艺人扬长避短，选择符合自己既有材料和技术能力的浑厚古朴的类型。名窑的制品胎质细腻，在高温情况下胎内的铁元素会形成“紫口铁足”的自然升华。石湾的仿制品只好在生坯上涂上黄石、星朱，以掩盖胎身的粗糙，以后称这种处理方法为“护胎”。

二、造型技法

石湾陶塑的造型技法，除了兼备雕塑技法外，还有自己独特的技法，主要有贴塑、捏塑、捺塑和刀塑四种。这既是作品制作的工艺过程，也表现出四种流派的艺术风格。

1. 贴塑

贴塑是塑造出基本坯体和器型后，用泥板、泥条或模印粘贴出艺术造型和装饰的技法。该技法有浓厚的装饰味道，层次分明，立体感强，适于远观欣赏。传统上这类手法多用于塑制与建筑结合的陶脊人物和装饰图案，如明代的粤彩正记、祖唐居，清代的文如璧、均玉、冯铁来等作者均属于这一类。他们都是白釉行、花盆行的艺人。其中文如璧店造的陶塑陶脊[②]人物组塑由《牛郎织女》[③]、《穆桂英挂帅》及《天官赐福》[④] 三个内

---

① 苏武（前140—前60），字子卿，杜陵（今陕西西安东南）人，中国西汉大臣。天汉元年（前100）奉命以中郎将持节出使匈奴，被扣留。匈奴贵族多次威胁利诱，欲使其投降；后将他迁到北海（今贝加尔湖）边牧羊，扬言要公羊生子方可释放他回国。苏武历尽艰辛，留居匈奴19年，持节不屈。至始元六年（前81），方获释回汉。苏武去世后，汉宣帝将其列为“麒麟阁十一功臣”之一，彰显其节操。

② 原为佛山关帝庙前照壁陶脊，现藏于祖庙博物馆。

③ 见附表5。

④ 见附表5。

容组成，这组陶塑陶脊人物中的衣裙花边与亭台楼阁装饰便采用了贴塑造型技法，正中的主体部分运用了双重堆叠粘贴花饰的高难技巧，更使主题突出、形象丰满。该作品集圆雕、透雕、浅浮雕以及高浮雕多种形式于一体，以贴塑的艺术语言统一画面，做到了工艺性与艺术性的完美结合，有着强烈的艺术感染力。

2. 捏塑

捏塑是直接以手捏制各类陶塑形象的造型方法。捏塑大多数用于石湾传统中以泥条和泥板卷筒塑制的山公及大胎骨这类陶塑原作。造型方法是以泥条为主，加以手捏，较少使用工具雕琢。其重在概括表现对象的主要特征，突出神韵，追求随意性和趣味性，直接表达作者的情感，手法近似于国画的大写意。因此，捏塑又称为“意塑”。其艺术风格泼辣豪放，浑厚苍劲。石湾陶业中的白釉行、花盆行、古玩行均有这类作者，代表人物如明代的杨名，清代的陈祖、潘雨生、陈河等。其中陈祖创作的《铁拐李》（图3.24）就是这方面的杰作，作品充分运用捏塑技法，突出人物的神韵，给人以一种苍劲、豪放的美感。

图3.24　铁拐李（高18.5厘米）　清　冯秋泓藏

资料来源：《浴火凤凰——石湾窑·窑宝展》。

3. 捺塑

捺塑技法介于捏塑、贴塑之间，一般也用于塑制原作。其大多数是在造型的大平面上捺上各种浮雕，对泥性掌握自如，气韵洋溢，与捏塑同属写意手法，写意中又不乏工整。花盆行、白釉行、古玩行均有这类作者，如明代的杨昇、可松、陈文成，清代的来禽轩、春草堂，近代的吴泉等人。石湾花盆行中的琉璃陶塑、花卉鸟兽、浮雕照壁、陶缸、花瓶、花盆等器物上的图案装饰，大多采用捺塑技法进行创作。如“石湾花鸟纹陶缸”与“龙纹缸”上的纹样，就采用该技法，处理手法简练，线条流畅、富有质感，远视有立体感。

4. 刀塑

刀塑多为使用雕塑刀之类的工具来进行雕、刻、划、挑等手法的雕琢，这种技法刻画细腻，有刀锋味，如国画的工笔和半工意技法。传统上这一类作者大部分集中于古玩行。该行的历史知名艺人很多，如明代的可松，清代的黄炳、黄古珍，晚清和近代的陈渭岩、潘玉书、刘佐潮、潘铁逵、温颂龄、陈赤、霍津、梁醉石、林堂煜、霍子厚，现代的区乾和刘传等。代表作品如霍津的《戏装太白醉酒》，是运用刀塑技法的典型作品，其以刀塑形，使衣角边挺直锋利，表现出戏服布料的质感，衣褶线条相当简练，而面部表情以意塑手法刻画太白的醉意，把人物的性格特征表现得淋漓尽致，使作品传神生动。

综上所述，石湾陶塑在实际塑造时，除个别作品外，多数作品都是几种造型技法相互渗透，交替使用，意中有工，工中有意。

5. 胎毛技法

胎毛是石湾窑特有的陶塑技法，通常用于动物的雕塑。采用石湾本地一种含铁成分很高的红土，经过沉淀去除其中的杂质，再加入一些细瓷土和少量的东莞黏土混合，捏塑成动物的形象后，在陶胎八成干的情况下，以时钟的发条打磨成的小刻刀代替毛笔，在器物的表面一丝一缕地雕琢出鸟兽的羽翎、皮毛，通常不施釉，烧成后胎骨呈黄褐色或白黑泛灰黄。这类不施釉的陶器称为“素胎”或“胎骨泥”，在素胎上刻划鸟兽的羽翎、皮毛则称为“胎毛”或“胎骨毛”。胎毛技法以独特的神韵、迷人的风采和浓厚的地方特色，展示了它特殊的艺术魅力，体现了石湾陶艺工匠对泥性的灵活运用，也是书画技法与陶塑艺术相结合的体现。

三、釉　彩

瓷器由于胎质细腻，所以釉层无需太厚。但石湾的泥质粗糙，釉若薄了，烧制以后胎中的砂粒便会浮凸于釉面，而且使用的桑枝灰、稻草灰的覆盖力有限，只有厚釉才能呈现足够的色相，于是便沿着浑厚色釉的方向发展。厚重的釉彩是陶更是石湾陶的特点。

石湾窑的釉彩品种繁多，釉色丰富，大致可分为红、黄、蓝、绿、白、黑、赭七种。釉彩颜色分类如表3.1中列举。不同对象使用不同的釉色，如达摩、寿星大多施以红釉，观音、仕女等则采用白釉以显示其圣洁典雅。明代人物陶塑大都全体施釉，不大注意脸部细纹的刻画，因而面部也着釉，或白釉，或黑釉，或葱白釉。

表3.1　石湾窑釉彩颜色分类

釉色大类	釉 色 名 称
红釉	大红、朱红、石榴红①、三稔红、铁锈红②、胭脂红、胭脂水、矾红、荔枝红、辣椒红、钧红③、郎红④、桃花片、祭红⑤、釉里红⑥、坤红⑦（图3.25）、粉红⑧、珊瑚红⑨、玫瑰红⑩、宝石红⑪、鸡血红、橘红

① 深红而带有黄斑，色似石榴，色中略有细而淡的黑点，器物的转角处露黄釉。

② 铁汞常在釉面爆出一些花朵，人称铁锈红。

③ 高温釉种。因它最初为钧窑所烧造，故称“钧红”。钧红釉瓷器属我国最早出现的铜红釉品种，它的诞生，结束了当时青花瓷独占鳌头的局面，在我国瓷业发展史上是一件划时代的大事，为元、明、清时期出现的釉里红、鲜红、郎窑红、豇豆红、霁红等名品奠定了基础。

④ 郎红，即郎窑红，完全按照明朝永乐、宣德的红釉来制作，追求红宝石般艳丽温润格调。于康熙年间，江西巡抚郎廷主持景德镇窑务时所烧。郎窑红釉是以铜为着色剂，在1300 ℃以上高温还原焰中烧成。在烧造过程中对烧成的气氛、温度等技术指数要求很高，烧制极为困难，数百窑亦难烧成一件。

⑤ 又称“霁红”、“醉红”，深红色而有宝光。仿自景德镇宣德官窑的一种铜红釉。

⑥ 釉里红是元代景德镇创烧的一种铜红釉，是烧成难度很大的名贵釉下彩，历代所见者多为小件器物。

⑦ 色近于醉红而不明亮。

⑧ 大红色的稍淡者。

⑨ 深红而带微黄者。

⑩ 深红近紫。仿自乾隆唐窑（清乾隆二年至二十一年，唐英兼管景德镇御厂窑务时期的官窑）。

⑪ 又名“牛血红”，具有强烈的玻璃光泽，鲜艳夺目，红似朱砂，较淡的称为桔红。仿自郎窑（清代康熙后期的景德镇官窑）的宝石色，故称“广东郎窑”。

续表 3.1

釉色大类	釉色名称
黄釉	酱黄、柚皮黄、柠檬黄、鳝鱼黄①、玳瑁黄、正黄、鱼子②、鸡油黄③、淡黄、象牙黄、菜花黄、茶叶末④、古铜黄⑤、老僧衣⑥
绿釉	深绿釉⑦、瓜皮绿⑧、祖母绿、翠绿⑨、孔雀绿、哥绿、苹果绿⑩、湖水绿⑪、松绿、鱼子绿、葱绿⑫、茶绿⑬
蓝釉	天蓝⑭、粉蓝⑮、宝蓝⑯（图 3.26）、蓝钧、深蓝、淡天蓝、孔雀蓝、翠毛⑰
青釉	粉青⑱、影青、冬青⑲、龙泉、天青⑳、蟹甲青㉑、桑青、梅子青㉒
白釉	葱白㉓、牙白㉔、月白、粉白㉕、水白、灰白㉖、青白、纯白

---

① 黄、绿、黑三色合成，黄色较多而有斑点者成为鳝鱼黄。仿自明代成化年间官窑的釉色。

② 黄釉中加青花而带赤，如煮熟的鱼子色，有细密开片形。仿自景德镇嘉靖官窑。

③ 较鱼子色稍深，如鸡油色，透明亮。仿自景德镇嘉靖官窑。

④ 另可烧成老僧衣、鳝鱼黄、蟹甲青灯衍生品种。

⑤ 黄绿合以深黑色，此种釉色与玛瑙釉色很相似，但古铜釉多些红色。

⑥ 又称“枯叶釉”，以类似禅宗的托钵僧的麻衣色而得名，实为一种铁质釉的呈色。仿自康熙的官窑。

⑦ 石湾应用最广的一种釉色，俗称“瓦鼓釉”。此釉日久被空气及水分侵蚀，会呈现冬瓜皮霜色，虽剥落变态，尤觉古朴可爱。

⑧ 绿色浓厚如西瓜皮者。仿自康熙窑（清代康熙年的景德镇官窑）。

⑨ 浓绿近于青，如孔雀羽毛色。

⑩ 祭红变绿而成片者，因烧时走去红色，现出绿色。仿自康熙末期郎窑（清代康熙后期的景德镇官窑）的窑变色。

⑪ 淡绿近于碧色。仿自龙泉窑。

⑫ 绿如葱心，又名葱翠。

⑬ 茶叶末中绿色较浓者。仿自康熙、雍正官窑。

⑭ 浅蓝而近于青白，此色较浓。

⑮ 淡蓝而色均匀。

⑯ 又称“霁蓝”、“积蓝”，色如蓝宝石，仿明代和康熙的宝蓝色。

⑰ 蓝彩中映绿彩，其色似翠鸟的羽毛。其中有“雨淋墙”者，又有俗称“田鸡皮”者，也有状如雨点者，即青蓝色闪葱白点。

⑱ 较淡的青色。仿自北宋官窑和哥窑。

⑲ 又名豆青或东青，色在蓝绿之间。较天青色深，仿自宋青瓷中的一种釉色。

⑳ 淡青而近于蓝，所谓“雨过天青”的青釉色。

㉑ 赭色偏青、黄、绿三色合成，绿色较浓而近黄色。

㉒ 南宋龙泉窑创制的杰出青釉品种，釉色莹润青翠，犹如青梅，故名。以铁为主要着色元素，采用多次施釉法，釉层比粉青更厚，入窑后经高温强还原焰烧成。

㉓ 白中微现绿色而透明，如葱头白及与葱叶交界处之嫩绿色相似，因而得名。

㉔ 又名黄白，白色带微黄，如象牙色。原为宋代定窑之色，故又称粉定。

㉕ 纯白。

㉖ 白带微灰。

续表 3.1

釉色大类	釉色名称
黑釉①	天目②、乌金③、铁锈花④、墨彩⑤、茶叶末⑥、紫金⑦（图 3.27）、玳瑁⑧、酱黑、酱褐
紫釉	紫钧、葡萄紫⑨、玫瑰紫⑩、茄皮紫⑪
窑变釉	溶洞釉⑫、三稔花色釉⑬、虎皮斑釉、仿唐三彩釉⑭、翠毛釉
其他	冰裂釉⑮、彩绘画釉⑯、三阳开泰、花釉、斗彩⑰

明代以前石湾窑使用的釉基均是当地农村的生活废弃物，如生火后残留的稻草灰、桑枝灰和松柴灰等。使用的着色剂均是东平河道里的淤泥，淤泥内的金属成分以氧化铁为主。淤泥配上稻草灰、桑枝灰、松柴灰等便成了酱黄釉、黄褐釉。

自明代开始，石湾窑的颜色釉有了新的开拓，釉基已不满足于几种植物灰，这时增加了蚬壳、蚝壳、贝壳等高钙成分的动物灰，还增添了玉石粉、龙江石、石英粉、长石粉、镜仔料等熔融填充剂，使釉基具有一定的厚度和一定的流动性。从无釉的时代过渡到有釉时代，石湾窑开始能运用

① 也称乌金釉。

② 指建安、吉州等地瓷器上的一种黑褐色或黑褐底色上呈现条状或斑点花纹的色釉。据文献记载，12—13 世纪日本僧人从浙江天目山带回黑釉瓷器，故名。为宋代铁黑结晶釉的通称。

③ 像漆一样纯黑而莹亮。原为景德镇唐窑的一种釉色，据说创于明代成化年间，精制于康熙时藏应选（清朝廷派驻景镇镇的督陶官）。

④ 结晶釉的一种，赭褐色而呈星点，其光如铁。是清初景德镇最著名的一种釉色。

⑤ 瓷器釉上彩的一种，烧成于清雍正时期（1723—1735）。是以淡墨彩在素器上绘纹饰，经炉火烘烤后，白地上呈现淡黑色花纹，有水墨效果，故名。墨彩为五彩、珐琅彩、粉彩瓷器中常见色彩之一。

⑥ 呈青黄微粉。

⑦ 茄紫合以深黑色。

⑧ 底黄有黑斑，如玳瑁的鳞甲色，原产于乾隆官窑。

⑨ 浓紫，如熟葡萄色，仿钧窑，又名钧紫。

⑩ 浓紫，较葡萄紫更鲜艳，仿钧窑。

⑪ 青蓝色与浓紫相合，色似茄皮。

⑫ 钧釉的变种，可呈红、绿、橙、白等多种色彩，釉的肌理效果像月球的表面，也像熔岩的喷发。

⑬ 三稔花学名“五敛子”，亦称“杨桃花”。三稔花色釉浅蓝而近于青，发出芝麻点形紫红色，因和三稔花色相似而得名。

⑭ 在素胎上施以青、绿、铅黄三色，其有蓝色者称为“蓝三彩”或称“三彩加蓝”，最为名贵。

⑮ 仿哥窑，大的冰纹开片称迫裂釉，小的冰纹称鱼子冰纹开片。

⑯ 仿舒窑。

⑰ 斗彩是一种以釉下彩和釉上彩相结合的陶瓷装饰法。

图3.25　坤红釉瓶（口径4.5厘米，高23.7厘米）
清　广东省博物馆藏
资料来源：《中国陶瓷·石湾窑》。

图3.26　宝蓝釉水仙盘（长17厘米，宽12厘米，高5.5厘米）　吴国伟藏
资料来源：吕唐军摄。

图 3.27 紫金釉狮形双耳炉（直径 14.5 厘米，高 10.3 厘米）
清中期 广东民间工艺博物馆藏
资料来源：《馆藏石湾艺陶选辑》。

一些天然矿物来创造陶瓷上的色彩。这些含有钾、钠的釉料在高温的情况下，熔化流淌在正在烧制的陶瓷产品上，形成了鲜艳的色彩。

石湾陶瓷艺人在尝试新的创造时，曾经使用植物、贝壳及其他石料作为配釉的原料。在金属着色剂方面，对铁元素的使用，除河泥以外，增加了星朱、黄石、石墨及各种成分不同的铁矿石。石湾窑的配釉原料一向以使用手工业废弃物和天然矿物为主，原料成分不纯，釉内混杂了不少的未知元素，煅烧时龙窑内温差大、火焰气氛变化无常，于是在高温状态下便会出现各种各样的变化，产生了难以意料、难以掌握和无法再现的窑变。

明清以来，关于石湾陶艺的诸家文献论著，无不赞誉石湾陶艺在窑变和仿名窑两方面所取得的突出成就。

1. 窑变

所谓窑变，即指在窑内烧制过程中，器形釉药中所含的着色剂，经过高温的熔融所起的化学作用，呈现出意料之外的釉色变化。这些窑变釉具有五彩缤纷、光洁流畅、或聚或散、或浓或淡、变幻无穷、佳趣天成的特点。宋代五大名窑之一的钧窑（在今河南省禹县），其窑变最为著称，石湾窑亦以窑变为胜。从前石湾所制色釉，对各色的色性、各种釉药的配方、分量的多寡等，都凭经验，无科学的标准。同时它所采用的原料大多是废物利用，价廉而便于收购，故原料中往往含有各种杂质。制釉时又不能分化及提炼纯净，烧窑时又因火力不足或过强，加上窑的构造、装窑的位置等因素，因此往往会烧成非预料的颜色。而这恰恰为模仿钧窑的窑变提供了有利条件。陶工们模仿钧窑窑变，将各种釉反复配合，积累了经验，掌握了一定的窑变规律，于是才成为人工的窑变。自元代始石湾陶艺出现这种窑变，然当时“窑变釉数量极少，可能是仿钧釉的萌芽阶段”。至明清，石湾窑变釉有了长足的发展，成为“石湾釉中之冠”（图3.28、图3.29）。寂园叟在《陶雅》[①] 中，以《洛神赋》中“神光离合，乍阴乍阳”这样溢美的词句来形容石湾窑变，“彼其潆回缭绕之姿，致以苹青之珠晕例之，斯其流亚者欤”。窑变中以三稔花色釉、虎皮斑釉、仿唐三彩釉和翠毛釉最为名贵。钧窑的窑变以青色夹紫为多。《陶雅》中言：“宋钧之紫汁漫全体，晕成一片。有天青色与紫红斑块相间，相映交辉，有玫瑰般紫红，似晚霞一片，有人以唐诗‘夕阳紫翠忽成岚’形容之。石湾窑变则以蓝色为基调，错间白、红、紫诸色。”因此人们每每谈及钧窑与石湾窑，以“钧窑以紫胜，广窑以蓝胜”而区别之。可见窑变釉这一成就既体现了石湾陶艺善于模仿，又体现了其善于创新。

图3.28　蓝钧窑变釉双耳三足香炉（带座）　清中期　吴国伟藏

资料来源：吕唐军摄。

① 初名《瓷学》，江埔寂园叟初稿。

图 3.29　蟹甲青窑变釉铺首三足香炉　清初　吴国伟藏
资料来源：吕唐军摄。

（1）三稔花。三稔花色浅蓝而近于青，发出芝麻点形紫红色，因和三稔花色相似而得名。三稔在植物辞书上有称为三敛子或五稔子，是杨桃中味酸的一种。因果有三或五、六觥棱而名，产于广东、福建等地。花色青蓝带紫，很幽艳。

三稔花为石榴红釉之变格，以石榴红釉先经氧化焰再经还原焰形成。其成功为偶然者，可遇而不可求。在器物中只有一二片段，从未见有遍及全器的。

其中以红釉而呈现三稔花色者，尤为难能可贵。澳门贾梅士博物馆收藏一件三稔花釉梅瓶，通体花点，分布均匀，有人认为当属典型的三稔花色彩，但未现青蓝色，未臻完美。石湾窑灶技师霍照保存一件他亲手烧制的小鹿，也算是较完美的三稔花釉彩。其他传世器很少。

（2）虎皮斑釉。黄、绿、紫或黄、黑、紫三色所混成的杂斑。因各色的偏重不同而称黄虎斑、紫虎斑等。宋代景德镇曾试作此釉色。乾隆时的制作更为精美。人工的窑变是先在素坯上涂一遍白釉，再用笔涂点黄釉、黑釉等。烧后便成虎皮斑。

（3）仿唐三彩釉。唐代有唐三彩这样的陶瓷极品，石湾三彩釉就是在施釉工艺中吸收了唐三彩风格烧制而成的。在素胎上施以青、绿、铅黄三色，其有蓝色者则称为“蓝三彩”或称“三彩加蓝”，最为名贵。唐三彩为火铅釉，但石湾人以高火釉为仿，光泽稍逊，而彩色过之。祖唐居已仿唐三彩釉。后来的陶脊、花盆、公仔行亦有用唐三彩釉。

（4）裂纹釉。瓷器施釉烧成后，往往呈各种大小裂纹，因其形状，有称为百圾碎、椰叶纹、蟹爪纹、鱼子纹、蚯蚓走泥纹、兔毫纹等名目。石湾窑以百圾碎为胜。如《南海县志》所说："百圾碎者，在江西之上。"其制作是始于宋代哥窑，因谓其仿制裂痕百条，又称百圾碎，其实是一种开片，仿佛重造形状，百者言其多而已。其釉层呈现龟裂，重造若冰裂的纹片状态。这是利用烧过的素坯和涂上的裂纹釉两者收缩率的差异，当窑中温度下降时而发生的。关键是在火力强弱不同下烧制大小不同的裂纹。所谓兔毫纹、蚯蚓走泥纹，其实这些纹样都不是裂纹，而是釉的凝聚和流散的形状。兔毫纹是隐现纹痕，针瘦如兔毫。石湾窑行呈现的"兔毫"堆积如斑纹，不如钧窑和建窑器的纹理清晰，常常不能稳定地表现出来。蚯蚓走泥纹是釉内现粗断纹，屈曲虬折，像蚯蚓走过沙泥中所现的印痕，但此种纹样少见于石湾器。还有一种桔皮釉，即釉中隐现四点细如桔眼者，釉质甚平，此种纹样较常见。这是烧成时火力不足的缘故。

2. 仿名窑

仿名窑是石湾陶艺的另一大成就，窑变釉本身就是仿宋钧窑，然石湾陶艺的仿名窑远不仅于此。明清以来，石湾就有不少名师巧匠，善于仿制历史上的名窑名器。除仿商周铜器、玉器之外，宋元以来各大名窑的制品，亦成为石湾陶艺追求模仿的对象。宋代定窑、汝窑、官窑、哥窑、钧窑五大名窑各具特色。定窑以盛产白瓷著称，产品风靡一时，有"定州花瓷瓯，颜色天下白"一说。由于釉料中的氧化钛含量较高，加之用氧化焰烧窑，釉色白中泛黄，呈现出象牙的质感，柔和悦目。而且定瓷的印、划、刻花纹装也极为精致。汝窑，官窑以青瓷最为名贵。汝窑在北宋年代曾一度接受宫廷烧瓷任务，官窑专烧宫廷用瓷。它们都以青瓷见长，与当时统治者宋徽宗个人的审美爱好有关。哥窑以冰裂著称，冰裂本是烧制过程中的缺点，但哥窑制瓷工匠掌握了冰裂原理，有意识地制作，成为一种自然美观的装饰手法。钧窑则以丰富多彩的窑变釉最为著称。明清时期石湾窑都能仿制这些窑的釉色和产品（表 3.2）。石湾对各大名窑的模仿和创新不仅体现在釉色方面，还体现在器形上。石湾对各大名窑的模仿虽始于明清以前，但至明清才开始大规模仿制，并成为石湾陶艺家们追求的目标，善仿善创的艺术风格至此臻于成熟，成为石湾陶艺的一大特色。

表3.2 石湾窑仿制名窑作品分析

名窑名称	釉色特点	产品特点	石湾窑仿制釉色	石湾窑仿制特点
钧窑	窑变釉	丰富多彩	红钧、蓝钧、青釉夹紫、溶洞釉、玫瑰紫（图3.30）、墨彩、翠毛、葡萄紫	红釉是石湾窑仿钧窑的一大特色，典雅厚重，纹理变化多样。当中以蟋蟀纹，蟑螂翼纹为珍品，又以大红大紫为最常见的颜色
哥窑	冰裂釉		百圾碎、猪膏白、粉青	仿哥窑的各色冰裂釉，大的冰纹开片称为迫裂釉，小的冰纹也称鱼子冰纹开片。仿哥窑的“百圾碎”，仿中有创，其成就在江西窑之上。 可以开大片、猪膏白，但色带黄而多猪毛眼①
官窑②	青瓷、琉璃③	呈现出象牙的质感，柔和悦目，印、划、刻花纹装饰也极为精致	粉青、玳瑁、茶绿、鳝鱼、宝蓝	琉璃建筑陶瓷④
汝窑	青瓷		天青⑤、玻璃绿	
定窑	白瓷		粉定	
景德镇	青白瓷、彩瓷		祭红、釉里红、五彩⑥、铁绣花⑦、乌金、苹果绿、瓜皮绿、鱼子、鸡油、老僧衣、玫瑰红、宝石红、青花（图3.31）	仿霁红因胎泥不白，成为起黄绿的石榴红

① 为釉在窑中一熔后即收火放冷，釉下所含气体尚未完全喷尽，使釉中有小孔不能平服。

② 河北宛县门头沟直隶“厂官窑”。

③ 黄、绿、蓝色为主。

④ 绿、蓝色为主。

⑤ 又名雨过天青，一种高温蓝色釉。石湾所仿总带暗淡，因为釉中多有石灰成分所致。

⑥ 五彩为明清时期景德镇窑的新品种，由宋元釉上加彩的基础上发展而来，是瓷器釉上彩的一种。

⑦ 清初景德镇最著名的一种釉色，也是石湾仿金属色彩最成功的一种。

续表 3.2

名窑名称	釉色特点	产品特点	石湾窑仿制釉色	石湾窑仿制特点
龙泉窑	青瓷		梅子青、湖水绿	
磁州窑			白釉、铁锈花、黑白彩绘（图3.32）、红绿彩绘	
建窑	黑瓷		兔毫釉、鹧鸪斑黑釉、天目釉	
耀州窑			刻花	
吉州窑	褐色彩绘瓷		舒窑彩绘	

图 3.30　石湾仿钧窑玫瑰紫釉双蛟蒜头瓶（直径 11.5 厘米，口径 3 厘米，高 18.5 厘米）　清　广东民间工艺博物馆藏

资料来源：《杨铨①先生捐献文物撷珍》。

① 见第五章第三节。

图 3.31　青花花鸟枕（长 14 厘米，宽 7 厘米，高 13 厘米）
民国　吴国伟藏
资料来源：吕唐军摄。

图 3.32　石湾仿磁州窑天球瓶
（直径 17.7 厘米，口径 11.5 厘米，高 26.2 厘米）
清　广东民间工艺博物馆藏
资料来源：《杨铨先生捐献文物撷珍》。

四、烧制过程

沿用了1000多年的“龙窑”炉膛体积空间大，以前连烟道，没有烟囱，窑内的火焰有如火龙翻滚腾跃，窑内的温度难以控制，窑内的“气氛”变化无常，烧制极难稳定，窑变成了常见的现象。在此情况下常会出现不可复得的特殊烧成效果，所以有人说“一窑一宝”。的确，稀世的瑰宝会在不知不觉中产生，这些瑰宝会传流而成为历史，但却掩盖了更多的无奈。

正如朱琰[①]《陶说》所论：“画器调色，与画家不同，器上诸色，必出火而后定。”釉彩的呈色极为敏感，窑炉结构、烧成温度、冷却方法、窑内气体成分及其浓度的变化等影响都很大。同一配方在不同的烧成条件和气氛下，可以得到不同的釉彩。宋代中国五大名窑哥、官、汝、定、钧，其瓷器主要以釉色取胜。“它们那种釉色魅力所造成的似翡翠、如宝玉、赛云霞的种种巧夺天工的陶瓷艺术形象，是同当时的瓷器胎质和色釉烧造技艺相适应的。”

同一个窑的上、中、下三部分就有高、中、低三种温度的火力，所以装窑的技术很重要，器物放置的部位不同，就会烧成老嫩不同、釉色不同的出品。所以，出品的精劣和窑变都与装窑的技术有重大的关系。

器物装满（石湾人叫做满灶）后，将窑两侧的门用砖密封，然后在窑头举火。举火常在下午或午夜，燃料是松柴。石湾的木柴主要是从粤西北的广宁、怀集沿着北江河漂流下来的。初生火时，经一两小时后，渐渐多加柴枝。经8小时左右，火力渐高。至10小时后，窑上端的器物胎坯已基本烧好，开始在窑面上的火眼投入小柴枝。投柴时分由3人掌管5个火眼，依照烧窑师傅指示加柴，投柴时快慢有序。全窑烧完要16～18小时。约20小时后，待器物的热度降低至150℃才能开窑取货，拆去封窑口的砖，手戴湿手套将器物取出。

石湾的陶瓷器一般是一次烧成。其釉彩多样而精细者，也有入窑几次而烧成。如釉上绘画，就是在施釉后放入窑中，以600～835℃的低温烧烤。

---

① 朱琰，字桐川，别号笠亭，海盐人。清乾隆三十一年丙戌（1766年）进士。是年至三十四年为江西巡抚幕僚，后授直隶阜平县知县。客居江西时，留心瓷业，通过参考经史子集中有关文献与访问老艺人，考察当代窑器烧制方法和成品，撰《陶说》一书，记述中国陶瓷的制作技术及其发展历程。该书是我国第一部著名陶瓷史，在国内外有一定影响。

第四节　石湾窑艺术陶器器型

唐代以来，陶瓷造型有明显变化。一方面是日渐向实用化发展。例如，器皿的颈部加长，或安上把手，是为了便于提取。壶类多加以短嘴，以后短嘴又逐渐加长，为了更适于倒出液体。器皿的耳部在不断变化，也反映了生活方式的变化。唐以前人们席地而坐，器皿多放在地上，安上双耳，便于穿绳携拿。唐以后逐步增加了家具，从早期使用床到后期有了桌，器皿可放在床上或桌上，位置高了，安上把手直接携取，而不必用绳子穿耳去提取了。另一方面是仿生器形的变化。唐以前多模拟动物，如羊形灯、蛙形水盂、兽形虎子等。唐以后则向植物发展，仿制成瓜形、花形等。如壶体作成瓜棱，盘和碗作成花瓣形（图 3.33）等。

图 3.33　蓝变釉花形碟（高 4 厘米）　清中期　广东民间工艺博物馆藏
资料来源：《馆藏石湾艺陶选辑》。

至宋，陶瓷器皿造型更趋简洁优美，式样更多，壶多为长流，流与把手、壶口基本平行，壶身多作瓜棱形，并有梅瓶、玉壶春等式样。碗有瓜棱形、葵花形等，以斗笠形最为流行。

明清时期的石湾器皿不仅釉色上多仿名窑，造型上亦是如此。有仿造商古铜器的尊（图 3.34）、鼎、彝、觚、双贯耳壶、无耳铜盂，也有仿周蟠螭瓶，仿汉蒜头瓶、双螭瓶（图 3.35），仿唐双鱼瓶、天鸡壶、凤头壶等。

图 3. 34　“吴南石堂”如意云纹双耳方口尊
（宽 12 厘米，口径 10 厘米，高 31. 1 厘米）　明
资料来源：《佛山市博物馆藏陶瓷》。

明清时期的仿生器形，多为老百姓熟悉的花叶瓜果形状，如荷叶碟（图 3. 36）、桃形洗、梨形洗、秋叶洗、瓜形水壶、梨形壶、梅花壁挂、荷叶碗、树头盆等。艺人还把熟悉的动物、植物制作成容器、挂壁、筷子筒等兼有实用功能的器皿，并常常点缀以雀鸟昆虫，生趣盎然，赏心悦目。如蟹形水仙盆、鱼形花插等。也有一些是在器皿上堆塑出鸟雀、梅花、石榴、佛手、杨桃、荔枝等。

石湾地处水乡，多河多塘，因而当地多养鱼鸭，而鱼鸭正是石湾陶器器形的重要题材。清中期的鱼壁挂、酱白釉双鳜鱼瓶和清末的彩釉双鱼瓶（图 3. 37），都是模仿鱼的造型。清光绪年间黄古珍制作的黄釉鱼盘、彩釉鸭盘等亦是模仿鱼、鸭造型，鱼鳞、羽毛生动传神，十分逼真。

图 3.35　蟹甲青釉双蟠螭瓶（口径 4.5 厘米，高 27 厘米）　清　广东省博物馆藏

资料来源：《中国陶瓷·石湾窑》。

图 3.36　荷叶连座碟（直径 9.5 厘米，高 6 厘米）　吴国伟藏

资料来源：吕唐军摄。

图 3.37　彩釉双鱼瓶（口径 12.5 厘米 ×6.5 厘米，高 30 厘米）
清末（1850—1911）　广东民间工艺博物馆藏
资料来源：《杨铨先生捐献文物撷珍》。

第五节　石湾陶脊发展源流

陶塑是岭南传统建筑装饰“三雕两塑一画”① 中的两塑之一，是岭南传统建筑独有的建筑装饰。清代陶脊在广府地区非常常见，从大户豪宅到祠堂庙宇的屋脊上都有使用。广东人民又将其传播至东南亚，现今在香港、澳门地区和越南、缅甸、泰国、柬埔寨、新加坡、马来西亚、印度尼西亚和菲律宾等国仍有遗存。

现所见记载中最早的陶脊当属明代万历年间从霍氏祠堂房顶上撤下来的陶脊——仿唐三彩釉鳌鱼，相传为明代晚期祖唐居的作品，为不可多得的建筑装饰艺术陶瓷传世品。国内现存于建筑上最早的石湾陶脊残件制作

① 即木雕、砖雕、石雕、陶塑、灰塑、壁画。

于 1793 年（三水胥江祖庙[1]）；国内现存最早的完整陶脊制作于 1827 年（图 3. 38）；其他陶脊原作的制作年份大多集中在 1888 年到 1907 年间，是清末石湾陶脊发展到成熟阶段的实证（见附表 5）。

图 3. 38 “松龄鹤寿”陶脊[2]

资料来源：吕唐军摄。

一、陶脊在建筑上的位置

陶脊位于岭南殿堂建筑的正脊、看脊和垂脊上，丰富多彩，暗示了岭南传统建筑空间序列的变化。正脊即建筑物中轴线上的屋脊，屋顶前后两坡相交处的正中脊带，位居建筑物最高处，其装饰对整个建筑极为重要。屋顶、正门和正脊，成为了人们对建筑物的最初印象。看脊是建筑物两边厢房或者走廊上的脊带，一般只有站在庭院内才得见，并只见其一面。垂脊在歇山顶、庑殿顶、悬山顶、硬山顶等的建筑上自正脊两端沿着前后坡向下，在攒尖顶中则自宝顶至屋檐转角处，垂脊上有垂兽作饰物。

今天在佛山祖庙（图 3. 39）、广州陈氏书院（图 3. 40）、三水胥江祖庙（图 3. 41）、德庆悦城龙母祖庙[3]（图 3. 42）、广西百色粤东会馆[4]等处，还可以看到清代的陶脊。其中广州陈家祠现存清代陶脊 11 条（图 3. 43），佛山祖庙现存清代陶脊 15 条[5]（图 3. 44），三水胥江祖庙现存清代陶脊 3 条（图 3. 45），德庆悦城龙母祖庙现存清代陶脊 5 条。

---

① 即“芦苞祖庙”。胥江祖庙在佛山市三水区芦苞北郊，始建于南宋咸淳四年（1268），为三水最古老的寺庙建筑。历经元、明、清各代多次修葺，特别是清嘉庆十三年至十四年（1808—1809）和光绪十四年（1888）的重修，更使这座庙宇瑰丽多姿，成为一座艺术之宫。现建筑呈清代风格。

② 原置于祖庙灵应祠正殿西侧大院内，现藏佛山市博物馆。

③ 位于肇庆市德庆县西江岸边的悦城镇，是岭南规模较大的古庙，在建筑学上有很高的价值。始建年代无法考证，清光绪三十一年（1905）重修。为国家级重点文物保护单位。

④ 由广东商人集资兴建，始建于清康熙五十九年（1720），后多次重修，清道光二年（1822）重修并保留至今。整个建筑占地面积 2331 平方米，建筑面积 2661 平方米，是一件文化艺术精品。

⑤ 灵应祠屋脊上有 6 条，祖庙博物馆中有 9 条。

图 3. 39　佛山祖庙灵应祠三门瓦脊

资料来源：吕唐军摄。

图 3. 40　陈氏书院（陈家祠）正门

资料来源：吕唐军摄。

图 3. 41　三水胥江祖庙（芦苞祖庙）

资料来源：吕唐军摄。

图 3. 42　德庆悦城龙母祖庙

资料来源：吕唐军摄。

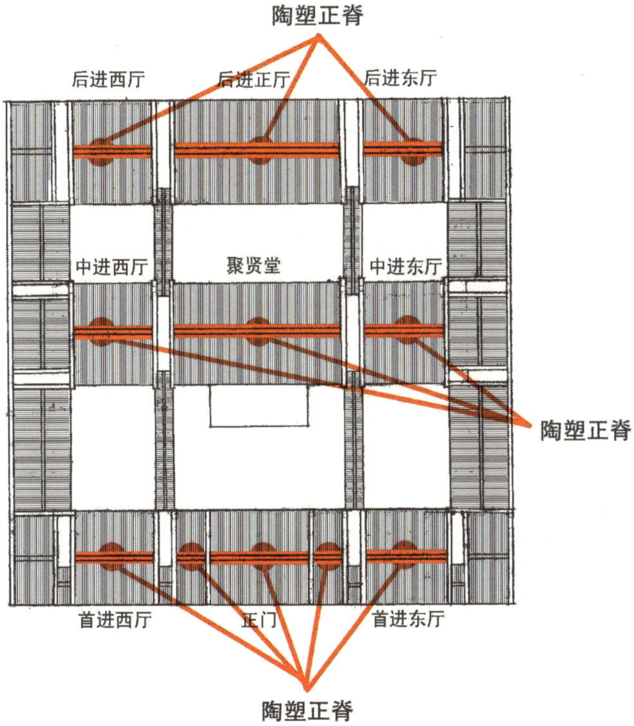

图 3. 43　陈氏书院（陈家祠）陶脊分布

资料来源：周彝馨绘。

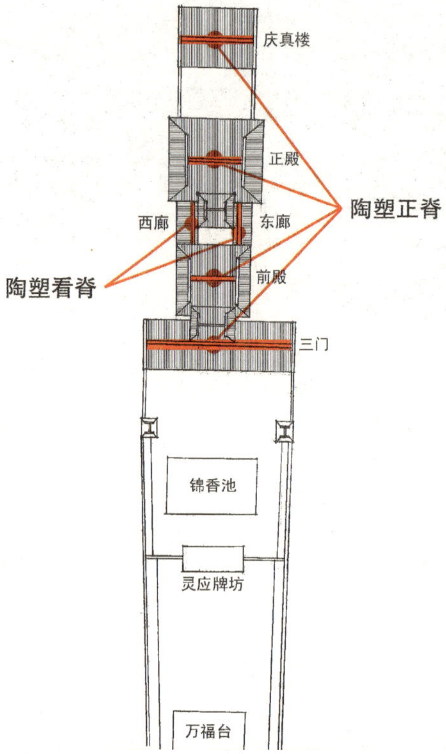

图 3.44　佛山祖庙陶脊分布

资料来源：周彝馨绘。

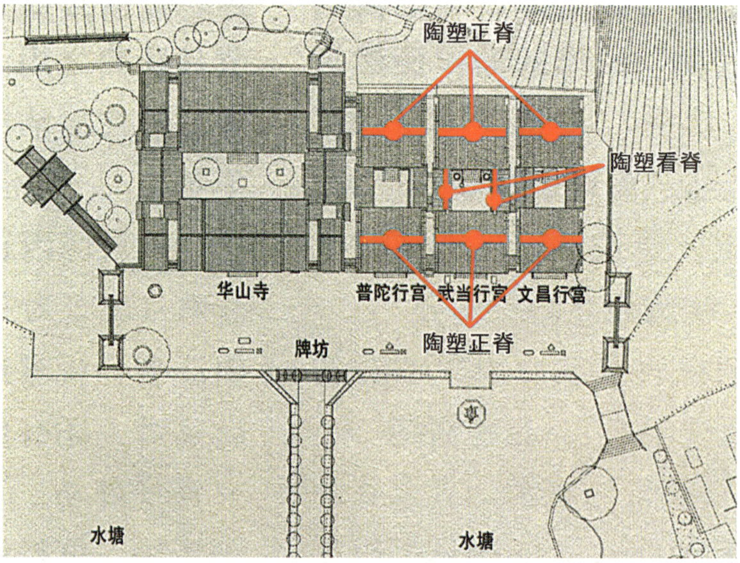

图 3.45　三水胥江祖庙（芦苞祖庙）陶脊分布

资料来源：周彝馨绘，底图引自《三水胥江祖庙》。

二、石湾陶脊在岭南建筑装饰中的地位

现有的陶脊，多数是在清末新建或者重修建筑的时候装配到建筑屋脊上的。佛山祖庙始建于北宋元丰年间（1078—1085），明朝正统十四年（1449）建灵应祠，光绪二十五年（1899）重修；三水胥江祖庙始建于南宋咸淳四年（1268），清嘉庆十三年至十四年（1808—1809）和光绪十四年（1888）重修；德庆悦城龙母祖庙始建年代无法考证，清光绪三十一年（1905）重修；惠州罗浮山冲虚古观建于清同治年间；陈家祠建于清光绪十四年（1888）到光绪二十年（1894）间。“岭南三大庙宇”——佛山祖庙、三水胥江祖庙、德庆悦城龙母祖庙，还有道教“第七洞天，第三十四福地”的罗浮山冲虚古观，在 19 世纪末重修的时候都不约而同地以陶脊代替原有的脊饰，可见当时陶脊已成为岭南最被推崇的建筑脊饰。像陈家祠这样的民间建筑也争相效仿，以此为荣。虽然陶塑与灰塑并称岭南“两塑”，但陶脊的装饰地位实远高于灰脊。鸦片战争到新中国成立前，是石湾陶瓷的萧条期。由于国力不振，加上战争的破坏，石湾陶窑锐减，技工星散。石湾陶脊却在这一时期获得长足发展，代替其他脊饰成为岭南最高等级的建筑装饰，且形式奇伟瑰丽，广泛传播至东南亚等地，确是一项奇迹。

三、陶脊的起源——博古屋脊与陶脊

博古屋脊明末清初时始被岭南建筑采用，流行于以广州为中心的岭南地区，一直延续到民国时期。根据实地考察广州现存的明清祠堂和神庙，其中采用博古屋脊的厅堂占了 1/3 以上，总计不少于千座。博古屋脊不属于礼制等级很高的脊饰，广泛应用于园林府邸和民居聚落内的大小祠庙之上。

博古屋脊一般以灰塑塑造，正脊一般由脊额、脊眼、脊耳三个部分组成。脊额是正脊正中的匾额部分，脊额顶部通常不设屋顶脊刹，额上常采用灰塑浮雕或彩绘，图案为各种祥瑞主题的图画，内容有花草、松竹、麒麟、龙凤、狮马等。脊眼是脊额两侧的孔洞，洞中常置雕塑，造型有小兽或宝瓶等。有的博古屋脊不设脊眼，脊额为整块灰塑图画。脊耳是最能体现博古屋脊特色的部分，即正脊两端弯曲的博古架形的灰塑条棱塑像，形

式左右对称，与脊额等高或高过脊额。[1] 图 3.46 和图 3.47 是没有脊眼的岭南灰塑博古屋脊样式。

图 3.46　岭南建筑灰塑博古屋脊
资料来源：吕唐军摄。

由图 3.48 和图 3.49 可见，早期的陶脊由博古屋脊发展而来，陶脊上还保留了博古屋脊的脊额、脊眼、脊耳等部分；后期也有部分陶脊保留了博古屋脊的形式。早期陶脊题材中的花果鸟兽与博古屋脊脊额上的灰塑题材十分类似，其装饰部位亦大致相同。只有正脊上的陶脊有博古纹饰，看脊上没有此类纹饰，也说明了陶脊的博古纹饰脱胎于博古屋脊[2]。可以推测，早期陶脊的产生起源于博古屋脊材料上的更新，以陶瓷代替灰塑，更适合岭南多雨的气候环境。

图 3.47　岭南建筑灰塑博古屋脊局部
资料来源：吕唐军摄。

① 宋欣：《广州民间的博古脊饰》，《艺术百家》2005 年第 2 期。
② 博古屋脊是正脊装饰。

图 3.48 佛山祖庙博物馆藏陶脊 1 局部

资料来源：吕唐军摄。

图 3.49 佛山祖庙博物馆藏陶脊 2 局部

资料来源：吕唐军摄。

随着时间的推移，年代越往后的陶脊中，博古纹饰所占比例越小。清代后期的陶脊中，珠江三角洲核心地区已经极少以博古纹装饰，但肇庆[①]、惠州一带的陶脊依然有博古纹装饰的存在（图 3.50、图 3.51）。我们推测广府地区作为创造与发展石湾陶脊的中心地区，其博古纹饰已被其他形式的装饰所替代，而肇庆、惠州等地区因较远离中心区仍旧保留了古制。像文如璧这样最富盛名的陶脊作坊，遗存作品中从无出现博古纹饰，显见其艺人没有追求模仿古制，极具创新精神。三水胥江祖庙武当行宫后殿正脊上的陶脊是今人模仿文如璧的作品，因未有深入研究，而塑有博古纹饰，窃以为是不当之作[②]（图 3.52）。

① 德庆县属于肇庆市。

② 三水胥江祖庙武当行宫前殿正脊保存有文如璧原作陶脊一条，无博古纹饰；后殿正脊陶脊为今人仿文如璧之作，有博古纹饰。

图 3.50　德庆悦城龙母祖庙大门正脊陶脊博古纹饰　1901 年

资料来源：吕唐军摄。

图 3.51　惠州罗浮山冲虚古观大门正脊陶脊博古纹饰　1907 年

资料来源：吕唐军摄。

图 3.52　三水胥江祖庙武当行宫后殿正脊陶脊

资料来源：吕唐军摄。

四、陶脊表现手法的发展演变

如附表5所示，1988年以前的石湾陶脊题材全部为花果、鸟兽、器皿等，1988年以后的石湾陶脊则几乎全为人物故事类题材。陶脊的题材从静态的花果鸟兽类题材发展到动态的有故事情节的人物场景，不仅是陶脊题材上的变革，而且是岭南传统建筑脊饰的变革。

随着时间的推移，陶脊的表现手法不断地发生变化。最初的陶脊为半浮雕的做法（图3.53），及后出现高浮雕（图3.54），最后发展到圆雕（图3.55）。而陶塑的风格开始比较简单，到清朝末期的时候发展成熟，群雕布局完美，疏密得当。后期的部分作品则有繁琐堆砌之感。

图3.53　佛山祖庙博物馆藏陶脊3局部

资料来源：吕唐军摄。

图3.54　陈家祠首进大厅东部“金陵”陶脊

资料来源：吕唐军摄。

图 3.55　佛山祖庙垂脊陶塑

资料来源：吕唐军摄。

五、陶脊的匠作制度

陶脊上镌刻有作坊或作者的名号，作坊名号如“石湾文如璧”、“均玉”、“奇玉”、“美玉”、“宝玉”、“英玉”等（图 3.56），作者名号如“荣昌”、“黄古珍”等。在清代，由于这些重要建筑物上的陶脊规模宏大，数量繁多，通常由多个作坊共同完成。同一时期由不同作坊制造的陶脊，水平不相伯仲，可见当年石湾陶艺的整体水平。不仅整个建筑上的多个陶脊是分工合作完成，而且每一条陶脊，也是分段烧制拼装。陈家祠聚贤堂的陶脊长 27 米，高 2.9 米；祖庙三门陶脊长 31.7 米，高 1.78 米。其塑造、烧制、分段装配都需要大规模的分工合作，可见当时行业分工合作制度的完善。

在合作的基础上，不同的店家的陶脊对建筑的影响程度是不同的，其中一些最著名的店家和艺人以领衔的方式参与陶脊的制作。文如璧、宝玉、均玉、美玉、奇玉等都是该行业知名的店家，其中文如璧、宝玉与均玉店所占的市场份额最大。文如璧是清代最著名的陶脊作坊，佛山祖庙三门瓦脊、原佛山关帝庙前照壁陶脊[①]、陈家祠建筑首进 5 条陶脊均为文如璧店造，可见其手艺受到社会的追捧。该店有技艺精湛的艺人如黄古珍、陈祖、陈奇、陈辉、殷垣等，其代表作《日神》、《月神》（图 3.57）、《姜

① 佛山关帝庙原位于佛山汾水铺永兴街，已经拆除。其照壁正脊《穆桂英挂帅》藏于佛山市博物馆内。

图 3.56 陶脊作坊名号铭文

资料来源：吕唐军摄。

子牙封神》、《刘庆伏狼驹》[①]（图 3.58）、《穆桂英挂帅》、《牛郎织女》等确为石湾陶脊中的杰作。清末民初时期著名陶塑艺人陈谓岩、陈祖、陈辉、殷垣、尤卓等也在知名店号受雇，参与人物陶脊的制造。有一批如此杰出的民间陶塑艺人领衔或参与陶脊的创作与制造，石湾陶脊因此得到长足的发展。

图 3.57 佛山祖庙灵应祠《日神》、《月神》

资料来源：吕唐军摄。

① 见附表 5。

图 3.58　陈家祠首进中厅正脊背面《刘庆伏狼驹》局部

资料来源：吕唐军摄。

六、石湾陶脊的传播

清代是石湾陶脊的盛期。根据材料记载，我们通过卫星地图描绘出石湾陶脊的传播影响路线图（图 3.59）。由图中可见，岭南传统陶脊在发源地珠江三角洲的遗存还比较丰富，其他地区则遗存不多。在传播方向方面，岭南传统陶脊的传播路线主要为西面与南面，东面和北面方向基本没有传播。究其原因，是由于东面潮汕地区的福佬系文化相当保守，不容易接受外来文化；北面是南岭连绵的山脉，交通不便，且中原文化的强势亦致使陶脊文化不易传播。而西面可以通过西江水系运输和陆路传播到广西

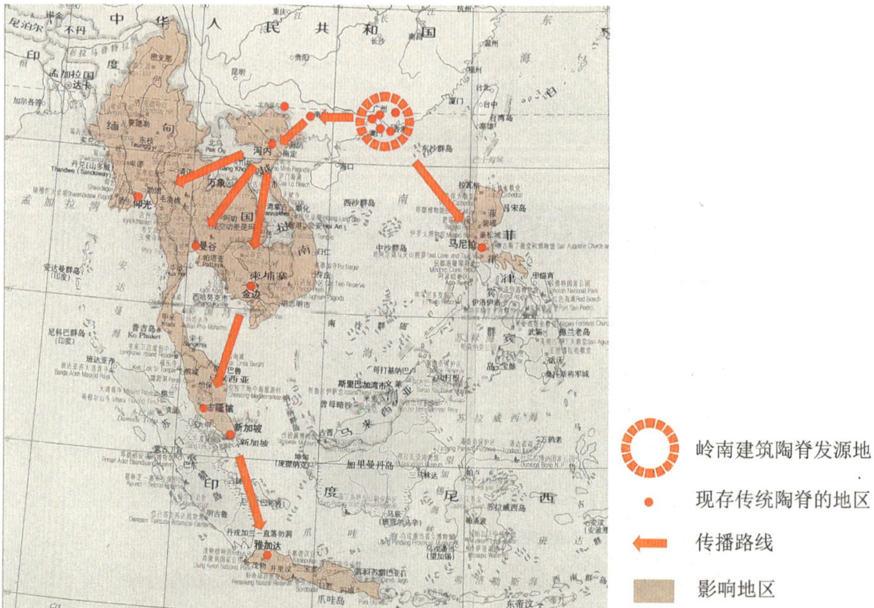

图 3.59　石湾陶脊传播影响路线

资料来源：周彝馨绘，底图引自《东南亚名胜地图》。

地区，南面主要通过海上丝绸之路传播到东南亚各国。其传播遍及整个东南亚地区，证明了陶脊文化影响的范围之广，同时也反证了当年岭南海上丝绸之路的兴旺发达。至今在东南亚各地以及香港、澳门的庙宇寺院屋脊上，完整保留石湾制造的陶脊就有上百条，建筑饰品更是无法统计。每条陶脊上都标明年号和店铺字号，年代多是清代中后期，店号有“奇玉”、“英玉”、“文如璧”等。

第四章　石湾窑的艺术成就

第一节　石湾窑的美学特点

石湾窑作品在美学方面的审美趣味与官窑作品大不相同，有其自身的人文美学特点，能在民间艺术之林屹立不倒，自有其过人之处。

一、拙朴自然

石湾陶艺源起于世俗实用，初期多为陪葬用品、祭祀用品，以及仿造自然物象的五禽陶等，这一传统基因影响着千年来石湾陶塑的发展。汉墓出土的牛俑、羊俑、陶鸡等，体态厚重，造型生动，就具有明显的写实主义特色，及至明清时期的作品其特色更为明显。中国传统美学崇尚拙朴自然，把自然朴素之美作为美的典范，以自然天成为最佳境界。其艺术意象往往以妙造自然为第一要义，不露人工雕琢的痕迹，再现自然界风物的朴素形态，达到浑然天成的境界，如图4.1中的鹤。

图4.1　青釉展翅鹤（高12厘米）　清　广东民间博物馆藏

资料来源：《商承祚先生捐赠文物精品选》。

二、简约凝练

石湾窑的作品大多风格简练粗犷，以简洁、圆活、刚劲的线条，刻画出生动鲜明的形象。部分人物造像只刻画头面和身躯，手和脚都被衣物所包藏，甚至脸部也只对眼睛作细致的刻画，其他部分则极尽简练。汉墓出土的舞俑穿舞袍，无纹无折，手臂短而粗，腿足隐于袍内没有塑造。于是舞俑的表情就分外突出，似笑非笑的神情栩栩如生。又如明代的葱白釉观音（图 4.2），可说是简约凝练的代表作之一。它采用概括简练的大写意手法，表现出观音安祥的神态，显得庄重，富于美感。民国时期的窑变釉钟离权亦有异曲同工之妙（图 4.3）。

图 4.2　观音（高 15 厘米）　明

资料来源：《中国陶瓷·石湾窑》。

潘玉书的作品在线条的简约凝练方面特别有建树，勾勒出别具神韵的人物。如《苏武牧羊》（图 4.4），整个作品着重刻画了苏武沧桑坚定的神情，其他部分则以最简练的线条勾勒出来。

图 4.3　窑变釉钟离权（宽 14 厘米，高 26 厘米）　20 世纪初
资料来源：《窑仙庆聚——国际石湾陶艺会石湾陶塑》。

图 4.4　“潘玉书”印《苏武牧羊》（高 25.5 厘米）
清末民初　冯秋泓藏
资料来源：《浴火凤凰——石湾窑・窑宝展》。

三、豪放不羁

石湾窑产品从创作手法到作品风格，都体现出豪放不羁的气势。其创作手法不拘一格，敢于创新，风格粗犷，擅用刚劲圆活的线条刻画，不拘小节。清末民初的部分陶艺家大胆探索，作品注意力集中于脸部刻画，线条简洁，一改以往连头面也施釉的笼统程序。从几分到数尺高的超然罗汉、威武猛士都具有恢宏的气势。如《铁拐李》（图4.5），以捏塑的大写意手法，不拘小节地表现了铁拐李不受约束、豪放豁达的个性。

图4.5　铁拐李（高22.5厘米）　清

资料来源：《石湾窑精粹》。

第二节　文学艺术熏陶下的石湾陶塑

石湾陶塑与文学艺术向来结合紧密，从汉唐雕塑的马和陶俑、《芥子园画谱》、任伯年①的人物画到明清时代岭南画派名家的手笔，以至于佛山的木雕、石雕、砖刻、剪纸，到粤剧的舞台形象等，都是石湾陶塑艺人们学习和借鉴的对象。

一、石湾陶塑与书画艺术

书画艺术对石湾陶塑的影响是深远的。明清传器中常可见类似中国泼墨山水画装饰的器皿，如明代的“白釉加彩罐”和清代的“光绪彩绘墨斗”② 等。岭南国画与石湾陶艺的关系就更为密切了，它们像一对孪生兄弟，几乎是同时走上历史舞台。从文化本原意义上，它们互相影响，从形态语义上，也许岭南画派更多地影响了陶艺。

---

① 任颐（1840—1895），中国近代杰出画家。原名小属，初名润，字小楼，一作晓楼。后号次远，字伯年，常被称作任伯年。山阴（浙江省绍兴）人，故画面署款多写“山阴任颐”。所画题材极为广泛，人物、花鸟、山水、走兽无不精妙。他的画用笔用墨丰富多变，构图新巧，创造了一种清新流畅的独特风格，在“正统派”外别树一帜。

② 款识为“广岐昌号”。

明清以来，珠江三角洲绘画人才辈出，如明初以花鸟画著称的宫廷画家林良①，清代的居巢②、居廉③兄弟，苏六朋④、苏仁山⑤、赖镜⑥、梁九图⑦等人。林良的飞雁、居廉的花鸟、苏六朋的达摩等，影响了一代又一代的陶艺家。佛山地区亦多画家，黎简⑧、谢芝生饮誉岭南，李子长⑨、招

---

① 林良（约1428—1494年），字以善，南海人，中国明代著名画家。史料曾记载“林良吕纪，天下无比”，他因善画而被荐入宫廷，授工部营缮所丞，后任锦衣卫指挥、镇抚，值仁智殿。林良擅画花果、翎毛，着色简淡，备见精巧。其水墨禽鸟、树石，继承南宋院体画派放纵简括笔法，遒劲飞动，有类草书，墨色灵活，为明代院体花鸟画的代表画家，也是明代水墨写意画派的开创者。传世作品有《灌木集禽图》、《山茶白羽图》、《双鹰图》等。

② 居巢（1811—1889（也有说1865）），中国清代晚期书画家。原名易，字士杰，号梅生、梅巢、今夕庵主等，广东番禺人。自幼喜爱诗文书画，曾任广西按察使张敬修幕僚，在广西期间曾受宋光宝等人影响，所作花鸟注重写生，回粤后与其弟居廉一同对景写生，作品多写蔬果野花，轻描淡写，澹逸清华，开岭南画派之先河。山水、花卉、鸟禽，皆雅秀，草虫尤精。书法师承恽寿平，工诗词。

③ 居廉（1828—1904），广东番禺人，字士刚，号古泉、隔山樵子、罗湖散人。居廉是中国近代岭南地区著名的国画画家，善画花鸟、草虫及人物，尤以写生见长。和其从兄居巢并称“二居”。他初时学宋光宝和孟丽堂，后吸收各家之长，自成一家。笔法工整，设色妍丽，在继承和发展恽寿平没骨画法基础上，创撞水和撞粉法，是岭南画派奠基人之一。

④ 苏六朋（1791—1862），字枕琴，号怎道人，别署罗浮道人。广东顺德人。清代画家，世人称其与苏仁山为“岭南画坛二苏”。少年时到罗浮山中读书，拜宝积寺的名僧德堃和尚为师学习绘画。善画风俗人物，反映清朝中期百姓的日常活动。画风取法宋元，受闽派上官周与黄慎画风影响，细笔者尤佳。有《集市图》、《东山报捷图》、《药洲品石图》、《曲水流觞图》等。香港中文大学藏有苏六朋《白描罗汉卷》，及广州艺术博物院藏有苏六朋《罗浮仙赊酒图》及《文会图》等。

⑤ 苏仁山（1814—1850），字静甫，号长春，自署岭南道人、教圃，又号菩提再生身尊者等。顺德人，清代画家。工山水、人物，兼写花卉，用笔构图自成一家，古朴高逸，有金石味。其画法自辟蹊径，故一般大夫之画传不载。他创作的画尤以人物画见长，笔下的人物线条简练，人物造型与体态动作处处随意点画勾勒，无一处不与社会生活中的众生相相吻合。其栩栩如生的人物肖像，多是历史的爱国名人、归隐者以及仙家道人。代表作《五羊仙迹图轴》与《坐观十八寿相罗汉像》等名作至今仍深受后人称誉。他独创一格的清新画风，对时尚摹古崇古的清代画坛带来了较强的冲击力，从而为岭南画风的嬗变倡导了先声。

⑥ 赖镜，清书画家。字孟容，号白水山人、增城山人，广东南海人。少曾读书于广东增城白水山，明亡出家万寿寺为僧，法名深度。性雅淡，善画山水。受吴派影响，所作笔力遒劲，疏逸秀润，气格高凝，有沈周风致，为粤中首望。工诗，书法仿苏轼、文徵明，时称诗、书、画“三绝”。时人评价云：“顾其足迹不出粤东而其遗迹遂为人所罕觏。吴越人宦粤者，往往欲求其一笺一箑而不可得。”传世作品有《山水斗方图册》、《坐看白云图》、《山水图册》等。

⑦ 梁九图（1816—1880），字福草，广东顺德人。道光、咸丰年间的社会名士、慈善家和诗人，也是岭南名园梁园的创建者之一，曾任刑部司狱。

⑧ 黎简（1747—1799），字简民，一字未裁。号二樵，又号石鼎道人、百花村夫子，广东顺德县弼教村人，清代乾嘉年间岭南著名诗人、书画家。乾隆五十四年拔贡。诗画书称三绝，诗刻求新颖，书得晋人意。性喜山水，与张如芝、谢兰生、罗天池并称为粤东四大家。

⑨ 李子长（1436—1526），明朝画家。名孔修，顺德大良人。善画禽畜、虫鱼、山水、花鸟。因平生不苟作，加上社会地位低下，故真迹绝少传世。现艺术界瞩目的《骑驴吟咏图》、《秋江群雁图》、《猫轴》数种，均显示其高度的艺术才能。晚年隐居杏坛罗水村和南海西樵，潜心治学，90岁无疾而终，葬于西樵山云路村。

子镛[1]也在珠江三角洲享有盛名，并富传奇色彩。蒋莲[2]、苏仁山以及苏六朋等在形态把握、主题表达上有较大影响，在陶塑人物方面的参照系数较高。他们的作品远较中原画坛有生气，有助于石湾陶艺而与“扬州八怪”[3]画风相呼应。当然，在市井书肆流行的《芥子园画谱》、《十竹斋》[4]、《晚

---

① 招子庸（1786—1847），原名功，字铭山，号明珊居士。广东南海横沙人。出生于书香之家，其文笔矫健，诗文造诣颇深，亦善画工笔画，且精通韵律。嘉庆二十一年（1816）考取举人。他曾经在山东潍县等地担任知县，烟台蓬莱阁安放了他所绘画的大型壁画。

② 蒋莲，约生于清代乾隆六十年（1796），享年40余岁。字君先、君光、香湖，别署芗湖居士。广东香山（今中山）小榄人。据说生平仰慕画家陈老莲，故名为莲。善画人物、山水、花卉、草虫。著作有《剑光楼诗钞》、《乐志堂文集》、《常惺惺斋书画题跋》、《乐志堂诗集》等。道光年间在广州设浴桐小馆从艺。人物画习唐寅、仇英画法，早年心追手摹，力求神似，运笔稳健灵动，比例透视切实准确，后更达到出神入化的境界。有《胡上阶图》、《摹李晞古采薇图》等重要作品。

③ 扬州八怪是中国清代中期活动于扬州地区一批风格相近的书画家总称，或称扬州画派。八人的名字，其说互有出入。据李玉棻《瓯钵罗室书画过目考》中的“八怪”为罗聘、李方膺、李鳝、金农、黄慎、郑燮（郑板桥）、高翔和汪士慎。此外，各书列名“八怪”的，尚有高凤翰、华嵒、闵贞、边寿民等，说法很不统一，今人取“八”之数，多从李玉棻说。“扬州八怪”在艺术观上最突出的是重视个性表现。他们提倡风格独创，主张“自立门户”。在作品的题材上，他们一方面继承了文人画的传统，把梅、兰、竹、菊、松、石作为主要描写对象，以此来表现画家的清高、孤傲、绝俗；另一方面还运用象征、比拟、隐喻等手法，通过题写诗文，赋予作品以深刻的社会内容和独特的思想表现形式。扬州八怪在绘画的风格上，主要继承了前人绘画中的水墨写意画的技巧，并进一步发挥了水墨特长，以高度简括的手法塑造物象，不拘泥于枝枝叶叶的形似。在笔墨上，他们不受约束，纵横驰骋，直抒胸臆。由于他们的作品和当时流行的含蓄典雅的花鸟画风相违背，所以常受到评论家猛烈批评，被称为“怪”。

④ 《十竹斋》，明胡正言辑印。胡正言，安徽休宁人，字曰从，号十竹主人。尝从李如真攻六书之学，于书法、绘画、制墨、印笺无不精通。明亡以后，他隐居南京鸡笼山侧十竹斋中，专心从事艺术活动，以印笺、篆刻、出版各种图籍为业。其主持雕版彩色套印的《十竹斋书画谱》和《十竹斋笺谱》，是中国印刷史上划时代的精品。

笑堂画传》① 等画传、画集，陈老莲②、海上四任③、改琦④、费丹旭⑤的插图、叶子、绣稿等，同样有着重要影响。

1964年在佛山澜石镇鼓颡冈宋代墓葬中出土了一件彩绘人物陶罐（图4.6），从器肩至器腹下满绘酱褐色缠枝花草，环器腹一周有四个人物图像。人物脸部饱满丰润，身穿长袍，均为趺坐式，袒胸，头戴巾饰。此四个人物形象身形、服饰相同，其形象十分肖似，为同一人，可见此图是连环画，表现同一人的四种不同情态，依次为：①手捧酒杯待饮，似乎内心有无穷心事，要举杯消愁；②一饮而尽，掷杯于地，左肘靠在酒坛上，似在沉思；③背靠酒坛，双手扶地，醉意朦胧；④双手拱放于右膝上，头枕手臂酣睡。在绘画艺术上，这件作品充分展现出民间绘画的高度艺术成就。首先，所选取的四个动作造型，情态变化具有高度的连贯性和概括性，表达准确，反映出作者对生活深刻而敏锐的观察力；其次，人物表情生动自然，前后肖似，刻画传神，表现出人物鲜明的性格；最后，绘画技法熟练酣畅，线条简洁流畅。这是一件绘制在陶器上的出色的人物画作品，呈现出高超的绘画水平。⑥

在艺术表现技巧上，石湾陶塑借鉴了国画的表现手法。清初的《芥子

---

① 《晚笑堂画传》分上、下二卷，乾隆八年（1743）聘请广东名工雕版刊行。作者是清康乾时期的著名画家上官周。上官周（1665—1749），福建省长汀县人，善画山水、人物，山水画“烟岚弥漫，墨晕可观”，所画古今名人，功夫老到，各具神态。是公认的“闽派”画风的创始人。它收集作者依据史料刻画的120位历史人物绣像，每幅绣像皆附有像赞文字。

② 陈洪绶（1599—1652），明末清初书画家、诗人。字章侯，幼名莲子，一名胥岸，号老莲，别号小净名、晚号老迟、悔迟，又号悔僧、云门僧。浙江诸暨市枫桥镇陈家村人。年少师事刘宗周，补生员，后乡试不中，崇祯年间召入内廷供奉。明亡入云门寺为僧，后还俗，以卖画为生。一生以画见长，尤工人物画，与顺天崔子忠齐名，号称“南陈北崔”，人谓“明三百年无此笔墨”。陈洪绶去世后，其画艺画技为后学所师承，堪称一代宗师。名作《九歌》、《西厢记》插图、《水浒叶子》、《博古叶子》等版刻传世。工诗善书，有《宝纶堂集》。

③ 清代末年，在江浙、上海一带出现的最有名的画家，即为任熊、任薰、任颐、任预。其中，任颐即为任伯年，他山水、花鸟、人物无一不精，是与同时期的吴昌硕齐名的人物。

④ 改琦（1773—1828），清代画家。字伯韫，号香白，又号七芗、玉壶山人、玉壶外史、玉壶仙叟等。回族，先世本西域人，松江（今上海市）人，宗法华嵒，喜用兰叶描，仕女衣纹细秀，树石背景简逸，造型纤细，敷色清雅，创立了仕女画新的体格，时人称为“改派”。

⑤ 费丹旭（1802—1850），清代画家。字子苕，号晓楼，别号环溪生、环渚生、三碑乡人、长房后裔，晚号偶翁，乌程（今浙江省湖州市吴兴区）人。其父费宗骞擅画山水。丹旭少时便得家传，后浪游于江浙闽山水间，与画家汤贻汾、张熊，鉴赏家张廷济等均有往来。肖像画独具一格。工写照，亦作花卉山水，如镜取影，尤精补景仕女，秀润素淡，潇洒自然，格调柔弱，用笔流利，轻灵洒脱，有“费派”之称。兼工山水、花卉，以清灵雅澹之笔出之。偶作诗词，亦如其画。工书法，书法恽寿平，有韵致。一生为家计所累，卖画于上海、杭州、苏州一带，寓杭州最久。常流寓于汪远孙、蒋百煦等人之家，以绘画供人玩赏。道咸（1821—1850）间曾寓沪鬻画。著有《依旧草堂遗稿》1卷。事迹收录于《墨林今话》、《海上墨林》、《桐阴论画》、《清画家诗史》。

⑥ 李公明：《广东美术史》，广东人民出版社1993年版，第382～384页。

图 4.6　彩绘人物陶罐①（口径 6 厘米，高 32 厘米）　宋　广东省博物馆藏
资料来源：《中国陶瓷·广东陶瓷》。

园画谱》，集山水、人物、花卉草虫、禽鸟走兽为一册，介绍中国画基本技法，浅显明了，较为系统，便于初学者参考，遂引起当时石湾陶瓷艺人喜爱，成为石湾陶瓷艺人必不可少的手册，甚为风行。人物陶塑线条简练，豪放夸张，讲究形神兼备，尤重传神，追求一种灵趣，因而人物活灵活现，引人入胜，颇似文人写意画。

不少著名陶塑艺人擅长国画，如黄炳、黄古珍等，他们借鉴国画的表现手法，顺手拈来，栩栩如生，宛如立体的国画。许多陶塑题材明显受到明清以来岭南艺坛著名画家的影响，如明代林良的松鹤、张穆②的喜鹊枝头、清代居廉的花鸟、近代何香凝的猛虎下山，与石湾的同类题材的陶塑作品，在艺术风格上非常相近（图 4.7）。陶塑艺人借鉴国画的写意和工笔技巧，达到形神兼备的艺术效果。清代石湾一瓷身陶胎的达摩像（现存佛山市博物馆），就融汇了国画写意的技巧。作者运用简练粗犷的线条，把达摩捍塑出来。他站立跣足，身披翠绿色袈裟，简练的衣褶线条，像被微风吹起，豪犷飘逸，线条酷似清代岭南人物画家苏六朋的《达摩像》③，简直是一幅简练遒劲的立体国画。

此外，清代黄炳和黄古珍两位陶艺大师，借用国画中工笔翎毛技法，运用于主体雕塑之上，以琢刀代替毛笔，琢出丝丝欲动的羽毛，创造了石

---

① 1964 年澜石墓葬中出土，奇石窑有同类瓷片出土。
② 张穆（1808—1849 年），山西平定人，近代爱国思想家、地理学家、诗人和书法家。
③ 见《广东名画家选集》。

图 4.7　黄古珍双面照壁（左，中）与林良《松鹤图》（右）
资料来源：左、中：吕唐军摄；右：百度百科。

湾动物雕塑的胎毛技法，成为石湾陶塑产品的一大特色。清光绪年间有一素胎鹰，瘦骨劲节，羽毛稀疏，通体不着任何釉色，素胎烧制，一如清初八大山人的花鸟画，苍劲清郁，逸气横生。

黄炳在书画艺术上有一定的造诣，是一位能书善画，艺术素养深厚的陶艺名匠。广东省博物馆、广州市博物馆、佛山市博物馆以及民间收藏家的山水画和花鸟画收藏中，有他所绘的《百鸟归巢》、《雄鸡》、《歌颂红棉》、《驯兽山人》、《牧牛图》等画作流传于世。从他的作品中我们不难看出他非常重视师承宋元名家、师法造化的风格特点，同时又借物寄情，显示了黄炳深厚的国画功力。作画自云“仿元人法”。从黄炳塑鸭、猫，创“胎毛”技法来看，黄炳无论画塑，往往以工笔作翎毛，精细严谨，一丝不苟。这正是两宋时期花鸟画的特点。

黄古珍作品风格的一大特色是诗画并茂，意趣雅致。他的作品颇有元人笔意。他常自命为“仿白阳山人”（白阳山人即明代书画家陈淳①）。黄古珍清末曾作一彩釉山水画屏，山峰峭立，古木苍劲，意境清幽深远，俨然一幅文人画。黄古珍就是以山水、花鸟、书画同体取胜。不管明清石湾陶艺如何服务于市场，迎合大众趣味，仍有着一种潇洒脱俗的文人意趣的追求。

陈渭岩的《昭君出塞》受到清朝画家费丹旭、上官周等绘画风格的影

① 陈淳（1483—1544，另一种说法是 1482—1539），长洲（今江苏苏州）人。字道复，后以字行，更字复甫，号白阳，又号白阳山人。

响，借鉴了费丹旭《东轩吟社图卷》中的艺术技巧。费丹旭以仕女画享誉画坛，仕女形象秀美，体态婀娜，气质娇柔，创造了当时人们心中的理想美人；用线松秀，设色轻淡，取景藏露得宜，布局虚实相生；能独开生面，自成一种风貌。

刘佐潮陶艺风格受清代画家任伯年的影响较深。任伯年的绘画发轫于民间艺术，又重视继承传统，融汇诸家之长，还吸收了西画的速写、设色诸法，形成了丰富多彩、新颖生动的独特画风。他的人物画，尽管画法多样，却都能以形写神，通过眼神、手势和细节来表现人物神情，通过线条的起伏变化来表现对象的结构、质感和形神，简练流畅，颇能抓住特征和典型细部，写照传神。刘佐潮在艺术手法和取材方面都受到任伯年直接、深刻的影响，题材上也多选取木匠、农夫、盲人、樵夫、杂工、医卜道释，表现他们的日常劳作或闲逸的情景。

潘玉书吸收国画中工笔技法，充分利用线条表现，融汇心物、缀合意手、融合情景，表现形象的内在意蕴。出自潘玉书之手的仕女作品《贵妃醉酒》从唐代画家周昉名作《簪花仕女图》中得到启示，准确把握了白居易《长恨歌》中“侍儿扶起娇无力”这一诗句的意境，成功塑造出杨玉环的醉态。

民国时期裕华真记公司（以下简称“裕华”）作品上的绘画多取材于唐宋诗词意境，常效法王石谷等名家笔意。王石谷融汇南北诸位名家之长，形成了清丽工秀、明朗生动的画风。他的《秋山草堂图轴》山色郁茂，笔法繁密，墨色浓润。现藏故宫博物院的《秋树鸭图轴》乔柯虬曲，群鸭飞集，高士闲逸；《牧牛图扇》茂林芳草，夕阳归鸟，田野气息浓郁。“裕华”的作品充分吸收了这样的风格，诸多陶艺作品具有这般幽雅的意境。王石谷的画用笔苍劲严谨，墨色富于变化，在“裕华”的作品中都有体现。

1894年甲午中日战争的失败，使人们在寻求新的思想武器过程中发现了日本明治维新的成功经验，认识到强国富民不仅要学习西方的自然科学，而且要引进西方的社会科学，从而把变革的视野从西方的坚船利炮扩大到政治制度和思想文化方面，以康有为、梁启超为首的资产阶级知识分子掀起了维新变法运动，他们力主传播西学、改革传统文化。广东的绘画艺术在维新精神的影响下发生了重大变化，继承了清末著名画家居巢和居廉的写实画风，形成了富有革新精神的岭南画派。他们一反回避现实的传统临摹画风，用写实的手法描绘南国风光景物，笔墨不落俗套，清新艳丽。同时在创作中把西洋画中的透视法、东洋画中的设色法等艺术手法，有机地融合在中国画中。该时期的石湾陶瓷艺术深受岭南画风的影响，创作题材空前广泛，艺术技巧大大提高，造型增强，人物形体的比例、动作仪态的安排合理谐调，可视面增多；改变了过去粗放率拙的作风，无论是采用概括简约的手法还是细赋工巧的技法，所刻画的形象都情貌动人。该时期的人物塑像不像过去那样全部施釉，没有衣饰掩盖的如手、足、脸、胸都不施釉，以素胎进行刻画，以便更真实地表现人物的神态。

二、石湾陶塑与粤剧艺术

粤剧，又称广东大戏或广府大戏，属于皮黄系统[①]，受昆、戈、汉、徽、秦、湘等剧种的滋润和影响，借取其唱腔之所长，又吸收地方音乐和民谣，并以粤语方言演唱，既与传统中华文化一脉相承，又别具典型的地方特色。

佛山戏剧活动在明代兴起，嘉靖年间（1522—1566），佛山已有供艺伶聚散、教习、切磋和戏班管理的戏行会馆，称为“琼花会馆”，是粤剧界最早的戏行组织，佛山遂被称为粤剧的故乡。当时众多的行会、会馆几乎凡节令神诞、行业祖师诞均邀请外江戏班来演戏娱乐。佛山受外地戏班诱发，本地戏班相继而起，成为粤剧的大本营。三月初，鼓吹数十部，喧腾十余里。六月“率资演戏，凡一月乃毕”。十月，稻谷收毕，“自是月至腊尽，乡士各演剧以酬北帝，万福台中鲜不歌舞之日矣”。其时佛山多迎神赛会，逢神诞必要上演粤剧，清代《佛山忠义乡志》有一首《竹枝词》描写了这一盛况：“梨园歌舞赛繁华，一带红船泊晚沙，但到年年天贶节[②]，万人围住看琼花。”明清两代，陶师庙前的粤剧表演吸引了不少陶塑艺人。他们大多不识字，正是从粤剧舞台上熟悉了各种历史人物、历史故事，又把这些人物和故事表现在自己的作品中。石湾人物陶塑的题材除渔、樵、耕、读外，亦颇多历史人物形象，如姜太公、伯牙、李白、达摩、陆羽、文姬等。石湾的山公盆景，其题材亦可见粤剧人物、神话传说的影响。

石湾人喜爱粤剧、熟识粤剧，陶塑艺人对于粤剧更有浓厚的兴趣，有些工匠善于研究粤剧舞台上的表演技法。当其时，粤剧戏班多以《江湖十

① 皮黄腔是四大声腔系统之一，是“西皮”、“二黄”两种腔调的合称。以西皮、二黄为主要腔调的剧种均属于此系。由于受到各地语音和民间音乐的影响，皮黄腔各剧种在音乐上各具特色，但共同之处在于：不论西皮还是二黄，在词格上都沿用七言或十言的对偶句式，并都用胡琴作为主奏乐器。

② 六月六又叫“天贶节（姑姑节）”，此节起源于宋代。宋真宗赵恒是一个非常迷信的皇帝，有一年六月六，他声称上天赐给他一部天书，乃定这天为天贶节，还在泰山脚下的岱庙建造一座宏大的天贶殿。随着时间的推移，“天贶节”已经失去原来含义，而晒红绿的风俗尚存。

八本》剧目作演出的基础，而创作人物陶脊的工匠也以《江湖十八本》作为参考书。明清佛山粤剧的兴盛，培养和丰富了佛山陶塑艺人的文学素养。

石湾陶塑与粤剧的关系是唇齿相依、由来已久的。但石湾陶塑出现得更早，当粤剧这种形式出现之后，又反过来在题材、造型方面给予陶塑影响。因此，在题材上，石湾陶塑的丰富性是其他地区所不能比拟的。粤剧人物在陶塑中多有出现，渔、樵、耕、读表达出对宁静生活的向往，关羽、李逵、鲁智深、武松等人物作品则表达了对正义的赞美。

道光晚期以后，陶脊人物形象多选自粤剧传统剧目。珠江三角洲地区的岭南古建筑无处不在的戏曲人物装饰，尤其祖庙古建筑上栩栩如生的陶塑人物和戏曲故事，正是民间工匠谙熟戏曲表演题材、程序、行当、造型、功架的写照，更是粤剧发源地戏曲活动深刻影响日常生活的明证。著名的古建筑佛山祖庙、广州陈家祠、德庆龙母祖庙、三水胥江祖庙上的陶脊题材内容，大多数取自粤剧中的题材，如《姜子牙封神》、《六国封相》、《穆桂英挂帅》、《郭子仪祝寿》①（图4.8）等。

图4.8　佛山祖庙前殿东廊看脊《郭子仪祝寿》局部

资料来源：吕唐军摄。

三、石湾陶塑与民俗艺术

佛山具有丰富多彩、琳琅满目的民俗风情、艺术活动，为石湾窑文化的发展提供了重要的民俗艺术背景，启发了陶艺家的创作灵感，唤起陶艺

---

① 见附表5。

家的创作激情。这众多的民间艺术活动中，最富有特色，对石湾陶艺最有影响的当属佛山秋色、木版年画、剪纸、木雕、扎作等。

佛山秋色始于明代永乐年间（1403—1425），丰收之后，人们以游行的方式展出自己精心制作的工艺品和文艺节目来庆祝丰收。因为是在每年中秋节前后举行，故称之为“秋色赛会”，又叫“秋色会景”，俗称“出秋色”。秋色赛会的内容与形式丰富多彩，包括表演艺术与手工艺术两大类。表演艺术包括民间音乐、舞蹈、戏剧、竞技、游戏等，手工艺术包括扎作、雕刻、粘贴与针刺等。表演艺术与手工艺术品组成了出秋色的马色、车色、景色、水色、地色和灯色六色：男扮女装的表演者和花车、纸扎的马称为车色和马色，瓜果、花木和音乐等组成景色，鱼类水产和纸船艇组成水色，步行演唱戏剧故事为地色，纸扎各种类型大小彩灯为灯色。秋色是一种综合性民间艺术，是社会生活、民间风情、民俗文化的集中反映。秋色赛会中，民间艺人巧夺天工，一展身手，创作出来各种各样的艺术品，是全佛山各行业的手工艺品大展览，无论在题材、造型还是色彩上都给石湾陶艺以重要启示。石湾亦有类似的活动，名为“秋景”。

佛山木版年画创于明永乐年间，盛于清代乾隆、嘉庆年间至抗日战争前夕。全镇有大小作坊、店号达200多家，从业人员超过2000多人，日产达12000对以上，远销中南各省区以及东南亚各国。“有华侨的地方，就有佛山年画”，佛山成为当时全国有名的木版年画产地之一。佛山木版年画早期题材多为“门神”、历史故事、戏曲小说等，如秦叔宝①、尉迟敬德②、关公（持刀将军）、赵子龙、魏徵③和龙虎将军④等，表示驱邪志喜、吉祥纳福之意。佛山木版年画在设色上多用大红、丹红，有些还有底色洒上金箔片，使其金星点点，显得分外富丽堂皇。丹红则有“万举红”、“永不褪色”之称，适合华南地区夏长冬短、气候温暖潮湿、日照时间长的特点，使年画色彩长久鲜艳。

---

① 秦琼（大约生于北齐后主年间—638），字叔宝。齐州历城（今山东济南市）人。唐初著名大将，勇武威名震慑一时。曾追随唐高祖李渊父子，为大唐王朝的建立和稳固南征北战，立下了汗马功劳。因其功居于“凌烟阁二十四功臣”之一。民间将其与尉迟恭奉为传统门神。

② 尉迟恭（585—658），字敬德，鲜卑族，朔州平鲁下木角人。唐朝名将，封鄂国公，是“凌烟阁二十四功臣”之一，赠司徒兼并州都督，谥忠武，赐陪葬昭陵。尉迟恭纯朴忠厚，勇武善战，一生戎马倥偬，征战南北，驰骋疆场，屡立战功。在中国传统文化中，尉迟恭与秦叔宝是“门神”的原型。

③ 魏徵（580—643），字玄成。祖籍巨鹿（今河北省邢台市巨鹿县，又说晋州市或馆陶县），后移居内黄（今河南省安阳市内黄县）。唐朝政治家。曾任谏议大夫、左光禄大夫，封郑国公，谥文贞，为“凌烟阁二十四功臣”之一。以直谏敢言著称，是中国史上最负盛名的谏臣。

④ 武散官名。明朝置，正二品初授骠骑将军，次授金吾将军，加授龙虎将军。明武散官称将军者，此为最高阶。

佛山的民间剪纸从宋代就广为流传，至明清两代更为盛行。佛山的塔坡街盛产“金花”。“金花”是在民间剪纸的基础上发展起来的工艺品，用铜范，由剪刻、凿珠、写色、装饰而成。佛山民间剪纸金碧辉煌，具有强烈的装饰性。清代佛山经营剪纸业的店号有30多家，从事剪纸生产的工人达300多人。除本镇外，近郊的张槎、横滘、叠滘等不少农村妇女也从事剪纸生产。产品远销湖南、湖北、贵州、江西、广西及南洋各地。

佛山木雕也有悠久的历史，明清两代为繁盛时期，著名的木雕店坊有广华、成利、聚利、恒吉、三友堂、泰隆、合成等10多家。佛山木雕以实用装饰木雕为多，如庙宇祠堂头门檐下的花板，茶楼、酒店、商店的木雕门面，富家宅院、居民大屋正门的檐花板，祠堂、庙宇门檐两边的横梁，屋宇头门、脚门、屏门、窗门、藻井的雕刻装饰，庙堂悬挂的镂空木雕彩门、木雕家具，以及其他用途的木雕用品，如神像、牌匾、轿子、花舫、龙舟等。佛山木雕以其刀法利落，线条简练，玲珑剔透，豪放流畅，以及构图大方饱满，结构疏密有致，装饰性强而著称，常用来表现古戏群像，善于用从容的布局来雕刻复杂的场面。这些技法，为后来石湾陶瓷艺术，尤其陶脊和墙头雕塑所吸收和发展。

除秋色、木版年画、剪纸、木雕、扎作外，明清两代，佛山民间艺术活动还有灰塑、砖雕、石雕、民间漆朴、狮头等，这些都在明清进入了一个历史上从未有过的繁盛时期。于这种丰沃的民间艺术土壤中，石湾陶瓷艺术广泛吸收各门艺术的养料，枝繁叶茂，光彩照人。

石湾陶艺在如下两个方面深受其他民间艺术活动的影响：

一是题材品种方面。明清前的石湾陶艺题材品种都较单调，品种多以日用器皿为主。明清以来，尤其秋色艺术、木版年画取材广泛，创意无穷，极大地活跃了陶瓷艺人的创作思维，启发了他们的灵感。他们也如其他民间艺术艺人一样，“巧画士农工商，妙绘财神菩萨”，“尽收天下大事，兼图里巷所闻”。他们作品的驱邪纳福之意，也与其他民间艺术一脉相承。石湾“陶脊”艺术的诞生与戏剧人物、历史故事是分不开的。

二是在创作思想和创作技巧方面。明清以来，石湾陶艺品种增多，尤其是石湾艺术陶瓷的崛起，陶器的审美价值、艺术表现日渐突出，陶艺家的艺术素养、表现技巧日渐成熟。这些陶艺家多来自农村，对所表现的对象，如家畜、家禽、水生动物、两栖动物、飞鸟、蜂蝶、瓜果、蔬菜等，都有深刻的观察和丰富的经验。明清石湾陶艺在釉色上的成就亦令人瞩目，五彩斑斓，鲜艳夺目，与佛山木版年画、民间剪纸注重装饰性、用色艳丽是分不开的。

第三节　石湾陶器细部分析

石湾陶器的细部经过艺人们的精心刻画，倾注了艺人们的心血，代表了石湾陶器艺术的最高水平。其中，人物陶塑有两个值得注意的细部，一是人物面部的细致表情，二是生动的衣纹；动物陶塑的细部重点是眼神和毛发。这些方面，表现了人物和动物的内心世界。另外，器皿有众多精彩的细部装饰设计，异彩纷呈。

一、眼神与表情

魏晋时期画家顾恺之言："四体妍蚩，本无关妙处，传神写照正在阿堵中。"即指人物形体刻画，不以美丑为重，重要的是对人物眼睛的刻画，因为传神写照正在于人物的眼睛。这一艺术主张对中国绘画有深远影响，无论中国人物画，还是山水画，都追求一种传神之趣，舍形而悦影，舍质而趋灵。据说顾恺之画人物画，往往数年不点目睛，因为眼睛为人物传神之首要，故须谨慎斟酌。

石湾人物陶塑受此传统的影响，注重人物眼神的刻画。即使是静坐的菩萨、僧人，也通过眼神来表现其内心世界。如达摩的坚韧执着、观音的慈悲平和等。传统的石湾陶塑已摸索出搓珠填眼法，使人物眼睛犀利有神。现藏于台湾图书馆的清代作品《蓝釉人像》，身着阔袖长衫，托水果盘，或系进奉之件，面部表情刻画极富特点，眼部涂白，并点黑珠，老练圆熟的眼神，将一久栖仕途、谨小慎微、腹隐机巧的下层官吏形象刻画得生动传神。藏于台湾图书馆的另一晚清作品《白釉人像》，塑一老者，黑色高冠，裂纹白釉阔袖长衫，其老态仅眼神足见：眼睛黑白混浊，眼肌松垂，目光迟缓，平和安祥。颇有南宋词人蒋捷《虞美人·听雨》中"而今听雨僧庐下，鬓已星星也，悲欢离合总无情，一任阶前点滴到天明"之神态。"钟馗"是石湾陶艺常用的题材，清代有一蓝釉《钟馗》（商承祚藏），其眼神刻画又与前两者不同，剑眉直竖，双目圆突，目光简单直率，显出这位神话人物勇猛威严、震慑鬼神的气场。

石湾人物陶塑中常见的醉酒人物有李白、刘伶①、毕卓②、杨贵妃、史湘云、济公、曹国舅、武松（武松打虎、醉打蒋门神）等，每个人物的个性都非常鲜明。李白身穿官服，醉眼中透出潇洒与傲气；刘伶瘦削，神情飘逸而超然物外；毕卓胖态可掬，和蔼可亲；杨贵妃娇媚迷人；史湘云透出活泼与开朗；济公邋遢中透出机智与热心；曹国舅手执笏板、雍容大度；武松英勇刚烈。“八仙”也是许多陶塑匠人喜欢塑造的题材，八位仙人除衣饰和手持法宝不同外，各人的动作、表情也各不相同，彰显出不同的个性（图4.9）。

图4.9　佛山祖庙前殿西廊看脊《八仙》

资料来源：吕唐军摄。

清末民初以来，为了更真实自然，面部和裸露的肌体都露胎不施釉，采用黄赭色陶土突出表现人的肌肤。线条也趋于细腻，表现人物的各种动作、表情、眼神、须眉、衣纹等，突出人物的个性。

石湾陶塑动物亦力争“遗貌取神”。如清中后期名家黄炳塑猫，就重视眼睛的表现，用搓珠、镶眼、点睛等技法刻画猫的眼神。

二、衣纹处理

西洋雕塑借裸露人体的肌肉来表达感情，而石湾陶塑的人体多不然，或只露半身。它秉承了中国艺术的传统，借衣纹折叠、线条流动来表达人

---

① 刘伶，魏晋时期沛国（今安徽淮北市濉溪县）人，字伯伦。“竹林七贤”之一。平生嗜酒，曾作《酒德颂》，宣扬老庄思想和纵酒放诞之情趣，对传统“礼法”表示蔑视。

② 毕卓（322—?），东晋官员。字茂世，新蔡鲖阳（今安徽临泉鲖城）人。历仕吏部郎、温峤平南长史。少年时豁达豪放，很有才华。321年被尚书郎胡毋辅之推荐为吏部郎。因当时朝政腐败，加上“八王之乱”，国无宁日，他为保身，扮成一个不问政事、不爱权势、饮酒自乐的人。与胡毋辅之、阮放、阮孚、谢鲲、羊曼、光逸、桓彝结为好友，时称“八达”。后来当上了行止秉正、统帅有方的温峤将军的平南长史，协助温峤做了很多有益之事，直至去世。

物情感。中国美术史上的“曹衣出水”① 和“吴带当风”②，便是指衣纹处理的两种不同艺术风格。前者“其体稠迭，衣服紧窄”，如同人物刚出水；后者“其势圆转，衣服飘举”，如同人物迎风而行。石湾陶塑衣纹处理既有“曹衣出水”，又有“吴带当风”的风格。石湾陶塑所用陶土是以东莞灰白土加上石湾砂混合而成，黏力很强，可塑性高，能耐高火，是理想的陶土。其可塑性比福建德化、江西景德镇的瓷土大，能塑出飞舞的衣袖、衣带和极细长的线条。所以人物陶塑的身型和衣褶要比景德镇和德化的瓷塑来得飘逸。陶土的特性使石湾陶匠能充分发挥他们的想象力，挥洒自如。陶瓷土可塑性不高的陶瓷产区，需用模制或模制加手工以适应土性，惟有石湾陶塑可以全部以手捏造，无须借助模印成形。前面提到的《钟馗》这一作品，衣纹处理与人物性格特征十分吻合，衣纹飞扬，势若迎风，与其面部刻画相呼应，表现了钟馗气宇轩昂、威猛愤勇的气质，整个形象充满了动感，颇有“吴带当风”的豪放气势。清代陶脊人物的衣纹处理不同于案头摆设的陶塑人物，多采用“曹衣出水”的表现手法，自然下垂。其中阔袖腰带成为重要点缀，使衣饰静而不滞，直中有曲。明清以后，石湾陶塑艺人对衣纹的艺术处理逐渐成熟，终积淀成一种和西方雕塑中肌肉一样有意味的形式，为石湾的人物陶塑提供了有力的表现手段。清中期《钧蓝釉达摩》陶塑（图 4.10），衣纹线条洗练流畅，圆润蕴藉，虽无飞扬飘举之势，却也静中有动，富有质感，使整个雕塑栩栩如生。③

三、动物胎毛

胎毛是石湾窑特有的陶塑技法，通常用于动物陶塑。清代黄炳和黄古珍两位陶艺大师，借用国画中工笔翎毛技法，运用于动物陶塑之上，以琢刀代替毛笔，琢出丝丝欲动的羽毛，创造了石湾动物陶塑的胎毛技法，成为石湾陶塑的一大特色。以时钟的发条打磨成小刻刀，代替毛笔，在陶塑的表面一丝一缕地雕琢出鸟兽的羽翎、皮毛，通常不施釉，烧成后胎骨呈

① “曹衣出水”又称“曹家样”，是由北齐曹仲达创造的中国古代人物衣服褶纹画法之一。曹仲达，中国南北朝北齐画家，生卒年不详。来自中亚曹国（今乌兹别克斯坦、撒马尔罕一带），曾任朝散大夫。擅画人物、肖像、佛教图像，尤精于外国佛像。《图画见闻志》说曹仲达的人物画，衣服褶纹多用细笔紧束，似衣披薄纱，又如刚从水中捞出之感，后人因之命名。

② 中国画术语，对吴道子人物画风格的概述。吴道子（约 686—760）是盛唐最杰出的画家，在宗教画上成就突出。在用笔技法上，他创造了一种波折起伏、错落有致的“莼菜条”式的描法，加强了描摹对象的分量感和立体感，他突出了人体曲线和自然的结合。这种画风在后来的西方也有一定的影响。所画人物的衣袖、飘带，具有迎风起舞的动势，故有“吴带当风”之称。

③ 毛萍：《明清石湾陶艺与中国绘画》，《佛山大学学报》1994 年第 5 期。

图 4.10　钧蓝釉达摩（高 40.5 厘米）
清　广东民间工艺博物馆藏
资料来源：《杨铨先生捐献文物撷珍》。

黄褐色或白黑泛灰黄。胎毛技法以其独特的神韵、迷人的风采和浓厚的地方特色，展示了它特殊的艺术魅力。以胎毛技法雕刻的动物，羽毛纤露如丝丝飘动，工细分明，阴阳可辨。

四、器皿细部

石湾器皿虽豪放质朴，却每有精彩的细部，如提梁、双耳、铺首、盖子、足部、底座等部分常装饰有龙、凤、蟠螭、狮、虎等神兽。通过简约厚重的器身与神韵生动的细部作对比，显示出石湾窑器物深厚的美学功底。

（1）耳部。耳部本是用来提取器物的构造，但由于在器物中视觉地位突出，早已出离了功能的基本需要，成为了整个器物审美的灵魂，因此常饰有龙、凤等动态十足、线条感明显、充满灵气的动物。图 4.11 至图 4.13 中的器物都以龙作为耳部的装饰题材，“秩来巧造”素胎双耳三足香炉的龙耳大胆粗旷，夸张雄壮；鳝黄釉双耳瓶的龙耳简约浪漫，低调典雅；绿釉双龙耳瓶的龙耳则精致玲珑，刻画入微。三种风格均与器物相协调，彰显了艺人表现手法的巧妙。

图 4.11　“秩来巧造”素胎双耳三足香炉　吴国伟藏
资料来源：吕唐军摄。

图 4.12　鳝黄釉双耳瓶（高 17 厘米）　清乾隆（1736—1796）
资料来源：《中国广东省博物馆藏石湾陶塑展览》。

图 4.13　绿釉双龙耳瓶（高 36 厘米）
清末（1875—1911）
资料来源：《中国广东省博物馆藏石湾陶塑展览》。

（2）铺首。铺首是一种兽面纹样，多为椒图①、饕餮②、狮、虎、螭③、龙等凶猛兽类，用于青铜器、陶器等器物上安装提手或镶嵌在大门上作为门环的底座，也可不衔环而仅作装饰用。石湾窑器物通常在简约的外表中施以神气活现的神兽铺首，起到画龙点睛的作用（图 4.14 至图 4.16）。

（3）足部或底座。足部或底座一般是器物比较次要的部分，但石湾陶瓷艺人常有出乎意表的思路，将足部或底座作夸张浪漫的设计，充满了趣味性（图 4.17 至图 4.19）。

（4）器身。许多器皿的器身有精彩的细部。有以动物作为重点装饰的，如图 4.20 中的双蟠螭瓶。在圆润光滑的器身上，别出心裁地雕刻有一对蟠螭，曲线优美有力，整个器皿充满了动感与生命力。

① 龙生九子之一，形状像螺蚌，性好闭，最反感别人进入它的巢穴，铺首衔环为其形象。
② 音 tāotiè，龙生九子之一，性贪食，古代钟鼎彝器上多刻其头部形状作为装饰。
③ 龙生九子之一，一种没有角的龙。

图 4. 14　仿祖唐居蟹黄釉铺首三足香炉　清中期　吴国伟藏
资料来源：吕唐军摄。

图 4. 15　“吴南石堂”素胎铺首三足香炉　吴国伟藏
资料来源：吕唐军摄。

图 4. 16　绿釉双铺首罐（直径 33 厘米，高 31 厘米）　吴国伟藏

资料来源：吕唐军摄。

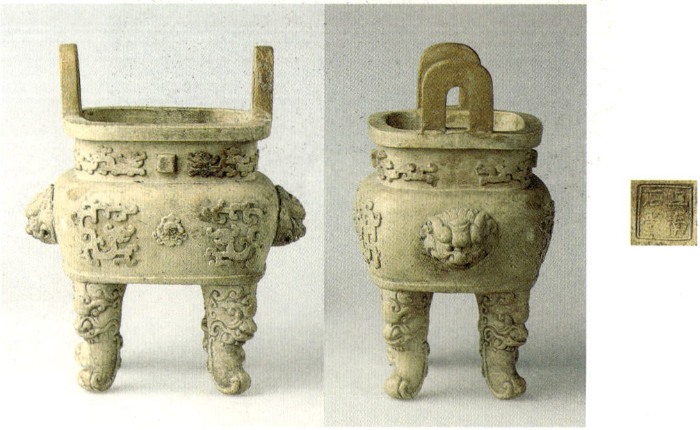

图 4. 17　“吴南石堂”素胎双耳铺首四足香炉　吴国伟藏

资料来源：吕唐军摄。

图 4.18　绿釉万字纹高脚果盘（直径 16 厘米，高 7 厘米）　吴国伟藏
资料来源：吕唐军摄。

图 4.19　浅青釉圆几（直径 15 厘米，高 10 厘米）　晚清　吴国伟藏
资料来源：吕唐军摄。

图 4.20　窑变釉双蟠螭瓶（口径 4.2 厘米，高 13 厘米）　清　广东省博物馆藏
资料来源：《中国陶瓷·石湾窑》。

亦有以各种纹样作装饰的，如万字文（图 4. 21）、云纹（图 4. 22）、如意纹（图 4. 23）、夔龙纹①、卷草纹等。

图 4. 21 葱白釉雕万字茶叶方罐（边长 12 厘米，口径 8. 5 厘米，高 18. 7 厘米）
明 广东民间工艺博物馆藏
资料来源：《杨铨捐献文物撷珍》。

图 4. 22 蓝变釉镂空圆几（直径 24 厘米，高 12 厘米）
清中期 广东民间工艺博物馆藏
资料来源：《馆藏石湾艺陶选辑》。

① 青铜器上的龙纹常被称为夔纹和夔龙纹。自宋代以来的著录中，凡是表现一足的、类似爬虫的物象都称之为夔。

图 4. 23　蓝釉贴花如意纹三足缸（带座）
（缸口径 33 厘米，高 27 厘米；座底径 35 厘米，高 18 厘米）　曾安昌藏
资料来源：《石湾花盆》。

第五章　石湾窑体系

石湾窑经历漫长的发展演变，已经自成体系。其包括了众多的店号、作坊、陶塑艺人、研究者，其中更不乏出众的代表。

第一节　著名店号

明代以前石湾窑的名家与店号少有记载于文献的，其作品亦少有铭刻其名号的，因此难以研究统计。自明清开始，石湾窑名店辈出，留有众多详实的记录可供研究参考。

一、“祖唐居”

明清两代最有影响的陶业名坊当属明晚期的“祖唐居”与始于清康熙年间的“文如璧”。“祖唐居”当属明代晚期石湾陶瓷名店之首。其主人姓名已不能考，但知其人好仿唐陶，故榜其店曰“祖唐居”。石湾窑最善于仿唐三彩的是“祖唐居”，它除了继承唐三彩的黄、绿、白以至茄蓝色等典型色相外，因色釉的调配、施釉过程的交错重叠、坯土含铁量的差异而呈现出深浅的变化，色釉的底层也出现了丰富的变异。因而这类器物与唐三彩相比更加绚丽多彩、华丽夺目，这类器物在阳光照耀下常有虹彩的光泽，为人所珍爱。此外，造型的严谨、纹饰的精巧也是“祖唐居”制品的特征。从传世器品来看，多是日常用具，惯用黄、绿、青、蓝、褐等颜色釉，以黄、绿釉作品居多。

所有器品在其底部都钤以楷书阳文“祖唐居”椭圆形印章（图5.1、图5.2）。有的器物整个底部全挂颜色釉，有的则器底处仅印章地方罩一层稀薄的透明颜色釉，章下有连钤“集古”、“墨客”、“美玩林”等印者。传世品易见者有绿釉秋叶洗（存广州五层楼）、绿釉仿古金龙纹挂壁（藏澳门贾梅士博物馆）及雕花六角罐、绿釉竹节形洗和黄釉寿字圆几等。从明代万历年间霍氏祠堂房顶上撤下来的陶脊——仿唐三彩釉鳌鱼，可能是“祖唐居”的作品，为不可多得的建筑装饰艺术陶器传世品。

图 5. 1　“祖唐居”酱黄釉双狮铺首三足香炉（口径 8 厘米，高 73 厘米）

明　广东省博物馆藏

资料来源：《中国陶瓷·石湾窑》。

图 5. 2　“祖唐居”黄釉高身四脚几（口径 10. 5 厘米，高 12. 2 厘米）

晚明　广东民间工艺博物馆藏

资料来源：《杨铨先生捐献文物撷珍》。

顺德文人黎邕九曾有诗咏“祖唐居”云：“列肆锡名殊不俗，共推明代祖唐居。釉光远仿唐三彩，钵洗瓶盂世并誉。”

关于“祖唐居”的前身，有源于东莞“吴南石堂”之说，然具体迁移年代尚无记载。“祖唐居”款的器物有很多晚清仿品，很难辨别真伪。

二、“文如璧”

“文如璧”以店主之名为店号，文如璧为清代康熙年间陶瓷名家，顺德人，属花盆行，其子孙沿用此号至清末。民国初年分为两店，一为“如璧生记”，一称“如璧”。与“祖唐居”仿唐陶、以日常生活用具为主的特色不同，“文如璧”早期精制园林建筑及日用陶瓷制品，后期则以制作陶脊驰名。

“文如璧”早期代表作品有一般文房用品，如绘画用的白釉莲瓣调色碟等，器物底部用竹刀刻行书阳文两行款识“如璧店造”。现存石湾美术陶瓷厂及中山大学文物馆的有吴荣光①在“文如璧”订制的笔架，作峰峦起伏状，底刻石涛诗句“搜尽奇峰打草稿”，钤有“石云山人”（吴荣光别号）阳文篆书方章。

“文如璧”可认为是石湾陶脊的第一家，对石湾陶瓷的开拓发展有相当的建树。其作品遍布岭南重要建筑，并通常位于建筑首进门面或中路建筑正脊上。佛山祖庙灵应祠的三门瓦脊、陈家祠首进和中路建筑正脊、胥江祖庙的前殿和中路建筑正脊、佛山关帝庙前照壁正脊等均为“文如璧”所造。两广地区和东南亚各地许多古建筑的陶脊，也是“文如璧”制造的。

清嘉庆年间至道光初期，“文如璧”所制陶脊，多为花卉、鸟雀一类，五彩缤纷，渲染得当。道光晚期至咸丰以后，始有塑造人物形象，内容多选自粤剧传统剧目的历史故事和民间传说。其人物刻画得神采如生，线条苍劲有力。“文如璧”后期制造的陶脊，使石湾陶瓷与建筑装饰艺术结合起来，开拓了广阔的艺术空间，在石湾陶艺史上有着重要地位。

现存的“文如璧”陶脊代表作品，有佛山祖庙的三门瓦脊（图 5.3），是光绪二十五年（1899）佛山祖庙重修时所制。它置于祖庙三门正脊上，

① 吴荣光（1773—1843 年），清代诗人、书法家。原名燎光，字殿垣，一字伯荣，号荷屋、可庵，别署拜经老人、石云山人，广东南海人。嘉庆四年（1799 年）进士，官至湖广总督。精鉴金石，工书，由欧阳询旁涉苏轼。能画，山水宗吴镇。一代帖学名家，编著有《历代名人年谱》、《吾学录初编》、《绿伽楠馆诗稿》、《帖镜》、《辛丑销夏记》、《石云山人文稿》、《筠清馆金石录》等。其书法作品传世很多，康有为评价其书法是清代广东第一人。

长31.7米，高1.78米[1]，被喻为“花脊之王”，正、背两面共塑各式人物约300个，神态生动，栩栩如生。故事内容为《姜子牙封神》（正面中段，图5.4）、《甘露寺》（正面西段，图5.5）、《舌战群儒》[2]（或称《联吴抗曹》，正面东段）、《郭子仪祝寿》（背面）。陶脊中还有十几座别致的亭台楼阁和点缀其间的花卉鸟兽，作为故事内容的衬托。陶脊正中置一颗铜宝珠，宝珠的左右有气势非凡的鳌鱼。

图5.3 佛山祖庙灵应祠三门瓦脊

资料来源：吕唐军摄。

图5.4 佛山祖庙三门瓦脊《姜子牙封神》局部

资料来源：吕唐军摄。

① 该高度含灰塑基座。

② 见附表5。

图 5.5 佛山祖庙三门瓦脊《甘露寺》局部

资料来源：吕唐军摄。

“文如璧”的另一代表作品为佛山市博物馆藏的陶脊《穆桂英挂帅》（又名《九龙谷》，图 5.6），是光绪十七年（1891）的作品，雕塑的是杨家将大战九龙谷的场面。这件作品长 8.7 米、高 1.5 米，于光绪二十七年制造。看脊除中段杨家将故事外，东段为《牛郎织女》（图 5.7），西段为《天官赐福》、《刘海戏金蟾》①、《和合二仙》②，全部大小人物 58 个，设计造型及面部刻画都较为精细。又光绪年间，重修石湾陶师庙，庙上陶脊亦为“文如璧”捐献，正中火珠，鲜红似血，为石湾红釉中的标准色釉，每当夕阳西斜时，熠熠生辉，堪称石湾窑中的珍宝。

清代后期，以制作陶脊而驰名的还有“奇玉”、“均玉”、“英玉”、“宝玉”、“美玉”等店号，互相媲美，各有千秋。广州中山七路的陈家祠，至今还保存着“文如璧”、“宝玉”、“美玉”和“奇玉”所制造的陶脊。

三、“南石堂”

明清时期陶瓷名店。李凤廷曾经在一位佛山人所藏的《石湾陶器考》墨稿中看到一种观点，认为宋末有部分阳江陶瓷艺人迁到东莞开窑，陶塑以土质极佳的东莞土制成，有“吴南石”刻款或钤有“南石堂”（图 5.8）、“吴南石堂”、“南石”、“南石罗玩雅造”等楷书印鉴。现传器里有素胎图案的，底钤“吴南石堂”楷书方印（图 5.9、图 5.10），土质较石湾略轻。有说其后世再迁石湾，乃创“祖唐居”。可惜该墨稿未记载迁移

① 见附表 5。
② 见附表 5。

年代。这被认为是石湾窑渊源之一。[①]

图 5.6 《穆桂英挂帅》陶脊局部 佛山市博物馆藏

资料来源:《佛山祖庙》。

图 5.7 《穆桂英挂帅》陶脊局部《牛郎织女》 佛山市博物馆藏

资料来源:《佛山祖庙》。

① 李景康:《石湾陶业考》,广东文物展览会编:《广东文物》(卷十),1940 年版,第 1019 ~1020 页。

图 5.8 素胎紫薇正照（宽 21.2 厘米，高 22.5 厘米）

明末清初

资料来源：《窑仙庆聚——国际石湾陶艺会石湾陶塑》。

图 5.9 素胎双耳四足陶鼎（口径 11.4 厘米，高 14.8 厘米）

清 广东省博物馆藏

资料来源：《中国陶瓷 · 石湾窑》。

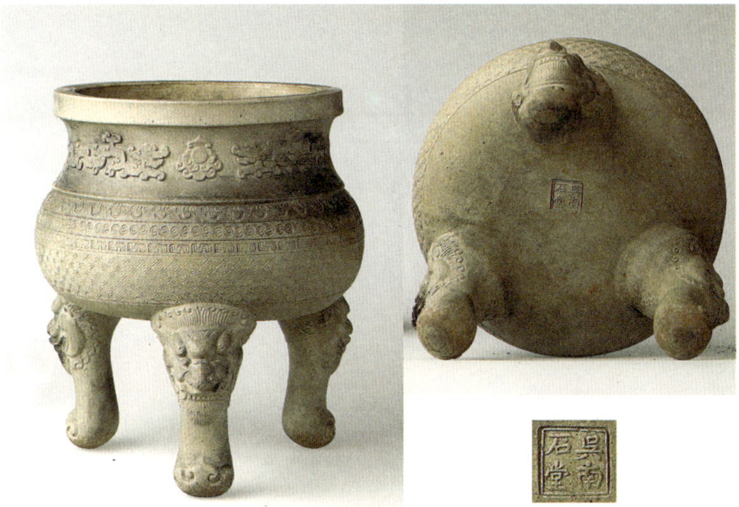

图 5.10 “吴南石堂”素胎狻猊无耳三足香炉 吴国伟藏

资料来源：吕唐军摄。

四、“袁湖记”

清末至民国年间的著名店号，曾聘刘传、区乾等多位陶瓷名匠。其留下作品众多，多为玩赏类陶瓷，釉色别具一格（图 5.11、图 5.12），很受藏家欢迎。

图 5.11 钟馗（高 18.5 厘米） 20 世纪初 曾泽森藏

资料来源：《国际石湾陶艺会（二零零八年刊）》。

图 5.12　红蓝釉狻猊①（宽 12 ～ 12.3 厘米，高 9.2 ～ 9.3 厘米）
20 世纪初　曾泽森藏
资料来源：《国际石湾陶艺会（二零零八年刊）》。

五、其他著名店号

1. 明代著名店号

“粤彩正记”（明至清），以主人陈粤彩名为店名。陈粤彩为明代晚期陶瓷名家，所制器皿常施酱黄釉、绿釉。作品较为细致整齐，流传下来的作品有炉（图 5.13）和瓜形挂壁等日常用具。习惯在器物底部或器物内部钤用楷书阳文方印“陈粤彩造”，间或钤用楷书阳文“粤彩正记”方印，两种印章的书法及其规格十分相似。

2. 清代著名店号

“两来正记”，清代早期石湾陶瓷店号，多制日常用具，以施用白釉、葱白釉、绿釉居多。传世品有碟、高脚碟、笔筒等。底钤楷书阳文“两来正记”方印（图 5.14），产品畅销，日产繁盛。所钤印章曾三次更迭，逐步增大。中期以后，则多钤用楷书阳文“两来图记”方印。

“大昌”，清代中期至近代陶瓷店号，白釉行，以制造日常用具著称，晚期兼做一些人物作品。早期作品有白釉色碟等，器底钤篆书阴文“大昌图记”的双框方印。另“绿釉布袋佛”，属清代晚期，钤章为楷书阳文“大昌店”方印。近代作品如“白釉达摩”，钤楷书阴文“陈号”长形印，沿袭至新中国成立前。

---

① 狻猊（suānní），传说中龙生九子之一，形如狮，喜烟好坐，所以形象一般出现在香炉上，随之吞烟吐雾。古书记载是与狮子同类、能食虎豹的猛兽，亦是威武、百兽率从之意。

图 5. 13 “粤彩正记”鳝黄釉桥耳三足炉（直径 18 厘米，高 9. 8 厘米） 清末

资料来源：《佛山市博物馆藏陶瓷》。

图 5. 14 “两来正记”绿釉太极阴阳两格洗 1（直径 12. 5 厘米，高 3 厘米）

吴国伟藏

资料来源：吕唐军摄。

“来禽轩”，清代乾隆嘉庆年间陶瓷店号。室名亦店号。传世的翠毛釉寿字灯盏（图 5. 15），底部钤楷书阳文“来禽轩”篆书形印章，外沿绕以花边图案，别具一格。传世品中常有仿品。

“宝玉”，始创于清代同治年间，为石湾花盆行著名店号。创始人吴圣原（吴宝玉），原籍广东四会，以制作花盆、茶壶等日用器皿和陶脊闻名。

图 5. 15 “来禽轩”款翠毛釉寿字灯盏（直径 9. 5 厘米，高 2 厘米）
清 广东民间工艺博物馆藏
资料来源：《石湾窑精粹》。

常在器物上钤楷书阴文“宝玉造”长形印。造大型陶脊，所塑人物故事以粤剧传统剧目的历史故事为主要内容。孙吴登、吴海等继其业。广州陈家祠有两条“宝玉”塑的陶脊，为清末所塑，一署“光绪壬辰年石湾宝玉荣造”（光绪十八年，1892），另一署“光绪甲午年宝玉荣造”（光绪二十年，1894）的款识。

“刘胜记”，清光绪年间设店。以制作小型山公人物著名。常在器底钤楷书阴文“刘胜记”长形印，此号为其第四子刘佐潮继承。其兄弟刘照文（刘宽记）、刘注荣（刘森记）等也开业制作陶器。

“奇玉”，是石湾制陶业花盆行早期的著名老店号，落款有“吴奇玉店造”、“石湾奇玉”、“石湾吴奇玉店造”等多种。清嘉庆二十二年（1817）已有较原始的人物陶脊出品，是石湾人物陶脊制作始祖之一。石湾陶师庙、关帝庙以及广州陈家祠都装饰有该店号的产品。

“均玉”，清同治、光绪年间花盆行著名店号，所制陶脊及大型造像最有名气，创作了大量以历史故事、神话故事和民间传说等为题材的优秀作品。佛山祖庙大型陶塑神像及前殿东西廊看脊都是“均玉”的代表作（图 5. 16）。

图 5.16 佛山祖庙前殿西廊看脊《哪吒闹东海》局部

资料来源：吕唐军摄。

明清时期的石湾著名店号还有许多，如清代的“源益”（图 5.17 为“源益”制品）、“琼玉”、“瑞号”、“迪昌正记”、“元昌”、“丽源”、“安聚”、“两合”、“兆昌”、“日兴”等。

图 5.17 “源益店造”调色碟①（直径 26 厘米，高 3 厘米）

清乾隆庚戌（1790） 广东民间工艺博物馆藏

资料来源：《石湾窑精粹》。

① “乾隆庚戌仲冬吉日源益店造”刻款。

3. 民国时期著名店号

清末至民国年间，是石湾陶瓷业的兴盛时代。手工业的繁荣，为城乡的许多手工业积累了一定的资本，加上该时期欧洲市场对石湾陶瓷的大量需求以及石湾陶瓷艺术风格的成熟，产生了一些有资金的商人和一些陶艺名家组成的陶瓷行会。其中，冠华窑、裕华真记公司即是该时期具有代表性的两个民间行会。

冠华窑于1931—1938年间为梁格创设。其规模较大，陶瓷名家潘玉书、霍津、刘传、温颂龄等均参与了塑造工作，请江西瓷器师傅专施釉彩，阵容兴盛一时，对陶瓷制作技术进行了富有成效的改良。留传下来的作品有《水浒传》中的人物形象。他们在一起相互切磋技艺，相互取长补短，开放的态势提高了该时期陶艺创作的整体水平。该窑制作的作品常使用楷书阴文“冠华氏制”或“冠华制”方章。该窑曾制造大量花盆出口，销售于香港及东南亚各地，在香港青松观尚保存若干这类花盘。冠华窑于抗日战争期间被迫停产。

裕华真记公司（1915—1925）是石湾陶艺名家与有商业意识的商人合作开办的，因设于广州，故又称为“广州裕华陶业公司”。1915年由如意油起家的黄祥华为大股东，聘请陈渭岩、潘玉书、廖坚等陶塑专家和彩绘高手刘群兴、书画家神明昌父女、因经等来进行陶艺创作。其作品以大型花瓶、花盆等日常用品而驰名。作品上的绘画多取材于唐宋诗词的意境，常效法王石谷等名家笔意。裕华真记公司常常在大型花瓶、花盘的表面塑上山水风景，文字多摹仿汉代以前铜器铭刻或汉瓦秦砖的文字，这成为当时的时尚。同时，古代文物的装饰图案也成为他们借鉴摹制的题材。广州裕华陶业公司的仿古作品，与同时期的“息阴轩仿古”和“光绪丙戌梅鹤山房仿古”的器物具有较为相同的风格，三者相比，较难辨认。广州裕华陶业公司作品上的画作是由画家神明昌与其女少文以及因经等绘写，该公司与同时的启华陶业公司、振兴陶业公司齐名，作品风行于东南亚各地。广州中山纪念堂建筑的宝石蓝釉琉璃瓦和各款陶脊，都是广州裕华陶业公司创新设计和烧制的。

第二节　历代名家

石湾窑发展的历史上星光熠熠，名家辈出，我们只能偶拾其二三以叙之。

一、黄 炳

黄炳、黄古珍是清代中后期石湾最有影响的两位陶艺大家。黄古珍为黄炳之叔，然年少于黄炳20多岁。在明清石湾陶艺名家中，当属此二人最富艺术素养、艺术特色最鲜明和艺术成就最突出。他们二人，一以塑造动物生动传神而名扬后世，一以作品含书卷气及笔墨情趣而深受鉴藏家推崇。

黄炳（1815—1894），石湾魁冈堡人，字云渠，号云屿，又号云渔，别号湾海居士。黄炳出生于一个制陶世家，自幼受陶瓷艺术熏陶，自小就对陶塑艺术情有独钟，是一位能书善画、艺术素养深厚的陶艺大师。晚年经常与佛山深村倚松园里梁澄里等书画家交往，书画用笔亦为梁澄里所赠。广东省博物馆、广州市博物馆、佛山市博物馆以及民间收藏家的山水画和花鸟画收藏中，有他所绘的《百鸟归巢》、《雄鸡》、《歌颂红棉》、《驯兽山人》（图5.18）、《牧牛图》等画作。黄炳绘画重视师承宋元名家，师法造化，同时又借物寄情，作画自云“仿元人法”。从黄炳塑鸭、猫、创“胎毛”技法来看，黄炳无论画、塑，往往以工笔作翎毛，精细严谨、一丝不苟。这正是两宋时期花鸟画的特点。在过去，石湾陶塑艺人中书画兼擅的为数不多，因而他与其叔黄古珍的艺术修养，堪称明清石湾陶艺家之首，是把文人意识引入石湾陶艺创作的第一人。

在石湾窑的动物题材方面，黄炳是具有划时代意义者。他是胎毛技法的始创者。他擅长制造鸟兽和人物作品，尤精于塑造鸭（图5.19）、猫（图5.20、图5.21）、猴等动物。黄炳塑造的动物，借助人物塑造注重眸子传神的技法，尤重动物眼睛的表现。他用搓珠、镶眼、点睛的技法，如表现中午的猫，则在眼中间用绿釉划一线瞳孔；表现夜间的猫，则用绿釉划出大圆瞳孔。他所塑造的猫形灯罩，以绿色玻璃珠作猫灯罩的眼睛，点上油灯，猫眼闪闪发亮。传说他所塑造的黑猫，置之梁头，老鼠见而逃避。他还特别注重动物眼神的表现，为动物嵌上漆黑晶亮的眼珠，使之炯炯有神；在蹄或角上涂以石墨，配以白瓷泥搓捏成的爪子、牙齿，质感强烈，动感十足；更施以柿核陶胎色，衬托出深邃古朴的艺术效果。

胎毛技法是黄炳塑造动物的一绝。他别出心裁，借用中国画工笔翎毛技法，运用到立体的陶塑作品上，在艺术创作上另辟蹊径，独创了胎毛技法。胎毛技法发展为石湾陶塑的特色技法之一。他以《黄炳鸭》为代表作，并因此有“黄炳鸭”之美誉。黄炳塑鸭多不着釉，羽毛用指甲勾勒，使鸭子浑身细毛绒绒，非常逼真。以胎毛技法雕刻的动物，羽毛纤细如丝

图 5. 18　驯兽山人　清　佛山市博物馆藏

资料来源:《石湾陶艺收藏家协会会刊》。

图 5. 19　月白釉鸭（长 15 厘米）　清

资料来源:《中国广东省博物馆藏石湾陶塑展览》。

图 5.20 “云渔氏”胎毛黑猫（高 20 厘米） 罗敬礼藏
资料来源：《国际石湾陶艺会（二零零八年刊）》。

图 5.21 黑猫（高 12 厘米） 清 广东民间工艺博物馆藏
资料来源：《石湾窑精粹》。

丝飘动，工细分明，阴阳可辨。

黄炳的人物陶塑也颇具特色（图 5.22、图 5.23），如《坐石罗汉》，“相貌高古，双领双袖，具见工作细致，衣褶有行云流水描意；釉虽不甚佳，能以塑工取胜"①。

图 5.22 "黄炳制"素胎羲之戏鹅立像（宽 10 厘米，高 28 厘米） 清

资料来源：《佛山市博物馆藏陶瓷》。

图 5.23 羲之爱鹅（高 30.5 厘米） 清 梁义（二义草堂）藏

资料来源：《石湾窑精粹》。

① 黄卫红：《黄炳与石湾窑的胎毛技法》，《国际石湾陶艺会》，（香港）国际石湾陶艺会有限公司，2008 年版。

黄炳生活经历丰富，对艺术创作锲而不舍，传闻他塑猫，手持之把玩，嫌其姿势不佳，反复揣摩，不觉微倦欲睡，双手一松，泥猫坠地，姿势略歪，正为设想之形，大喜，速成之。光绪年间，湖广总督张之洞使人入石湾订陶制三桌满汉餐具，无人敢应，黄炳乃毅然承制。及烧成，各样菜式，惟妙惟肖，大为张之洞赏识。

黄炳追求动物塑造的细腻逼真，以显其神韵。“黄炳猫”和“黄炳鸭”特别传神，达到几可乱真的艺术效果，是石湾陶艺的经典之作。当时在民间流传着这样的故事：有一位从事南北海味生意的商人，仓库中大量的存货常致老鼠为患，即使饲养了数只家猫也毫不管用。他听说黄炳塑造的猫形态逼真，于是用高价向黄炳购买了他的陶猫，放在家中，从此鼠患绝迹。一文人得知黄炳制作的动物神态如生，于是向黄炳订制了一只陶鼠，准备作为属鼠朋友的寿礼。黄炳拿起一团黑泥，用灵巧的双手捏弄两下，陶鼠便已成形，当他用工具精心镂刻好鼠毛纹理，正在醉心欣赏这件得意之作时，家中的猫突然窜出，竟把陶鼠当真鼠抓了个稀巴烂。“陶猫治老鼠，真猫抓陶鼠”一时在民间传为佳话。

黄炳中年时期的一件作品《鹌鹑》现藏北京故宫博物院。作者以鹌鹑为题材，塑造了一只饱餐后的鹌鹑在石头上小憩，神态闲适，似乎正陶醉于刚才饱吃的一顿美味午餐；另一只则立于高处，俯首下探，仿佛还在寻找下一个“猎物”。作品造型准确，结构紧凑，动静相宜。鹌鹑刻画细腻写实，显示了作者纯熟的造型能力和精湛的雕塑技巧。《胎毛鸭》是黄炳的代表作，一直以来备受民间推崇。据说，黄炳为了塑好鸭子的形象，经常到邻近的乡下，划着小艇在荷塘上细心观察嬉戏的水鸭，以掌握它们的生活习惯和形象特征，常常在小艇上一呆就是一整天。他所塑造的鸭子两眸生花欲语，无论是扑翅引颈，还是戏水穿莲、游弋觅食，都是法度严谨，生气勃勃。一条条、一片片、一圈圈，以时钟发条有规律而又不经意勾勒的羽毛精细而繁密，毛茸茸的感觉非常逼真。

黄炳以丰富的生活经历和锲而不舍的精神，为石湾陶艺承前启后做出了重大贡献，尤其在动物陶塑方面开创的胎毛技法影响深远，奠定了他成为石湾陶塑艺术一代宗师的基础。顺德文人黎卺九曾撰诗咏黄炳所塑的陶鸭与熊：“妇孺皆知黄炳鸭，伏熊仰首目张牙。岂惟形似神尤胜，一印弥添锦上花。”又咏黄炳所作人像及仿宜兴作品云：“捏成人像更宜人，传世无多愈足珍，仿作宜兴泥塑像，悠然别觉有丰神。”因此一直以来，凡是收藏石湾陶器的收藏家，都会以收藏黄炳的陶塑作品为荣，尤以收藏用胎毛技法塑造的素胎“猫”和“鸭”为珍贵。

黄炳为石湾一代名家，享名较久，但传世作品甚少，故后世仿作甚多。黄炳早期的作品通常没有署名，至中后期才开始用铁签在器物底部签刻名字或别号，以“黄炳”、“黄云屿”、“云屿”、“云屿黄炳”、“云屿氏”多见，钤“黄炳之印”、“云屿氏”方印，去世前几年则用篆书阴文“云渔氏”长形印。以黄炳所创造的胎毛技法来表现鸟兽毛羽，效果特别出色，许多陶艺家，甚至一些名家也仿制黄炳的作品。如现藏佛山博物馆的潘玉书仿黄炳的《寿星鹿》，就落款“云屿”，有以假乱真之妙。

二、黄古珍

黄古珍（1836—1908），字鉴荣，号樵谷山人，又名黄荣。曾受业于黄炳，是黄炳的叔辈，后独自开设黄古珍古玩店。精于制造器皿，也塑造鸟兽和人物，又善写山水和金石文字。传世品多为花瓶、挂壁、笔筒等，装饰喜作浮雕，常绘有山水花鸟，并配以诗文或金石文字，添上五彩釉，多是低温烧成。人物作品多为陶脊，如日神、月神等。

诗画并茂，意趣雅致，是黄古珍作品风格的一大特色。他的作品常绘有山水，超逸别致，颇有元人笔意。广东民间工艺馆所藏的黄古珍山水挂画是其代表作。澳门贾梅士博物馆藏有黄古珍仿元人画意浮雕彩色花瓶。他在仿宜兴小花盆上作画的题识是“仿白阳山人，石湾黄古珍”。白阳山人即明代书画家陈淳。陈淳少年以元人为法，深受水墨写意的影响，及长，学画于明代山水画家文徵明。陈淳绘画质朴，意境安适宁静，笔墨自如，被誉为“一花半叶”，“淡墨欹毫，疏斜历乱之致，咄咄逼真”。尤其在写意花鸟方面，当属文人隽雅一路。黄古珍师法于他，艺术风格自然雅致。黄古珍作品常配有诗文或金石文字，如仿舒釉枕上题“酒醉琴为枕，诗狂石作笺。古珍”，“花香生画意，鸟语助诗情。古珍”（图 5. 24）；水仙盆边题“花见水仙春又到，黄古珍新作”；梅耳瓶（图 5. 25）一面绘山水，另一面题书“溪云初起日沉阁，山雨欲来风满楼”。

黄炳、黄古珍的艺术素养当称明清石湾陶艺家之最，但最富文人气质的还属黄古珍。黄古珍曾作一彩釉山水画屏，山峰峭立，烟云掩映，古木苍劲，亭阁依稀，意境清幽深远，苍苍茫茫，俨然就是一幅文人画。佛山祖庙藏有他为国公庙（铁钉行会馆）绘制的《高冠一品》和《松芝益寿》两幅壁画（图 5. 26），笔力雄健。

融书意入画，即书画同体，是文人画的特点。黄古珍所制器皿，常常是山水花鸟配以诗文书法，书法隽永，笔锋流畅。他所推崇的白阳山人，其作品就是画中有诗，书画同体。如果说，黄炳在石湾陶艺史上以塑造传神的动物取胜，黄古珍则应是以山水花鸟、书画同体取胜，这对民间艺术

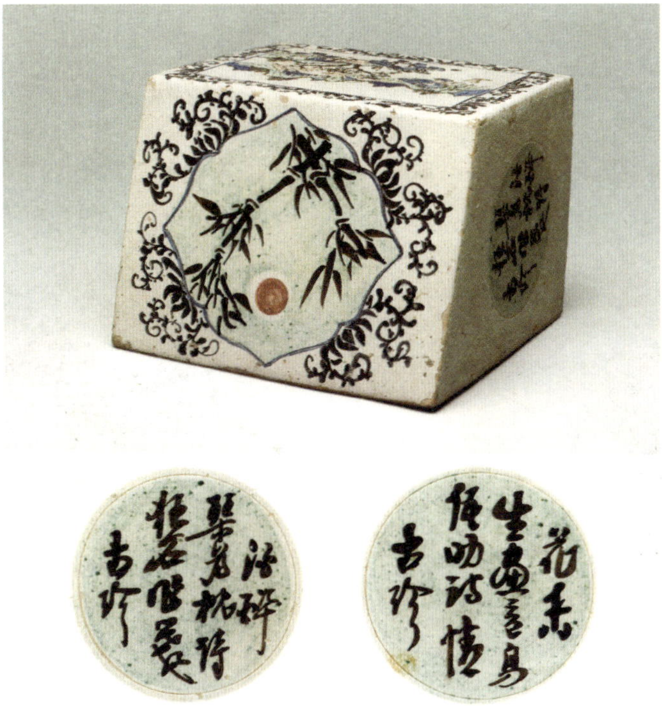

图 5.24　黄古珍仿舒釉枕（宽 21.2 厘米，高 15.3 厘米）　清末

资料来源：《国际石湾陶艺会（二零零八年刊）》。

图 5.25　黄古珍梅耳瓶（宽 18.3 厘米，高 41.6 厘米）　清（1883 年）

资料来源：《国际石湾陶艺会（二零零八年刊）》。

图 5. 26　黄古珍“高冠一品”、“松芝益寿”双面照壁　佛山市博物馆藏

资料来源：吕唐军摄。

家来说，的确难能可贵。不管明清石湾陶艺如何服务于市场，迎合大众趣味，仍有着一种潇洒脱俗、清淡秀雅的文人意趣。

黄古珍鸟兽人物之制作亦佳（图 5. 27），只是留传下来的作品不多。有《日神》、《月神》一对（图 5. 28），现存佛山市博物馆，其脚下有蓝釉楷书“黄古珍”三字横款，是古珍晚年少见的人物作品。留有陶塑《弥勒》，上有阳文楷书“黄古珍”长形印，弥勒佛“面相表情塑造达于化境，胎骨泥搓练精到，头腹手足，呈色如一，亮度适中，最堪欣赏”。

黄古珍早期作品都不署名，中期才开始用颜色釉在器物上写文字，晚期又喜在作品上刻写名字，或钤用楷书阴文“古珍”方印。

黄古珍与黄炳叔侄闻名于同代，初两人曾合作，后分离。黄炳独自开设云记古玩店，或黄云记商号。黄古珍于光绪年间，也自设古玩店，店号“黄古珍”。据传光绪间，叔侄又曾合作佛山国公庙的彩绘花鸟画双面照壁。但也有人认为，传世的黄古珍和黄炳合作作品多为后世所仿。

图 5.27　黄古珍彩鸭盒（高 18 厘米）　1889 年　梁义（二义草堂）藏

资料来源：《石湾窑精粹》。

图 5.28　“黄古珍”款日神、月神塑像（日神宽 43 厘米，高 80 厘米；月神宽 39 厘米，高 80 厘米）　清光绪

资料来源：《佛山市博物馆藏陶瓷》。

三、陈 渭 岩

陈渭岩（1868—1926），清同治至民国间人，石湾魁龙里人，是清代光绪至民国时期的陶瓷名家，号养云居士，别号诚一道人，又名惠南，乳名胜，常被称呼为“惠南胜”。他原是乡村塾师，有一定的文化水平，善写汉隶文字。陈渭岩少年时学陶艺，曾暗暗向黄炳学习。他后来学习陶艺一直没有固定的老师，以儒通术，教学之余学习陶塑，各种类型无所不能，尤其擅长塑造仙佛形象。

陈渭岩的艺术风格既有石湾陶塑的传统特色，又受到外来文化的影响。陈渭岩塑造的作品很工整，人物、动物和器皿都以精细见长，别具风格。他很善于仿制古代名窑的颜色釉，开拓了清末至民国年间石湾陶瓷仿古作品的广阔途径。他所仿制的《宜兴松树头书画筒》即为典型的代表作品。其主要作品有《持蚌童子》、《女尼》、《六祖》、《黄石》、《昭君出塞》、《树头笔筒》等。澳门某银行珍藏有陈渭岩为光绪皇帝、洵贝勒、庆亲王、肃方、端方、张之洞、李鸿章塑的七尊坐像。

陈渭岩在创作方法上是遵循生活本身的发展逻辑，真实地反映生活，并对生活进行提炼和概括。在艺术手法上，他偏重于对现实作精雕细刻的艺术描绘，强调细节的真实。依此而言，陈渭岩称得上清末民初石湾陶艺的现实主义大师。

陈渭岩的艺术成就首先表现在，他凭对生活观察、提炼而形成的典型来作为创作的题材，因此，他的作品充满了浓郁的乡土气息，赞美劳动，称颂正义，根据自己的生活经验和生活感受塑造自己理想的形象，即使早已被程序化和规范化的神仙佛像，也被塑造成具有浓郁生活气息的崭新形象。如塑造“六祖”的创作动机，是陈渭岩一次得重病，屡医不愈，母亲为他向广州六榕寺六祖像祈祷，说如果六祖能够庇护陈渭岩病愈，一定让陈渭岩塑百身六祖像以示报答，结果陈渭岩果然痊愈。陈渭岩就依照母亲的旨意塑造了六祖百身，像高约 6 英寸。他吸取无数罗汉造型，将六祖心慈面善的特征塑造得形神兼备、维妙维肖，胎骨无釉但真实自然。这表明，陈渭岩具有热爱生活、歌颂善良的浓烈的现实主义精神。其次，他擅长精雕细刻的艺术描绘，注重细节的真实。他是使用刀塑的名师之一，他的很多作品是在坯体泥巴流动较弱的情况下完成的。他刻画细腻，讲求刀锋笔法，使塑造出的形象栩栩如生，活灵活现。陈渭岩重视学习姐妹艺术的传神塑造方法。比如他的《昭君出塞》就受到清代画家费丹旭、上官周等人绘画风格的影响。费丹旭以仕女画享誉画坛，仕女形象秀美，体态婀娜，气质娇柔，创造了当时人们心中的理想美人。他用线松秀，设色轻淡，取景藏露得宜，布局虚实相生，能独开生面，自成一种风貌。陈渭岩的《昭君出塞》就借鉴了费丹旭《东轩吟社图卷》中人物众多，场面浩大，参差呼应有序，统一而又多样的艺术技巧。作品明显地受到人体解剖结构肌理的影响，显得细腻传神；但仍旧保持了石湾陶塑艺术古朴、凝重、豪放、纯真的一面。其刀法简洁，线条流畅，刀力沉厚，生动传神。陈渭岩还重视在诗词中寻找题材。其《持蚌童子》（图 5.29）就是取自明代大儒陈白沙的儿童诗："记得细时好，跟爸去饮茶。门前磨蚬壳，苍口拨泥沙；脚踏骑狮狗，屈针钓鱼虾。如今人长大，心事乱如麻。"

图 5.29　持蚌童子（高 59.3 厘米）　近代
资料来源：《广东民间美术》。

陈渭岩曾应邀偕同潘玉书去江西景德镇交流技术经验。当时曾用瓷土塑造一批作品，借鉴景德镇瓷塑技法，并施以石湾特色的粉彩颜色釉；或用石湾陶胎塑造人物形象，却施以景德镇的龙泉青瓷颜色釉。这种融汇两地工艺特色之作，在陶瓷艺术中独树一帜，颇具艺术个性。现广东民间所藏的瓷塑《贾宝玉》，有"粤东渭岩氏制"底款，即为流传下来的不可多得的陶艺佳作。这也是陈渭岩运用现实主义手法的又一杰作。此外，他的《观音大士》等作品也融汇了石湾窑和景德窑两地的特色，是罕见的传世佳作。《女尼》是他的主要作品之一，塑造了女尼坐禅、养神入定的形象。该作品为石湾罕见的女尼人物像（一般多塑造和尚）。女尼的女性骨骼和生理特征以明快简练的衣纹线条表现出来，充分刻画出主人公的纯洁无邪，表现出虔诚、娴静的女性美，体现出陈渭岩深入观察生活和塑造典型性格方面高超的艺术造诣。

陈渭岩还选择重大的、具有历史意义的事件和人物作为创作的题材。如取材于鸦片战争的作品《林则徐》，刻画了鸦片战争中主战派与主和派斗争的形象，歌颂了林则徐的凛然正气。还有《巴夏礼尿壶》，把英国侵略者巴夏礼的形象制成溺器，把他雕塑成屈足倒卧的形象，整个躯体作为壶身，头带草帽作为壶口，右手支腰成为壶的提梁，左手托肘支地，全器施以绿釉。这件作品具有极大的讽刺性和历史意义。当时正是第一次鸦片战争之后，虽然清政府采取高压政策，但广东人民的反英运动仍在继续，佛山镇义勇军民曾纷起攻击占领龟冈炮台的英兵，杀死英兵数人。第二次鸦片战争后的次年，佛山镇人民又掀起反英运动，民情激愤。他们实行武装自卫，并出示悬赏购买当时英国驻广东领事巴夏礼的首级。因此，当时石湾陶工便制造一些器物来刻画侵略者的形象，表现他们对英国侵略者的无比愤恨之情。英人得知后，曾向清廷严厉交涉，清廷畏惧，密令搜查，致使销毁殆尽。后于1942年在顺德县桂州乡发现这个尿壶，到广州展览，在报刊登载，引起不少人的注意。该器物现存于广东省民间工艺博物馆。陈渭岩的这件作品充满浓厚的现实主义精神，表现出作者的大胆创造和强烈的爱国主义激情。

陈渭岩后期曾在广东陶业公司制造过不少作品，其上都有“广州西门内大纸苍广东陶业公司谨识；工程师陈渭岩敬塑”的楷书阳文款识。

陈渭岩为人耿直，不畏权贵。他曾为江孔殷①太史塑造一半身像，事先商定需付酬金500元。像塑造好后送给江本人过目。江太史审像时诸多挑剔，要求减价。陈渭岩不答应，将像取回囚于一铁笼中，置于广州河南海幢公园金鱼池旁。由于很多游人认识江孔殷面貌，都认为江太史变成了

① 江孔殷（1864—1951年），广东南海张槎人。字韶选，又字少泉，小字江霞，号百二兰斋主人，世称霞公、江太史。祖上为广东茶商，巨富，有“江百万”之称。江氏是晚清最后一届科举进士，曾进翰林院，故又被称为江太史。少年入万木草堂，师从康有为，1895年参与公车上书。以文才称，与刘学询、蔡乃煌、钟荣光并称清末广东文坛“四大金刚”。1911年，“三二九”广州起义失败，江孔殷力担风险，协助潘达微把七十二烈士葬在黄花冈。辛亥革命事起后，力促广东和平独立，后世有“改写广东近代史”之评价。其子江誉镠，粤剧编曲名家，即南海十三郎。

猴子。江无奈，只好请人向陈渭岩疏通，愿照原价收回。

对于陈渭岩的陶瓷艺术成就，澳门大律师文度士一反很多专家所说的福建德化是中国最出色的造像者的说法，他认为石湾陶塑最出色，其中陈渭岩又是石湾最好的艺人之一。他曾向陈渭岩和潘玉书定购了八个无釉的真人一般大的塑像（图 5.30），其中有七个陈列在澳门贾梅士博物馆。在他看来，陈渭岩等广东艺人塑造的人物有较丰富的表情、较豪放的风度和较富表现力的构思，造型较少受限制，同时作品在最后修整时有着某种自由。他甚至认为，石湾艺人塑造的“一些人像的造型粗率，但这粗率是罗丹一类的意味——恰到好处”。这也正是陈渭岩作品的韵致所在。

图 5.30　六祖慧能（高 93 厘米）　近代　澳门艺术博物馆藏

资料来源：《石湾窑精粹》。

陈渭岩的作品所用的图章较多，常见的篆书阳文方形章“岭南陶隐陈渭岩作于羊城诚一窑制”、篆书阳文方印“陈渭岩制”、“岭南陶隐居陈渭岩诚一窑制”、“粤东渭岩氏制”、“粤东陈渭岩章”、“养云居士”以及“岭南”、“陶隐”两个同时钤印的长形印等。晚年时又号“壶隐老人”，所制作的器物，常在底部刻有楷书阳文方印“壶隐老人”，或刻楷书阳文两排款识“壶隐老人制”。

四、刘佐潮

刘佐潮（1890—1933，一说卒于1936年），原籍顺德羊额乡，是石湾同治、光绪年间陶艺名家刘辉胜之子，是清代光绪至民国年间的陶艺大家，年少时爱好文学艺术，善于塑造小型人物，其作品有渔、樵、耕、读等形象。他观察社会生活细致入微，塑造人物的手法与众不同，颇能抓住典型的个性，把神情动态刻画得入木三分。施釉又与众不同，喜用乳绿、乳蓝、乳黄、灰黑等颜色釉，自具一派格调。他的代表作有《米芾拜石》（图5.31）、《读书乐》（图5.32）、《拍蚊公》、《露齿人》、《太白醉酒》、《开片盘膝罗汉》、《绿袍高屐人》等。

图5.31　米芾拜石（高16.6厘米）　清末（1875—1911）

资料来源：《中国广东省博物馆藏石湾陶塑展览》。

刘佐潮陶艺风格受清代画家任伯年的影响较深。任伯年的绘画发轫于民间艺术，重视继承传统，融汇诸家之长，还吸收了西画的速写、设色诸法，形成了丰富多彩、新颖生动的独特画风。他的人物画，尽管画法多样，却都能以形写神，通过眼神、姿势和细节来表现人物神情，通过线条的起伏变化来表现对象的结构和质感，简练流畅，颇能抓住特征和典型细

图 5.32 素胎读书乐（宽 19.5 厘米，高 11.5 厘米） 20 世纪初
资料来源：《窑仙庆聚——国际石湾陶艺会石湾陶塑》。

部，写照传神。其代表作品《玩鸟图轴》，描绘了一位心宽体胖、提笼架鸟的“阔佬”[1]，那悠然自得、俗不可耐的形神刻画得入木三分。刘佐潮不仅在艺术手法上，而且在取材方面都受到任伯年直接、深刻的影响，题材上也多选取木匠、农夫、盲人、樵夫、杂工、医卜道释，表现他们日常劳作和闲逸的情景。其作品传神于须发眉眼、口齿鼻舌之中，裸露之处筋脉清晰可见。刘佐潮的《读书老人》形象地刻画了专心致志的读书公的形象：盘着腿，坐于地，斜着身，书置于膝，全神贯注地看书。《太白醉酒》生动地表现了诗人李白醉后悠然自得、高枕无忧、“钟鼓馔玉不足贵，但愿长醉不复醒”、“古来圣贤皆寂寞”的形象。《拍蚊公》也深受人们的喜爱，为“公仔行”之一绝。该作品高约 10 寸，塑造了一农夫穿着高屐、短裤，上半部赤身，坐在凳上或石头上，伸左足，左手持竹制水烟筒，作就吸状。一蚊伏在他的左足胫上。农夫张着口、瞪着眼睛，举着右手将要拍下，形象极为生动。蚊子比例较大，六足敛翅、伸针翘尾，一丝一毫都能看清，维妙维肖。刘佐潮曾因此而自负。有人故意开玩笑：“粤督张之洞谓石湾只得一个半公仔艺人，佐潮亦知所谓一个半究何所指?”刘佐潮时饮时醉，漫不经心地回答：“一个艺人当让黄炳，若所余半个，非我而谁?”有人故意开玩笑激怒他说：“不然，张督谓此半个艺人当属之陈渭岩。”刘佐潮听到后大怒卷起衣袖说：“走，与陈渭岩决一高下去，看他能不能做出拍蚊公?”这则笑话足以表明刘佐潮对《拍蚊公》的满意程度。

① 粤语方言，形容富裕者。

刘佐潮善于取材于现实生活，还表现在他的作品《绿袍高屐人》中。每逢夏天，西江水涨，石湾街道被河水淹没；水退以后，街道泥泞，行人须穿着高屐，很像从前香港街市的“猪肉佬[1]屐”。因此，他的《绿袍高屐人》便是对民众生活高度提炼、概括之后塑造出的典型形象。

刘佐潮塑造典型形象，并不是对生活中真实人物的感性临摹。他并没有局限于对现实人物的自然主义描绘，而是运用典型化的方法，对现实生活、现实人物进行艺术概括。他从个别出发，探索性地塑造出真实、栩栩如生的人物性格，从而塑造典型。他独辟蹊径，自创一格，不随波逐流去塑仙佛、牛马，而专门塑造他眼前的社会百态，如木匠、农夫、抽大竹筒水烟、拍蚊、盲人、道士等，神态生动、逼真，为后来者开辟了新途径，使欣赏者较易接受，具有亲切感。

刘佐潮的作品不仅在取材上独具特色，而且在人物的姿态上也自创新意，极富个性。他塑造的人物姿势灵活，打武的伸拳踢腿，坐着的衣裳重叠若渔翁撒网，仕农工商、渔樵耕读等各种形象皆穿时服，头相多愁苦，露门齿，与别人所塑造的堂堂之貌不同。线条收放自有分寸，细微处较为紧密，整体上高度概括。这些大概是因为自己身经艰苦，借陶瓷艺术来表达自己的思想、感情的缘故。由于刘佐潮生性倔强，不愿与别人苟同，他的作品所施釉多为自制乳浊釉，有乳绿、乳蓝、乳黄、灰黑等，含珐琅填充剂很多，致使釉与坯的收缩度不同，水纹密布，别具特色。这也成为识别刘佐潮作品的重要依据。

刘佐潮的人物陶塑作品，其衣纹也自成风格，纵向深远，横向扩散，重叠宽松之处如渔翁撒网之状，塑造得细腻、传神、精妙，在细微处精雕细刻，塑造出典型形象。

刘佐潮制作勤奋刻苦，昼夜不倦，克勤克俭，积有余资，就与其父合设“刘胜记”店号。作品先盖“刘胜记”印，再用竹笔划书“刘佐潮”或“佐潮作”三字，偶尔也盖上“刘佐潮作”的印章。刘佐潮所作陶塑均在石湾刘胜记店出售，每年末，装运一年售余之货去香港卖年宵货，古董商闻风而至。因此，现今香港仍保存了刘佐潮的大量作品。刘佐潮的兄弟子侄多人也从事陶艺品的制作，刘照文、刘金篆、刘豪、刘伟堂等均各自开业制作陶器，以制造低温铅釉的陶器物品居多。

五、潘 玉 书

潘玉书（1889—1936，另有一说为1882—1937），名麟，字玉书，号

---

① 粤语方言，卖猪肉者。

玉兮，南海九江河清村人，是清代光绪至民国年间的陶艺名家。少年时随父潘锦之在佛山“粤华轩”店铺做“绸衣公仔”。由于爱好石湾陶瓷艺术，14 岁开始暗地师从黄炳学习陶艺，后来又成为陈渭岩的入室弟子，曾随师到景德镇交流陶瓷雕塑技艺，成为青出于蓝而胜于蓝的陶艺大师。

潘玉书的作品，其特点是单纯、概括、典雅脱俗而又富有艺术魅力；既有夸张，又富于写实，重视表达人物的神采和内在情感，因而他的作品耐人寻味，并由此开创了石湾人物陶塑的新风貌。他一生创作颇丰，保存、收藏到现在的作品，其气魄之大仍令人震撼。他的作品集中地体现了石湾陶塑艺术的特色，被人们誉为“石湾陶塑艺术一代宗师”。潘玉书曾随师陈渭岩及陈赤等同去江西景德镇交流技术经验，其艺术修养奠定了他成为名噪一时的陶瓷艺术家。其代表作品有《贵妃醉酒》（图 5.33）、《大乔小乔》、《钟馗》、《虬髯公①与红拂女》（图 5.34）等。

图 5.33　贵妃醉酒（高 32 厘米）　近代　广东民间工艺博物馆藏

资料来源：《石湾窑精粹》。

① 虬髯公即虬髯客，风尘三侠之一，本名张仲坚。虬髯客本有争夺天下之志，见李世民器宇不凡，知不能匹敌，遂倾其家财资助李靖，使其辅佐李世民成就功业。虬髯客有意于红拂女，得知红拂女嫁于李靖后，三人结为兄妹。虬髯客将家产赠于李靖夫妇后独自离开。后为南蛮扶馀国主，相传为 72 岛国主。

图 5.34 “潘玉书制”虬髯公与红拂女立像局部（宽 20.5 厘米，高 33 厘米） 清末
资料来源：《佛山市博物馆藏陶瓷》。

潘玉书的作品是石湾人物陶塑发展的一个转折点和里程碑。他善于吸取石湾陶塑传统的精华并加以发展，又善于学习西洋雕塑和绘画的技法，并对两者进行了深入研究，融会贯通，形成了自己独特的艺术风格。他才华出众，一生高产，既具有深厚的民间雕塑功底，又善于吸取外地陶瓷的精华，其作品被许多人赞誉“代表石湾陶塑发展方向”。在艺术创作上，他善于把石湾陶塑艺术传统与民间雕塑艺术（如木雕等技艺）和外来雕塑的精华，融会于石湾陶塑技艺之中，尤其擅长历史人物、仙佛罗汉与仕女的塑造，其中塑造丰姿妙曼、娇媚温柔的仕女人物最为成功。他以极其洗练的手法，塑造出女性温柔、圆润、丰满的脸部，衣纹则采用简洁、流畅、明快的线条，充分表现出女性的高贵、文雅、优美的姿态。他特别注重仕女的体态美，以眉眼、嘴角、唇边动态的微妙变化，细腻传达出人物温柔、娇媚的内心世界，还通过服饰流畅的衣纹线条来表现女性的形态美，形象圆润明快，简练概括，线条流畅自然，釉色朴素古拙，神态真挚含蓄，具有明显的书卷气息。他偶尔也创作女裸体像作品，仿欧洲的白瓷质施以乳白铅釉，颇有西洋风致。潘玉书热衷并擅于塑造女性形象，这与他的爱情生活是有一定联系的。他在景德镇作技艺表演时，一位叫廖少珍的姑娘为他的才气所倾倒，甘愿为之作妾。潘携她回石湾之后，未结婚纳妾，而是让廖少珍作其助手，经常以她为模特进行创作，“灌醉侍妾作模

特，吟诵诗篇塑贵妃”，即是他的一件创作轶事。

潘玉书塑造观音、罗汉以及《太白醉酒》等作品也功夫独到。他钻研技艺，力求革新，有时也表现一些现实生活中的人物。在技术方法上，他还“常用瓷土塑造，采用灌浆的方法，在石湾陶瓷技术史上都是新的尝试”①。

潘玉书由于出身于绸衣公仔家族，从小对绸衣纹有深刻的印象。后随师傅陈渭岩到景德镇工作，之后又随高剑父到景德镇进行艺术考察，景德镇的人物造型特点与他对绸衣公仔的良好印象十分吻合。于是他逐步以瓷泥塑造仕女形象，很多作品造型纤丽、线条流畅，在石湾陶艺史上开精细作品之先河。

景德镇擅用瓷泥塑像。由于潘玉书与陈渭岩、陈赤等往返于石湾和景德镇之间，因此潘玉书能用瓷泥塑人像。潘玉书塑造仕女作品所使用的多是瓷泥。陶土可获得庄重、简朴、阳刚的效果，瓷土则可使制品显得秀丽、俊美。

潘玉书仕女作品的成功原因还在于他对多种艺术手法的兼收并蓄，无论是国画中的细腻手法，还是西洋塑造技法中的注重写实，以及对比、和谐等诸种手法都能揉合在同一件作品中，各有侧重地为表现其形象和主题服务。绘画最基本的技法是以线条勾勒形象轮廓，潘玉书吸收国画中工笔画的方法，表现对象的内在意蕴。潘玉书充分利用线条的表现力，缀合意手，融汇心物，塑造出艺术形象。出自潘玉书之手的仕女作品《贵妃醉酒》、《大乔小乔》就是通过诸多线条构成的形体、清新淡雅的釉色，展现出贵妃醉酒的媚态和大乔、小乔的娇态。尤其《贵妃醉酒》，其中的贵妃是“环美”的典型，他从唐代画家周昉的名作《簪花仕女图》中得到启示，准确地把握了白居易《长恨歌》中“侍儿扶起娇无力”这一诗句的意境，成功地塑造出杨玉环的醉态。肩上动感强烈的弧形飘带，流畅的衣纹，不能自持的脸部表情，微依于侍儿一侧的身躯，把“醉”字刻画得入木三分，的确是不可多得的、形神兼备的佳作。

潘玉书塑造艺术形象采用了以形写神的艺术手法。无论是他的女性形象作品《马上昭君》（图 5.35）、《贵妃醉酒》，英雄形象作品《钟馗》、《虬髯公》、《卞庄打虎》，还是其他作品如《罗汉》、《华佗》、《老妇》等，都把这些人物塑造得神韵生动。他根据人物形象的特点来施釉，比如对观音、仕女就采用白釉，以显其圣洁典雅；对英雄形象多施红釉，以表现其铮铮铁骨、赤胆忠心和英雄气概。

---

① 曾广亿：《石湾窑的起源及其发展》，《石湾艺术陶器》，岭南美术出版社 1987 年版。

潘玉书还遵循对比、和谐规律创作了一些成功之作。例如，白釉作品《踏雪寻梅》（图5.36），描绘了孟浩然带着画童、一老一少对比的情景，通过不同形象的塑造，表现出共同踏雪寻梅、向往春天、追求美好的情趣；《卞庄打虎》中卞庄的面部、老虎的全身都不施釉，使形象、表情更加细致；《抱桃童子》则通过桃与小孩的大小对比（小孩的身体很小，桃的个儿很大），来表现天真无邪的孩童拥抱自然的情趣。潘玉书运用对比、和谐规律的意味是极其深刻的，这实则体现了艺术普遍的辩证法则。对比、和谐规律的运用，极大地丰富了石湾陶艺的宝库。

作为一代宗师，潘玉书的艺术修养和艺术成就为后人所倾慕，仿效者甚多。其留传下来的作品众多，冒名的赝品也不少，后人伪造而盖上潘玉书真正印章的制品也有流传甚广的，然其作品风格迥然不同。

图5.35　“潘玉书制”马上昭君（高37厘米）　梁义（二义草堂）藏

资料来源：《国际石湾陶艺会（二零零八年刊）》。

图 5.36 踏雪寻梅（底长 14 厘米，高 21.5 厘米）
20 世纪初 梁义（二义草堂）藏
资料来源：《中国陶瓷·石湾窑》。

六、其他名家

1. 宋元名家

北宋石湾窑产陶瓷留有铭文“张可”、“安祖”、“潘安”、“潘南”、“陈□□”以及“莲花”、“太原口”等，可知其为陶匠或窑口作坊名。除了这些有幸重新知名于世者外，为历史所淹没的名家巨匠当有不少。

2. 明代名家

陈文成，明万历间人，其生平无可考，传世器亦不多。据传曾作一花瓶，高尺许，腹作凸形《文姬归汉图》，五色斑驳明亮，瓶肩部分作朱砂色，瓶底钤一“六”字，想是制品号数。旁篆“万历丁酉陈文成塑”八字，万历丁酉是万历二十五年（1597）。又英国伦敦大收藏家猷莫科波拉斯《猷氏藏图录》中也载一器，底款与上同。

杨昇，明代晚期陶艺家。作品多仿汉代铜器样式，擅长施用粉蓝色釉，代表作“粉蓝釉双兽耳方瓶”（图 5.37），底钤行书阳文“杨昇”长形印。与其兄弟杨名合作了许多作品，钤有“昇名”阳文印章（图

5.38）。

图5.37　粉蓝釉双兽耳方瓶（腹径6.3厘米，口径4.1厘米，高17.3厘米）
明　广东民间工艺博物馆藏
资料来源：《石湾窑精粹》。

图5.38　“昇名”觚（边长12厘米，高32厘米）　吴国伟藏
资料来源：吕唐军摄。

杨名，杨昇的兄弟，传世器多仿古铜器，精制黑釉，多用黑白两种釉色，简洁朴素。器底用竹笔写“杨名”行书二字，亦有篆刻方章。1977年

香港艺术馆曾展出一仿古铜釉双象耳瓶，钤有“杨名”阴文篆字椭圆形章，此器甚轻，因而疑为“轻祖唐居”类型①，可能造于东莞。中山大学文物馆藏有一件六角形花瓶，古铜色釉，钤有篆书方章。图 5.39 所示为“杨名”蓝釉小罐。

图 5.39　“杨名”蓝釉小罐（直径 6.5 厘米，口径 2 厘米，高 5 厘米）　吴国伟藏
资料来源：吕唐军摄。

苏可松，明代晚期名家，善器型创造，善仿蓝钧釉色及翠毛釉，署名常只有“可松”二字。传世品多仿商周铜器，经常在器物底部刻写极为工整的楷书款识，如“仿商贯耳壶可松制”（图 5.40）、“甲子乙亥可松制”、“仿周蟠螭瓶可松制”及仅署“可松制”三字。苏可松的署款无论刻写的或钤章的，字体端庄工整，风格一致。有传世的“翠毛洗”，底款作“甲子②春苏氏可松制”，亦可知可松姓苏。还有翠毛釉筒炉（广东民间工艺博物馆藏），底部钤“甲子乙亥可松制”。又有诗云：“疑古如今问可松，闻家苏氏竟谁容？倘从精品研书法，应向苏门认祖宗。”

陈粤彩，明代晚期陶瓷名家，以主人姓名为店名。所制器皿常施酱黄釉、绿釉。作品较为细致整齐，流传下来的作品有炉和瓜形挂壁等日常用

① 采用东莞泥土所制，胎身较轻。
② 明天启四年（1624 年）。

图 5.40 蓝钧釉仿商贯耳壶（口径 9.5 厘米，高 15.4 厘米）
明 广东省博物馆藏
资料来源：《中国陶瓷·石湾窑》。

具。习惯在器物底部或器物内部钤用楷书阳文方印“陈粤彩造”，间或钤用“粤彩正记”的楷书阳文方印，两种印章的书法及其规格十分相似。

3. 清代名家

吴宝玉，清代中后期陶瓷店号“宝玉”店店主，四会人，以制作花盆、茶壶等日用器皿驰名。常在器物上钤楷书阴文长形印“宝玉造”。后期也造大型陶脊，所塑人物故事以粤剧传统剧目的历史故事为主要内容。广州陈家祠有两条陶脊，为清末所塑，其款识一署“光绪壬辰年石湾宝玉荣造”（光绪十八年，1892），另一署“光绪甲午年宝玉荣造”（光绪二十年，1894）。

刘辉胜（1864—1939①），清同治至民国年间名家，光绪年间设店“刘胜记”。以制作小型山公人物著名。常在器底钤楷书阴文“刘胜记”长形

① 据刘泽棉先生估计。

印，此号为其第四子刘佐潮继承。

陈祖（1818—1891），清嘉庆光绪间人，字世盛，当地人多称他为“盛世祖”，绰号“大难祖”①，性格豪放不羁。少年时师从于黄炳。他善于创作人物像，不重人物细节刻画而重人物面目传神，衣褶线条简练有力，粗拙简略却神情生动，不刻意经营，自然而有生气，为“意塑派”的先驱。他的作品很少钤印自己的姓名，因而难于鉴别。何秉聪先生所编《石湾陶艺》一书，就将李氏所藏的《铁拐李》疑为陈祖作品。书中描写此像说：“塑造者若不经意，而手法极熟，肌肉、神态、须眉，不必刻意经营，自然有生气，似为黄炳弟子陈祖手笔。”此说颇有理。佛山市博物馆藏有陶脊上的三个人像，左右两个人像的颈部已毁，中间的一个人像完好独存，座两旁一刻“奇玉”、一刻“陈祖”阳隶书方印，可知陈祖原属花盆行师傅，曾受雇于“吴奇玉”陶店。还有一件观音像，高达二尺，钤有“陈祖”印。陈祖曾受聘于“文如璧”与“吴奇玉”商号，授徒陈赤。

冯秩来，清道光年间名家，善制器皿，传世品有两格洗、秋叶洗、高足菜盘。器底钤楷书阳文“冯秩来”长形印，也有钤“秩来巧造”阴文方印的（图5.41）。他间造鸟兽作品，但传世品很少。张维持先生藏有一鹰，葱白釉色，反啄羽毛，遍身羽毛突起，立于石上，颇富浪漫情调，底钤篆书阳文“冯秩来”三字方印。

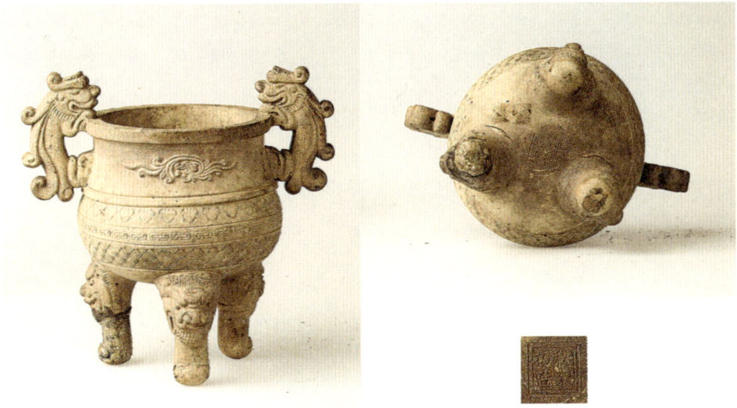

图5.41 “秩来巧造”素胎狻猊双耳三足香炉
（直径6.5厘米，口径2厘米，高5厘米） 吴国伟藏
资料来源：吕唐军摄。

① 粤语，意为懒散。

廖荣，晚清时期石湾陶塑名家，石湾人。黄炳之徒，擅塑熊、狮、虎、鸭等动物。

苏子云，晚清时期的著名陶瓷艺人，作品刻有“苏子云制”款，代表作有《白釉布袋佛》（广东民间工艺博物馆藏）。

恒敬，晚清时期著名陶瓷艺人，作品刻有“恒敬”款，代表作有《素胎观音》（广东民间工艺博物馆藏）。

还有清代的如璋、霍来、宋谦等，由于无详尽资料可查，因而无从一一叙述。

4. 清末至民国时期名家

潘铁逵，是清代光绪至民国年间的陶瓷艺人，潘玉书之弟。其陶塑人物面部及衣褶不及潘玉书的手法高明，但所塑造的人物亦很精美。他注重写实，线条刻画细腻，作品大多继承了传统的现实主义手法，整体苍劲有力。其代表作有《汉钟离》、《铁拐李》。在《汉钟离》这件作品中，他运用高度洗练的手法，将汉钟离的形象塑造得活灵活现：独坐岩石，悠闲自得，飘逸洒脱，无忧无虑，非常生动、逼真。潘铁逵的作品常刻有楷书阳文方形印章“潘铁逵制”。抗战时期，石湾沦陷，潘铁逵只得受雇于公仔厂，每月所得收入难以维持生活，新中国成立前夕死于贫病。

霍津（1892—1943），清道光至民国间人，以制作动物和人物闻名。其代表作品有牛、马、狮、鹅等。他特别擅长塑造牛的形象，他创造的牛几乎无颜色釉，形态或立或卧，自然生动，牛毛细致可数、纤毫毕现，颇得神韵，其作品颇具艺术个性。他的作品，通过对现实的细致观察和深入体验，并向前辈学习来达到“逼真”的效果。他敏锐、细致地观察自然，在行走过程中，每每遇到牛，都要停下来详细观察其动态。因此，他塑造的牛非常精美。他将旧时钟的发条磨薄，以两指曲之压于所塑牛背，牛毛条条可数。但自从受雇于生源梁均店后，因梁均梁柱父子也善于塑造牛，霍津不想与店主争名，就放弃了塑造牛。因此，霍津传世的关于牛的作品为数不多，至今流传于世的素胎作品《伏牛》，虎虎有生气，虽“伏”着，仍给人一种正待奔跑之感。霍津在受雇于冠华窑期间，专事仿制黄炳、陈渭岩、祖唐居等名家的作品，数量颇多，技艺甚巧，令人难以辨别是谁的作品。霍津终生不知配釉，所作多无釉，常常只负责制坯，由他人为其上釉。图 5. 42、图 5. 43 是霍津的人物作品精品。

廖作民，名源新，民国年间石湾陶瓷艺人。抗日战争以前以塑造人

图5.42　木兰从军（高25厘米）　清末民初　梁秋泓藏
资料来源：《浴火凤凰——石湾窑·窑宝展》。

物、山公闻名，也塑造一些动物和器皿。其代表作品有《弃官寻母[①]》、《张敞画眉[②]》、《姜太公八十遇文王》和《山公》、《亭宇》、《风雨归舟》等。《弃官寻母》形象生动地刻画了孝儿、慈母之情：儿子弃官后，跪在老母面前，表现了母子离别后重逢的惊喜、激动。他常在作品上印上篆书阴文方印“廖作民制”，或阴文方印“廖新制品”。所制作品，在其弟廖沧开设的小杂货店“利生号”销售，故有时在其作品上刻有楷书阴文长形印“石湾利生号制品”。抗战胜利后，石湾陶业有所复苏，兄弟二人复以陶为业，自产自销，留传在世的作品有《三彩蝠形挂壁》、《翠毛釉鸭》等。

霍文厚，又名元厚、子厚、小厚，民国年间艺人，擅长制作人物（图5.44、图5.45），代表作品有《关羽》、《太白醉酒》、《苏武》、《蔡文姬》、

---

① “二十四孝”故事中的第二十三则，讲述了宋代的孝子朱寿昌的孝行。朱寿昌，字康叔，宋天长同仁乡秦栏人，《宋史》载有他弃官千里寻母之事。朱寿昌年七岁时，生母刘氏为嫡母所妒，再适。母子不相见者50年。宋神宗朝，朱寿昌弃官入秦，与家人诀，誓不见母不复还。后行次同州，得之，时母已70多岁。

② 张敞，字子高，西汉河东平阳（今山西临汾西南）人，宣帝时为京兆尹。张敞替妻子画眉毛，比喻夫妻感情好。

图 5.43　李清照（高 14.4 厘米）　20 世纪初　罗敬礼藏
资料来源：《国际石湾陶艺会（二零零八年刊）》。

《刘伶》等。他熟悉历史人物和典故，善于抓住人物的典型性格，塑造得细腻、生动，颇具写实风格。霍文厚常在作品上使用篆书阴文方印“霍文厚制”，后开设店号“霍厚记”，又改刻用篆书阴文印“霍厚记造”。

温颂龄（1885—1942），清光绪至民国人，是清末至民国时期一位颇具艺术个性的陶艺家。温颂龄名奇，又名麟。他平生耻于模仿，喜欢创新，曾与霍津共事于广州裕华厂，工于塑造人物。他塑造仙佛人物采用刀塑的方法，在坯体较为干硬的情况下，用刀慢慢雕琢，人物面上两边肌肉眼耳，常微不对称，有人因此而讥笑他，他大怒道：“汝妇照镜，看面目亦能对称否？”由此可见，温颂龄对人物面相的观察极为深入细致。其代表作有《秉烛待旦》、《太白醉酒》等，在作品的底部，有“温颂龄制”篆书阳文方印。抗日战争时期，广州沦陷，他率子温龙，携徒弟吴添、梁流、梁锡兄弟等人前往香港九龙荃湾街设“复同工业社”制作陶器。香港沦陷后，温颂龄死于饥饿。

区大（1877—1943），在石湾开设店号“区大记”，精于陶塑鸟兽。因崇拜黄炳“云屿氏”，所以作“云渔氏”用印。

廖坚（1898—1975），石湾人，少年时随父廖耀学习陶艺并结识陈渭岩、潘玉书、陈富等陶艺家，与陈渭岩亦师亦友，常常有幸得其陶艺心

图 5.44　青白釉露齿和尚（宽 14.2 厘米，高 21.9 厘米）　20 世纪初

资料来源：《窑仙庆聚——国际石湾陶艺会石湾陶塑》。

图 5.45　“霍元厚制”款贴金坐佛（高 17 厘米）

20 世纪 50 年代　广东民间工艺博物馆藏

资料来源：《石湾窑精粹》。

得。廖坚通文墨，工书法，对于陈渭岩所教，都能领悟，所作山水盆景，饶有诗情画意。在普通山公亭宇外，创制盆景，以径尺之空间，布置山水人物，特别擅长塑造山公、亭宇，为石湾窑的石山盆景名家。他创作的《风雨归舟》、《高山流水》、《山瀑》成为传世佳作。他还善于塑造螃蟹、青蛙等小品。他对清代的绘画论著《芥子园画谱》颇有研究。《芥子园画谱》为山水画法、画谱著作，全书共四卷，廖坚对其中的卷二《山石谱》了如指掌。他每塑山石，随手塑捏《芥子园画谱》中诸石谱，不到一分钟，即成荷叶、乱柴、折带等皴法的石纹，纯熟自然，实为其一大绝技。石湾技师中无人能及。他塑造的螃蟹，大小不超过寸，但神态生动。有人以诗咏廖坚塑造的双蟹："双螯拨刺横行处，写蟹群称招子庸；象物真能饶物志，廖坚成竹早存胸。"廖坚一生和蔼，诲人不倦，年逾七十，还授徒二三十人，有长者风度，有师者风范。

陈赤（1867—1939），清同治至民国间与潘玉书同时代的著名艺人。曾随潘玉书、陈渭岩到香港利希家塑灰泥像，到景德镇学习陶瓷艺术。他本人奇瘦，擅制瘦骨仙，常对镜裸体自为模特。又善制福禄寿三星，极生动，人物衣纹多用平行线，袖口均用双层，以示重衣。陈赤的作品多无款识。

林堂煜，初在石湾刘胜记随刘佐潮当学徒，学习塑造亭宇小品，后改为学习塑造人物，题材较为丰富，颇具刘佐潮的风格，人物造型或古朴典雅（图5.46），或创新奇特。其代表作有《杨五郎》，形貌古朴，衣纹简洁有力。林堂煜曾参加1936年举办的"全国艺术展览会"，他的《十汉》、《拍蚊公》等作品参展并获奖，受到同行的关注和好评。其作品常印有"林堂煜造"篆书阳文方印，或"林堂煜作"阴文楷书长形印。

黎道生，是民国时期善作茅寮的艺人。他颇具文学修养，擅长书法艺术。他制作的茅寮为石湾陶艺一绝。茅寮有山寮、水寮，山寮平低，水寮有竹棚作脚。凡茅寮屋顶之茅，须用薄菜刀斫切边缘而成，故石湾人称制造茅寮为斫茅寮。黎道生所斫茅寮茅参垂、草披拂，极其逼真而有画意。凡竹棚札结，须用竹篾，黎道生塑茅寮上竹篾，绷紧有力，而竹枝亦节节像真，故售价特别昂贵，销路亦好。当时茅寮有高逾一尺者，露胎骨不着釉，用以放在大石山或水池上；着色釉者反而价格便宜。因为胎骨无釉遮盖，更可见技法高低。所以黎道生所作多不施釉色。

杨炎坤，与潘玉书同时代艺人，其艺术风格颇受潘玉书的影响，代表作品有《朱寿昌弃官寻母图》。与廖作民的同名作品不同，杨炎坤没有塑造出包袱和雨伞，人物昂头挺胸，大步向前，显示出一股"不为五斗米折腰"的傲然正气。人物衣纹细腻，面部表情生动，大步向前走的步态通过

图 5.46 持杖老人（高 25.5 厘米） 近代 广东民间工艺博物馆藏
资料来源：《石湾窑精粹》。

露出一只脚和衣服下垂部分被风吹拂的飘动淋漓尽致地表现出来，充分显示出杨炎坤的艺术功力。

潘雨生，是冠华窑的技师，善造五彩花盒，也工于塑造人物。冠华窑新品辈出，其著名之束柴盆、束竹盆、树头盆、白象驮花盆等，均为他所设计。他熟谙盆景艺术，对中国的山水画有一定的研究。他采用捏塑的造型技法，以泥条造型为主，同时加上手捏，较少用工具雕琢，根据山川自然景象，参照中国山水画，创作成一幅幅陶艺立体国画。

吴灶生（1903—1981），广东南海人。14 岁开始从事制陶工作，擅长釉彩调制和器皿制作。他烧制出来的釉色鲜丽匀净，其红釉和结晶釉并用的釉色，是石湾釉色中的异彩。

陈红，生于 1906 年，绰号“男工红”，善于制作山公，与廖坚齐名。香港洋行每指定要“男工红”之手制山公，因石湾制山公行货者多为女工，洋行的山公买主，因为陈红手艺高超，误以为她为男工，因此得绰号“男工红”。她善于塑造成组的微雕，作品有《唐僧取经》、《八仙》、《孙悟空三打白骨精》等，新中国成立后仍在石湾从事陶艺。

梁福，又号东海，广东石湾人，光绪至民国年间陶瓷名家，“醉石轩”

是梁福店名。他以制造器物、人物居多。其吸取前辈名家的长处，善于刻划衣褶，线条修长，劲挺流畅。作品常用篆书阳文方形印章“梁东海制”、“梁醉石制”、“醉石轩”，有用颜色釉篆书方章“醉石”，亦有用竹刀刻写楷书阴文“醉石”或其他款识。留传下来的作品有《欧阳修》、《王羲之》等，又仿制名窑和黄炳、陈渭岩等的作品，摹仿颇具功力。“醉石轩”于抗日战争时期被迫歇业停产。

梁华甫（1905—2005），广东石湾人，梁福之子，擅长釉色和器皿制作。早年制作以七寸的小型八仙居多，常用篆书阳文方章“南海梁柏信印”。善制红釉，作品的塑造继承其父的艺术手法。他对釉及器皿造型有研究，尤以施制红釉见长，其配制的紫点釉于白釉中加入日本产的红锰粉粗粒，烧成薄紫花点，极为新颖，其作品施用此釉后增色不少（图 5.47）。其代表作有《变釉大碟》、北京人民大会堂《湖水绿大花瓶》等。1958 年主持制作佛山祖庙大型壁画《双龙壁》。

图 5.47　三稔花釉宝马（宽 34.5 厘米，高 28.8 厘米）　20 世纪 50 年代　辛丽端藏
资料来源：《国际石湾陶艺会（二零零八年刊）》。

梁炎均，民国间陶瓷艺人，经营陶店“生源号”。其作品以石榴红釉最为闻名，也制作人物和鸟兽类作品，印章有“梁炎均”、“梁炎均作”、“生源号”、“生源陶造”。

刘垣，广东石湾人，民国年间人，刘辉胜及刘佐潮之后人。作品刻有“刘垣制”款，代表作有《坐禅罗汉》（二义草堂藏）。

刘传，原名刘永传，1916 年 1 月 16 出生于佛山石湾，2000 年 10 月 16 日逝世。刘传先祖迁居石湾时，恰逢陶业全盛时期，祖辈父辈皆以制陶为生。1928年，刘传入古玩行当学徒，后又入陈奇记当长工，摄习了练泥、配土、烧釉等整套石湾陶瓷工艺技术，并以“窥师习艺”的方法，向前辈名家潘玉书学习，钻研各名家作品。其敢于创新、勇于拓展，具粗犷豪放的艺术风格，塑造了《弃官寻母》（图5.48）、《张飞》、《铁拐李》、《钟馗》、《达摩》、《水浒人物》、《芭蕉罗汉》、《观音像》、《受苦受难的耶稣》、《东坡玩砚》、《关汉卿[①]》、《虬髯公》、《毛泽东》、《屈原》、《鲁迅》、《李时珍》、《僧一行[②]》等代表作，蜚声海外，被誉为“北张（即泥人张[③]）南刘”。在艺术表现手法上提出“宜起不宜止，宜藏不宜露”，主张以小见大，以有限表现无限，给观众以再创造的余地。在形象塑造方面，他还提出“十清一浊，十浊一清”、“丑而不陋，奇而不怪”等艺术观点。

区乾，原名区德乾，1907年5月19日生于广东新会睦洲墟梅冲乡，1958年5月逝世于石湾，享年52岁。区乾出身贫寒，12岁即随父亲区大在石湾“区大记”学艺，继承家传，以捏造小泥玩具为生，并先后转到石湾“怡兴”、“厚记”、“联合”等陶瓷店当学徒。学徒期间，区乾外师造化，中得心源，潜心研习动物陶塑，在实践中掌握了塑制、翻模、成型、调釉、上窗等生产工艺。不久，他成为石湾有名的出模师傅，并以动物陶塑崭露头角。区乾注重向自然学习，同时悉心借鉴黄炳、廖荣、霍津等名家，曾在“袁湖记”、“霍厚记”当出模师傅。新中国成立后区乾创作了100多款动物陶塑，其中以胎毛动物为多，《胎羊》、《大胎虎》、《知时鸟》、《鹌鹑》、《鸭》（图5.49）、《三彩马》、《双喜鹊》、《瑞狮》、《鸳鸯》、《骏马》等皆为艺术特色鲜明的代表作。他还精心创作了艺术性与实用性巧妙结合的器皿，《双鹤插》、《莲叶烟盅》、《蟹水仙盆》是其中深受欢迎的作品。区乾以动物陶塑著名于世，又以胎骨出毛（简称“胎毛”）的装饰手法为主，准确地把握动物的特性，构思紧凑，刀法严谨。区乾的

---

① 关汉卿（约1220—1300），号已斋（一作一斋）、已斋叟，解州（今山西省运城）人，还有说是祁州（今河北省安国县）伍仁村、大都（今北京市）人。元代杂剧奠基人。是中国古代戏剧创作的代表人物，“元曲四大家”之首，与马致远、郑光祖、白朴并称为“元曲四大家”。关汉卿的戏剧创作在中国戏剧史和文学史上占有重要的地位，被称为“元杂剧的鼻祖”；在世界文学艺术史上也享有盛誉，被称为“东方的莎士比亚”。

② 僧一行（683—727），本名张遂。魏州昌乐（今河南省南乐县）人，一说巨鹿（今河北巨鹿县）人。唐代杰出天文学家，在世界上首次推算出子午线纬度一度之长，编制了《大衍历》。佛教密宗的领袖，著有密宗权威著作《大日经疏》。

③ 泥人张为天津的一种民间艺术品，创始于清代道光年间，现为天津市首批国家级非物质文化遗产。创始人张明山（1826—1906），自幼随父亲从事泥塑制作，练就一手绝技。18岁即得艺名“泥人张”，以家族形式经营泥塑作坊“塑古斋”。其艺术地位获得国际认可。泥人张经过几代人的传承，成为中国泥塑艺术的一个高峰。

艺术风格偏重写实，但又超脱于早期的自然主义。

图 5.48　“南海湾溪刘传”弃官寻母（宽 16 厘米，高 23 厘米）　1940 年
资料来源：《佛山市博物馆藏陶瓷》。

图 5.49　仿舒窑修翎鸭（高 15 厘米）　20 世纪 50 年代　冯秋泓藏
资料来源：《国际石湾陶艺会（二零零八年刊）》。

第三节　石湾窑研究专家

至20世纪二三十年代，一批专家学者如潘熙、唐绍仪[①]、苏心愉、李凡夫[②]、杨铨、商承祚、冼玉清、施钦仁、胡少川、吴鸣等身体力行，致力收藏、研究石湾陶器，并从40年代开始多次举办展览，出版图录，发表论文，才开创了石湾陶塑研究的领域，逐步恢复了石湾陶在中国陶瓷史上的重要地位。石湾窑研究专家星光熠熠，本节只能撷取一二以述之。

一、文第士

葡萄牙大律师文第士（1876—1930）是国际上最早研究和收藏石湾陶的有识之士。

1901年文第士到澳门定居，对石湾陶塑产生了浓厚的兴趣。他多次亲赴广州和石湾实地考察，对明清民国的石湾陶塑作系统购藏，成为世界上最早的石湾系列藏品的收藏家。1920年，文第士特意向当时最负盛名的石湾陶艺家陈渭岩和潘玉书定制大型人物陶塑，并邀请潘玉书到澳门具体洽商。他请潘玉书留在澳门构思陶塑人物泥塑初稿，双方满意后潘带回广东陶业公司，与陈渭岩共同合作，在小型初稿的基础上创作大型陶塑。这批作品现珍藏于澳门艺术博物馆，是陈渭岩和潘玉书最大型的传世作品，非常珍贵。

独具慧眼的文第士在讨论石湾陶的演讲中挑战当时重瓷轻陶的观念，肯定了石湾陶塑庄重刚阳、简朴豪放的艺术特色。他的见解后来成为许多石湾陶艺鉴藏家的共识。

---

① 唐绍仪（1862—1938），又名绍怡，字少川。清末民初政治人物、外交家，山东大学首任校长。1912年担任中华民国首任国务总理。1938年被国民政府军统局特务暗杀于上海。

② 李凡夫（1906—1990），原名郑锡祥，广东省中山市濠头村人。1926—1929年在广州中山大学附中读书时，接受进步思想。1929年到日本留学，研读马列主义书籍。1931年“九一八”事变后，毅然弃学回国，后转到上海暨南大学继续学习。1934年参加中国共产党。“七七事变”后，到延安担任《解放周刊》编辑，任红军大学、抗日军政大学、陕北公学等校教员，被公认为名教授。1949年随大军南下解放广州，中共华南分局书记叶剑英接管广州第一号令即任命李凡夫为中山大学党代表，并接管中山大学。1964年任安徽省人民政府副省长。1978年被选为安徽省第四届政协副主席。1979年当选为安徽省人大常委会副主任，同年调入中共中央组织部。

二、冼玉清

冼玉清（1895—1965），女，别署“碧琅玕馆主”，诗人、画家、国学学者、教授、广东文献专家，有“岭南第一才女”、“千百年来岭南巾帼无人能出其右”之美誉。

她祖籍广东南海西樵，出生于澳门一殷实富裕家庭。其父为冼藻扬，乃港澳知名工商业家。在澳门，冼玉清受益于家承和名师陈子褒[①]的培育。

1918年，23岁时她转入岭南大学附中。1920年毕业，考入岭南大学文学院。因品学兼优，由教务长钟荣光[②]推荐，自1922年春起，兼任岭南大学附中低年级的国文和历史课教员。1924年，29岁，获文学士学位，因成绩优异留任岭南大学国文系助教。1927年后先后升任国文系讲师、副教授、教授，教育部鉴定为甲级正教授。她早年已有诗名，且悉心研究古代玉器，尝赴北平习考古，学成归粤，服务桑梓，兼穰勤大学教席。且应广东修志局之聘，任分撰助修《广东地方志》。1927—1949年并兼任岭南大学博物馆馆长，达25年之久，搜集了不少有价值的文物，其中包括400多件石湾陶器。1942年春，获教育部颁发的15年以上服务奖状。1952年底岭南大学被取消，与广东法商学院等并入中山大学，又任中山大学文学系教授。1955年被迫提前退休，迁出校舍。未几，出任广东省文史研究馆副馆长。1965年病逝。

三、施钦仁与施丽姬

美国路易斯安那州州立艺术学院有珍贵的中国陶瓷展示，在1000件藏

---

① 陈子褒（1862—1922），名知孚，号荣衮，又号耐庵。广东新会外海人士，清末民初教育家，别号崇兰。光绪三年（1877）考取秀才，光绪十九年（1893）考取广东举人第五名。在万木草堂拜康有为为师，与梁启超、梁启勋等为同学。1895年，陈子褒赴京会试时，参加了康有为、梁启超组织的“公车上书”行动，并加入“强学会”、“保国会”，积极参与戊戌变法。变法失败后，他逃往日本。陈氏致力改善小学教育，多年来培养了不少港澳的英才。曾在澳门荷兰园正街开设“蒙学书塾”；其后书塾迁往荷兰园二马路，并易名为“灌根学校”；后来，再把学校迁往香港，并定名为“子褒学校”。

② 钟荣光（1866—1942），字惺可，广东中山市小榄镇人。著名教育家，岭南大学首任华人校长。1894年中举人，以擅长八股文闻名于时，后入兴中会，创办《博闻报》、《可报》等报刊宣传革命，参与反清革命活动。1899年受聘为美国教会学校——广州格致书院（岭南大学前身）汉文教习。后出任岭南学堂教务长、岭南大学董事会主席，1928年岭南大学收归国人自办，任第一校长。次年改任岭南大学荣誉校长。主管岭南大学期间，创办岭南农科大学、岭南工学院、商学院、孙逸仙医学院。1942年在香港病逝。

品中有 600 件是中国历代陶瓷，其中又有 400 件是广东石湾的艺术陶器，如此丰富的石湾陶塑展在海外是首家。这些陶器全部由“仁德斋”（The House of Benevolent Learning）长期借展，供学生观摩鉴赏。“仁德斋”丰富的陶瓷藏品，凝结着美国医生和学者施钦仁（O. K. Skinsnes）和他的女儿施丽姬（Fredrikke Skinsnes）两代人的心血。

施钦仁的父亲是来华的传教士，施在中国河南省出生，并度过了少年时期，由此产生了对中国文化的浓厚兴趣。他曾拍摄了许多中国城市和农村的照片，也收集中国的版画。18 岁回到美国芝加哥大学学医，1950 年起在香港大学病理系任教 10 年。这段时间他一有空就到摩罗街等古董店铺集中的街市收购中国艺术品，对石湾陶塑情有独钟。后返美国，退休后于 1985—1995 年到中国定居，被中国卫生部聘为中山医科大学教授。他在《为什么收藏石湾?》的论文中指出：“总体来说，石湾陶器本身和它代表的都是一种艺术——一种生动的，时而感人的，或使人舒畅和时而为政治服务的艺术。”“石湾艺术不是远离群众的。和那些著名的德化窑和景德镇窑的作品不同，后者是给文人的美善作品。可能基于这个缘故，学者和知识分子甚少欣赏石湾陶器。这种弊病是可矫正的，只要正视石湾窑本身的价值，而不去把它与典型作品比较。因为它本身有自己的风格，是与众不同的。”

施丽姬 1948 年出生于纽约，受父亲影响，从小热爱石湾陶塑，年轻时在香港大学亚洲艺术历史系攻读博士学位时，专修石湾陶瓷史。她曾四次到石湾调查研究，到广东省博物馆和佛山市博物馆收集资料，用了 4 年多的时间，于 1981 年写成 23 万字的毕业论文 *A Study of Shiwan Pottery*（《石湾陶器研究》）①，这是第一本也是最系统的论述石湾陶艺的英文著作。她从 1979 年起发表有关石湾陶艺的论文多篇，并参与策划了多个石湾陶艺展览。她高度评价了石湾陶塑传神的特点，认为“研究石湾陶器及其历史的确揭示了这个事实：初时觉得是最庸俗和平凡的，实际上，提取了生命的精华”。她肯定石湾陶塑“面部和肌肉没有上釉更逼真和更细致。陶土的柔和与瓷土的坚实成一对比，有助于塑像表达出温情和人性”。施丽姬后来任教于美国路易斯安那州州立大学（以下简称“路州大学”）艺术学院，为了促进中美文化交流，她从 1993 年起多次向政府和大学提出邀请石湾专家到路州大学讲学的拨款申请，2001 年终于促成了石湾陶师刘泽棉、刘炳、黄松坚，配釉师霍日增和文史专家韩于西②到路州大学分别讲授石湾

---

① Fredrikke Skinsnes，*A Study of Shiwan* Pottery，香港大学博士学位论文，1981 年。

② 详见后述。

陶塑的历史、造型创作和施釉方法。长达半年的讲学活动不但在路州大学，而且在当地社会引起了强烈反响。

四、张维持

张维持教授，广东省珠海市南屏乡人，生于1911年。自小在港澳英文书院读书，1939年毕业于岭南大学社会学系，新中国成立后被聘为岭南大学社会学系助教。历任中山大学历史系、中文系、人类学系讲师、副教授、教授。中国古陶瓷研究会、中国古外销陶瓷研究会理事，广东中国文物鉴藏家协会理事。著有《广东石湾陶器》、《殷周青铜器通论》，主编《石湾艺术陶器》①。

五、曾广亿

曾广亿，1933年生，广东梅州人。1954年结业于北京大学第三届考古训练班，历任广东省博物馆研究员、广东省文博专业高级职务评审委员会委员、中国古外销陶瓷研究会理事副秘书长、中国古陶瓷研究会理事与副秘书长、广东省博物馆研究员。从事文物考古工作多年，参与主编及撰写的著作有《石湾艺术陶器》、《潮州笔架山宋代窑址发掘报告》②、《中国陶瓷全集·广东陶瓷》③、《中国陶瓷全集·石湾窑》④ 等。发表古陶瓷论文百余篇，重要论文有《佛山石湾、阳江石湾古窑关系初探》、《石湾窑的起源及其发展》、《佛山石湾陶业历史及有关问题探讨》、《略论广东出土的古代陶瓷及有关问题》⑤、《广东省唐宋陶瓷工艺特点》⑥、《广东古陶瓷窑址考古概要》、《广东唐宋窑址出土陶瓷》、《广东出土的五代至明清陶瓷研究》、《略论广东发现的唐宋元明外销瓷》、《广东古陶瓷窑炉及有关问题初探》等。

---

① 《石湾艺术陶器》编委会：《石湾艺术陶器》，岭南美术出版社1987年版。1991年被新闻出版署等评为中国优秀美术图书奖银奖。

② 文物出版社1981年出版，1983年获中国社会科学院优秀科研成果三等奖。

③ 曾广亿、宋良壁、陈衡：《中国陶瓷·广东陶瓷》，上海人民美术出版社1993年版。

④ 曾广亿、何炽垣：《中国陶瓷·石湾窑》，上海人民美术出版社1992年版。

⑤ 曾广亿：《略论广东古窑出土陶瓷及有关问题》，《广东陶瓷》1981年第2期。

⑥ 曾广亿：《广东省唐宋陶瓷工艺特点》，《广东省博物馆建馆30周年论文集》，紫禁城出版社1989年版，第235页。

六、李景康

李景康（1892—1960），字凤坡，南海人。1915 年毕业于香港大学，1917 年任广东省保卫团总局参议，后任家乡的中学及师范学校校长，1924 年任香港汉英文视学官，1926 年后历任香港汉文中学[①]及汉文师范学校校长、广东省教育会评议员、南海石门中学校董、香港大学中文学院起草委员、香港大学中文学会名誉会员、香港大学历届考试委员，并倡建香港大学冯平山图书馆。1940 年著《石湾陶业考》，谈到了石湾窑、阳江窑、东莞窑之间的承传关系和石湾窑的始创年代，首次收录了一份明代以来的石湾名工名单，并正式提出关于“祖唐居”和“吴南石堂”的问题。这篇文章是重要的石湾古陶研究文献。

七、杨铨

杨铨（1898—1967），祖籍广东鹤山，世居香港，知名中国文物鉴藏家。著有《洪宪瓷的来历》等著述。

杨先生青少年时随父在香港谋生，开始对中国古文物产生兴趣，着意搜藏。在日本侵略军占领香港前夕，他想方设法将其收藏的文物隐藏起来，免遭劫难。1938 年，著名史学家郭沫若先生寓居香港时，曾应杨铨先生的邀请，鉴赏他的收藏，郭老盛赞其保护了大批国家珍宝不遭流散的功绩。1958 年，他应广州市朱光市长的邀请，到内地参观一些博物馆和史迹名胜。回港后，即亲笔致函广州市人民政府，决心将家藏文物全部无偿地捐献给国家。从 1959 年起，他将所藏文物分类鉴定，分批运回祖国内地。对杨铨先生保护祖国文物的爱国热忱，人民政府给予高度评价。除了在广州举办《杨铨先生捐献文物展览》、出版展览图录等外，广州市人民政府特别给杨先生颁发褒奖状。1959 年杨铨先生受到特邀，到北京参加建国十周年观礼活动。文化部夏衍副部长在颁奖仪式上，代表中华人民共和国文化部授予杨先生“热爱祖国”的奖状，并授予杨先生象牙嵌金国徽。

杨铨先生捐赠的陶瓷文物中有 300 多件石湾陶瓷。有了杨先生的捐赠，广东民间工艺博物馆馆藏石湾陶瓷逾 3000 件，居全国收藏石湾窑产品之首。杨铨先生捐赠的陶瓷文物结集出版为《杨铨先生捐献文物撷珍》[②] 与

---

① 汉文中学于 1951 年改名“金文泰中学”。

② 广东民间工艺博物馆：《杨铨先生捐献文物撷珍》，广东民间工艺博物馆 1998 年版。

《馆藏杨铨先生捐献文物精品珍藏手本》①。

八、其他研究专家

对石湾窑有深入研究的专家众多，我们只拾取二三以叙之。遗漏之处，还望指正。

梁照葵（1866—1933），石湾人，清代孝廉。曾撰《石湾六景记》，江孔殷为该书题写书名。著有《石湾陶器考》、《石湾缸瓦业调查报告》。

韩于西，出生于1922年，燕京大学毕业，石湾陶艺、古陶瓷研究专家，中国文物保护基金会修复鉴定专项基金管理委员会专家组成员，广州市文物鉴定委员。“国际石湾陶艺会”顾问，美国路易斯安娜州州立大学艺术学院客座教授。著述有《石湾陶脊》、《洛阳唐三彩纵横》、《艺术的魅力》、《大师风范》、《陈氏书院话沧桑》等。

何秉聪（1918—1999），广东南海人，对石湾陶塑的工艺与鉴赏素有研究。1949年定居香港，致力于陶艺教育与创作。著有《陶艺杂谈》，主持编辑《石湾陶艺》等图录，并在《广角镜》杂志设专栏推介石湾陶艺。1999年获香港艺术发展局颁发“视觉艺术终身成就奖”。

陈玲玲，中国古陶瓷学会理事，撰写了大量陶瓷方面的学术与评论文章，著有《广彩——远去的美丽》②，论文有《佛山石湾古艺陶摭辨》、《对佛山石湾窑业的研究及其他》③、《西瓜园与大纸巷》④、《石湾窑说》⑤、《浅说石湾人物瓦脊》⑥等。

霍流芝，1932年生，佛山市石湾镇人。石湾研究家，南风古灶第18代传人。早年考入中南美术专科学校陶瓷美术专业，1960年毕业于中央工艺美术学院陶瓷美术设计系，长期从事陶瓷美术教育、创作设计、策划等工作。1960到1962年毕业后留校任教，1962年到1976年在广州美术学院任教于工艺美术系陶瓷专业。1976年，回到石湾工艺陶瓷厂（今鹰牌陶瓷前身）任创作室主任，后任深圳华侨城锦绣中华陶瓷厂厂长。1984年，被调到陶瓷三厂进行开发南风古灶项目。长期研究美术陶瓷，为佛山成为国

---

① 广东民间工艺博物馆：《馆藏杨铨先生捐献文物精品珍藏手本》，岭南美术出版社2009年版。

② 陈玲玲：《广彩——远去的美丽》，（香港）九州出版社2007年版。

③ 陈玲玲：《对佛山石湾窑业的研究及其他》，《陶瓷研究》1987年第2期。

④ 陈玲玲：《西瓜园与大纸巷》，《石湾花盆》，岭南美术出版社2006年版，第52～59页。

⑤ 陈玲玲：《石湾窑说》，《石湾陶艺收藏家协会会刊》2005年第10期，第2页。

⑥ 陈玲玲：《浅说石湾人物瓦脊》，《浴火凤凰——石湾窑·窑宝展》，广东石湾陶瓷博物馆2012年版，第5～6页。

家级历史文化名城、南风古灶成为名城重要组成部分做出贡献。著有《石湾龙窑时期的辉煌》和《神奇的南风古灶》。

申家仁，1943年生，佛山大学教授，广东美学学会理事，广东省作家协会会员。1965年考入北京大学中文系，1986年调佛山工作，先后发表美学评论、理论文章30余篇。关于陶瓷的论著有《岭南陶瓷史》①、《略论宋元时期石湾陶瓷艺术的发展》、《略论岭南移民及其对岭南陶瓷发展的推动》、《略论宋代岭南陶瓷的大发展》、《枕上的诗情——论古代瓷枕诗词》、《论陶瓷诗的内涵及其价值》、《从岭南几何印纹陶看中华文化的多元发生》等。

刘孟涵，1946年生，广东番禺人。1969年进入石湾建筑陶瓷厂工作，1985—1997年任广东佛陶集团石湾建筑陶瓷厂厂长，1997年调石湾美术陶瓷厂有限公司任党委书记，2002年调陶城报社出版有限公司任董事长。对广窑、石湾窑和阳江窑问题素有研究。著有《石湾公仔》、《关于“广窑”与“石湾窑”的探讨》、《从“裕华花盆”看民国时期的石湾陶业》② 等著述。

林明体，1935年生，从事民间工艺美术研究50余年，广东省工艺美术家、一级工艺美术大师。1983年倡议并参与组建中国工艺美术学会民间工艺美术专业委员会，被选为该委员会副主任委员。著有《石湾陶塑艺术》、《广东工艺美术史料》、《岭南民间百艺》、《佛山工艺美术品志》等著作。曾任《中国民间美术》、《佛山史志》杂志编委、副主编；参与《广东民间美术》以及《中国美术全集·民间剪纸》等大型美术丛书的专文、藏品与词条说明等工作。

马素梅，博士，任职于香港教育学院文化与创意艺术学系，著有《屋脊上的愿望》③，对石湾窑陶脊艺术深有研究。

---

① 申家仁：《岭南陶瓷史》，广东高等教育出版社2003年版。

② 刘孟涵：《从“裕华花盆”看民国时期的石湾陶业》，《石湾花盆》，岭南美术出版社2006年版，第32～37页。

③ 马素梅：《屋脊上的愿望》，三联书店（香港）有限公司2002年版。

第四节　石湾窑与国内其他窑址的比较

一、官窑与民窑

自五代（907—960）以来，中国古代陶瓷生产就有官窑与民窑的分别。官窑即官窑场，民窑即民间经营的窑场。官窑产品为官府特别是宫廷所垄断，专为官府特别是宫廷提供精美的日用瓷、观赏瓷和礼品瓷，从生产品种、数量到造型、装饰与釉色等，都受到官方限制。五代至宋的越窑、宋代的钧窑和汝窑等①以及元明清的浮梁瓷局②、景德镇御窑厂③等都属官窑。民窑的生产、技术与资金条件一般都不如官窑，但生产规模比官窑大，以生产日用陶瓷为主，普遍没有官窑产品严谨，没有官窑产品那样规整、精致。明代以后，官窑、民窑之外，又出现了“官搭民烧”制度，官窑由于官府派烧任务过重，将一部分瓷器坯搭在烧造水平较高的民窑中烧制。“官搭民烧”又称“钦限”，不少民窑被“钦限”任务压垮。官窑与民窑虽同在封建时代，但一为产品经济，一为商品经济。官窑产品面向官府、宫廷，不是商品；民窑面向广大市场，是商品生产。

石湾位于远离政治中心的南方，以含砂量高的陶土制陶，向来以生产碗、碟、缸、钵、瓮、罐、埕等普通日用陶器为主，即使宋元之后逐渐生产一些仿名窑陶瓷器和艺术陶，仍不受官府的重视。尽管陶工们的施釉、烧造技术很高，也不曾有“官搭民烧”的经历，一直是纯粹的民窑。民窑传统决定了石湾陶瓷艺术发展的道路，也影响了石湾陶瓷艺术的风格。它的陶瓷品类、型制、装饰、釉色等不曾受到官方的羁绊，能自主生产，为市场需要、群众需要、外销需要生产，与人民生活和精神需要息息相关，因此千百年来能够生机勃勃、不拘一格地发展。它的产品虽然没有官窑产品华贵精美、规整严谨，然而在质朴纯厚、自然清新、泼辣粗放方面却有其独到之处。

---

① 详见后述。

② 元王朝在景德镇设置的全国唯一的一所为皇室服务的瓷局。在瓷局的掌管下创烧了枢府釉瓷、青花、釉里红、蓝釉、蓝地白花、孔雀蓝釉瓷器等。

③ 明初于景德镇成立的御窑厂，宫廷瓷器开始注明皇帝的年款。

宋人蒋祈在《陶记》[①] 中记载："陶氓食工，不受艺佣，埽赁窑家，以相附合谓之'䏁'"；"兴烧之际，按籍纳金"；"一日二夜，窑火既歇，商争取售"。讲述从事制陶的人，不受别人雇佣，而是自己生产、自己经营。他们做好陶坯后，租赁窑家的窑灶设施，并请窑家烧成，烧时缴纳租金和税款。烧了一日两夜之后，熄火冷却，便有陶瓷商贩争相购买。这里讲的是景德镇民窑生产的情形，石湾陶瓷生产大致也是这样的。有较多资本的，自己制陶并自开窑灶烧造；资金少的就租窑搭烧。总之，生产与销售紧密结合在一起。这种自求生路、自谋发展，深深扎根于人民需要、市场需要的民窑，虽无官府资金、技术的扶持，却避免了官窑随政权消亡而消亡的厄运，能一直生存延续下去，并能随时代科技、艺术进步而进步。石湾民窑，历史上虽没有北方名窑的显赫声名，但却能超越历代王朝的兴衰更替而窑火不断，技艺与时俱进。[②]

作为民窑，石湾一直面向偏重实用审美的民众，因此，陶塑艺术均以实用为源头，将美与实用结合在一起。陶塑人物、动物的源头是丧葬用品。汉代的陪葬陶俑、唐宋的魂坛和陪葬所用的兽头陶塑是陶塑人物、动物的雏形。石湾陶塑与建筑的关系尤为密切，为了适应祠堂、庙宇和园林建筑的装饰需要，花盆、鱼缸、花座、花窗、影壁等陶塑艺术得以发展，以至出现陶脊。为了满足宗教信仰活动的需要，石湾窑大量制作偶像、神祇。石湾窑后来的观赏类陶塑是从实用性很强的准艺术脱胎而来，所以一直带有实用性的痕迹，讲究观赏与功能并存，审美与实用统一。

石湾窑一直是纯粹的民窑，诞生、成长于民间，因此它的陶塑艺术能自由地反映民俗事象、民俗心态，反映各个时代人民喜闻乐见的社会思潮和风尚，有强烈的人民性。自汉至元，石湾陶塑种类比较简单；明代以后，种类和题材渐趋广泛。渔、樵、耕、读、牧、弈、饮、琴、游戏乃至拍蚊、搔痒、挖耳等百姓日常劳动生活情景，各类花鸟虫鱼、野兽家畜与菜蔬瓜果等百姓熟悉的事物，以及达摩、罗汉、观音、寿星、济公、八仙、钟馗、关公等百姓熟悉、喜爱的神仙与历史人物，都在石湾陶塑中得到真实生动的表现。褒贬忠奸、扶正嫉邪、祈福求安、尊老爱幼等百姓的道德观念与社会价值观在石湾陶塑中得到传神的体现，甚至连历史思潮、时代风尚在石湾陶塑中也都有所折射。例如，清代末年的《巴夏礼尿壶》就表达了中国人民反抗侵略的社会思潮。因此施丽姬认为石湾陶塑"堪称

① 《陶记》约成于南宋嘉定七年端年元年间（1214—1234），是中国最早一部系统叙述景德镇陶瓷发展史的著作。该书是研究景德镇地区陶瓷业史的珍贵资料，也是研究中国造瓷科学技术的重要文献。作者蒋祈，籍贯、生平不详。

② 申家仁：《略论宋元时期石湾陶瓷艺术的发展》，《佛山大学学报》1995 年第 6 期。

为一部浓缩的中国民俗文化百科全书”①。

二、五大名窑、八大窑系与石湾窑

宋代的陶瓷成就，人们一般用五大名窑、八大窑系来概括。

“五大名窑”之说始见于明代文人笔记。说法有两种，一为“柴、汝、官、哥、定”，一为“定、汝、官、哥、钧”。柴窑据说为后周柴世宗在郑州建立的御窑，但未见其一件传世品，连窑址也渺无所踪，柴窑之有无还是一个悬案。因此人们一般取第二种说法。

定窑因窑址曲阳宋时隶属定州而得名。宋代始创复烧工艺，以印花、刻花、划花名闻天下。主烧白瓷，也兼烧黑、绿、紫釉，称为“黑定”、“绿定”、“紫定”。入元后，定窑仍盛烧不衰，元后才日渐式微。

汝窑因窑在汝州而得名。主烧青釉瓷器，俗称“鸭蛋青”，有玉石质感，器形仿古，古韵盎然。汝窑在北宋时期曾一度接受宫廷烧瓷任务，以青瓷见长，与当时统治者宋徽宗的个人审美爱好有关。

官窑即官家所开之窑，1107 年宋徽宗在京师开封自置御用窑炉，总结历朝制瓷经验，不惜工本烧造青瓷，使青瓷技艺辉煌。南渡后又于临安（今杭州）郊坛别开新窑。北宋官窑主要仿青铜器，造型古朴庄重，素纹自然淡雅，物象润泽大气。器色以粉青为主调，次之月下白、炒米黄、绿青色。器身有鳝色纹、牛毛纹、铁线纹、全体纹。器身开片有龟背片、冰片、梅花片。器物胎为香灰胎、黑胎（金刚胎）。器物口为紫口，底黑红色为铁足，故称“紫口铁足”，质如青铜，别具意趣。

哥窑、龙泉窑原是章氏兄弟所经营的。哥窑传说为章氏兄弟中的哥哥章生一的窑口。主要特征是釉面满布不规则裂纹，即开片。开片的形成是窑火冷却过程中，釉面收缩系数大于器胎收缩系数所致。冰裂本是烧制过程中的缺点，但哥窑瓷匠掌握了冰裂原理，有意制作，使之成为一种自然美观的装饰手法。胎质呈灰白色，或淡紫色。釉色有米色（淡黄褐色）、粉青（豆绿色）两种，以粉青为最佳，有粗大裂纹，俗称“百圾碎”。

钧窑最初位于河南禹县的钧台，禹县金代称钧州，故称钧窑。钧窑以其釉色匀净、瑰丽绚烂而著称于世，所烧天青、月白、海棠红、玫瑰紫四釉尤为名贵，宋代为皇家用器。

“八大窑系”是指：

---

① 施丽姬：《略谈石湾美术陶》，《石湾陶展》，香港冯平山博物馆 1979 年版。

定窑系：定窑工艺在我国北方地区有广泛影响，不少瓷窑如山西平定窑①、盂县窑②、介休窑③和四川彭县窑④等，都模仿定窑生产印花、刻花白瓷，形成窑系。

磁州窑系：磁州窑窑址在今河北省磁县，以彭城镇为中心，是观台镇、冶子村、艾茂口村等窑址的总称。主烧民间用瓷，施白釉、黑釉，釉下刻、划花，黑白对比，刚健纯朴，有浓厚的乡土气息，深受百姓喜爱。于是北方出现众多仿磁州瓷的窑，后来又传播至南方，形成一个大窑系。磁州自北宋以来为北方窑的代表，与南方的景德镇为中国两大窑业地。磁州窑是民窑，主要烧造日常用器。它与定窑相同，承袭了唐白瓷的体系。磁州窑所用的瓷土，因所含铁分较多，呈淡黄色、淡红色或淡灰褐色，为了补救这个缺点，用白色的瓷土施以化装，再施以白色的装饰，用划花纹⑤、绣花⑥装饰。其雕刻花纹有白底铁绘技法：先施以白釉后，用铁釉描绘各种花纹，上面薄施无色透明的釉烧成。

耀州窑系：耀州（今陕西省铜川市西南部）窑宋时主烧釉下刻花、划花的青瓷，为宫廷所重，当时为北方青瓷的代表。陕西、河南、广东、广西的一些窑址深受其影响，形成窑系。

钧窑系：钧窑在北宋灭亡后停烧，但钧釉技术并未失传，到元代又蓬勃发展，出现许多烧造钧釉的窑口，形成大窑系。

龙泉窑系：龙泉窑是宋代新兴的青瓷窑，因位于浙江龙泉县而得名。早期继承越窑、瓯窑⑦、婺州窑⑧传统，烧制与三窑特征相似的器物。后来合此三窑之长，创粉青釉、梅子青釉，釉色润泽如青玉，深受人们喜爱。龙泉窑与众多仿烧窑口形成窑系。所制之器物，胎体厚，色灰而釉厚，一般在2毫米左右，底部厚至3.5毫米，釉色以翠青、米黄、淡青、淡紫为

---

① 中国古代北方著名瓷窑，窑址在今山西省阳泉市平定县柏井村。始烧于唐而终于金，以烧白瓷为主，兼烧黑瓷，对山西陶瓷业的兴起、发展产生过重要作用。

② 窑址在今山西盂县。产品以白瓷为主，有印花、刻花等装饰，也有的以镂空装饰器足。

③ 窑址在今山西介休县。创烧于宋初，历金、元、明、清四代，以烧白瓷为主，兼烧黑瓷、白釉黑花及黄褐釉印花瓷等。

④ 窑址在今四川省彭县，属宋代瓷窑，是迄今在四川地区发现的唯一的早期白瓷产地。专烧白瓷，产品主要有碗、盘、碟、瓶、罐、洗、盒、缸等。风格与定窑相似。

⑤ 浅雕花纹。

⑥ 用铁釉所画的花纹。

⑦ 窑址在今浙江省温州一带的瓯江两岸，因瓯江而得名，是浙江境内仅次于越窑的制瓷业集中地。始烧于汉代，盛于唐、宋而终衰于元代。主要烧青瓷，产品有壶、碗、盘、洗、钵、笔筒、盒等。

⑧ 位于今浙江金华地区，在金华、兰溪、义乌、东阳、永康、武义、衢州、江山等地均发现遗址。唐代属婺州，故名。瓷器以青瓷为主，还烧黑、褐、花釉、乳浊釉和彩绘瓷。婺州窑始烧于汉，盛于唐、宋，终于元代。

最多。其中以粉青、梅子青等为代表，后世被誉为龙泉青瓷，色调纯正，光泽柔和，质地浑厚如玉。前期的产品有刻花；后期刻花已少见，被贴花装饰取而代之。

景德镇窑系：宋代景德镇汇集南北各地陶瓷艺术，形成青白瓷生产中心，所烧器物被誉为“饶玉”①，畅销海内。江西南丰白舍窑②、吉安永和窑③、广东潮安窑④、福建德化窑⑤、浙江江山窑⑥等窑仿烧青白瓷，形成了一个庞大的青白瓷窑系。

越窑系：越窑系是绍兴、宁波、上虞等古越之地的众多窑口组成的，以烧造秘色⑦青瓷为特色的窑系。北宋时以余姚为中心，后为龙泉窑所代替。

建窑系：建窑因窑址在福建建阳县而得名，后迁水吉镇附近的建安为中心。建窑唐代烧造土著居民用的杂器。宋元时随着饮茶习俗的流行，只烧造天目茶碗，器物有紫建、黑建、乌泥建三种。器多厚，釉多黑色，黑釉中有呈褐色的兔毫状纹，也有作褐灰色的斑纹，像鹧鸪腹上的羽毛色泽，其纹较兔毫为宽，俗称“鹧鸪斑”。产品以黑釉茶盏为主，色黑坚硬，釉面呈结晶纹，如兔毫、如鹧鸪斑、如油滴，朴质艳美，为时人贵重。于是大江南北有很多窑口仿烧，形成黑釉瓷系。

五大名窑、八大窑系的精美产品，或为宫廷专用，或为达官贵人收藏，寻常百姓难以拥有。其中有些窑的烧造受到官府严格限制，产品也严禁流入社会。例如，钧窑器底部刻有编号，所有烧坏的瓷器都被打碎深埋于地下，以防技术外传，流散民间。

---

① 《陶记》：“景德镇陶，昔三百余座。埏埴之器，洁白不疵，故鬻于他所，皆有‘饶玉’之称。”

② 窑址在江西南丰县南白舍村西南侧红土山冈上。白舍窑是宋元时期“江西五大名窑”（景德镇窑、吉州窑、洪州窑、赣州七里镇窑、白舍窑）之一。起始于晚唐五代，兴盛于北宋中期，至元代初期趋于衰落。产品有白瓷和青白瓷，还有少量薄胎瓷。造型、釉色与景德镇窑大体相似。白瓷精者胎质洁白细腻，釉汁晶莹润泽；粗者胎质较粗糙，色泽白中泛黄，呈蛋壳色。白舍窑产品主要是民用瓷，有碗、壶、瓶、杯、碟等器型。

③ 宋代南方著名民间瓷窑，窑址在江西吉安永和镇。集北宋各窑制瓷技术之大成，产品胎质有“似陶非陶”的特征，粗看似陶，击之有金属声，成为区别于其他窑口的显著特征。永和窑以黑釉瓷和彩绘瓷为代表，黑釉瓷中的各种釉斑、木叶纹、刻花和剔花等独树一帜，尤具特色。从南宋起，永和窑的黑釉窑变瓷器深受各国欢迎，成为外销瓷的主力。

④ 在今广东潮州市潮安区，宋代烧制青白瓷，以碗、盘等日用瓷为主，产量很大。此外，还兼烧黑瓷。

⑤ 详见后述。

⑥ 位于浙江江山市境内。烧瓷从宋代到清代，因地距江西较近，受景德镇、南丰两窑一定影响。宋元时期以青白瓷为主，造型纹饰与江西有近似之处，同时兼烧少量青瓷、黑瓷。元末以至明清烧青花瓷。

⑦ “保密的釉料配方”之意。“秘色瓷”成为晚唐以来高档青瓷器的代称。

然而，北宋灭亡，宋室南迁，各地名窑制品亦随王公贵族、达官富豪南移，携带不便的大件陶瓷器不得不当商品卖掉。随着北宋统治的飘摇衰落，众多陶瓷精品散落民间。南宋朝廷偏安江南，虽一度重兴官窑，但好景不长。后来南宋长期处于元人严重威胁下，几次军事失败加剧了危机，社会经济不景气，部分官宦人家和已经衰败下来的贵族不得不变卖珍藏的陶瓷器，以济生活之需。至元兵大举南下，南宋朝廷土崩瓦解，君臣仓皇南逃，达官显贵们非死即散，各名窑的艺匠与窑工为避战祸也纷纷南迁。元朝建立后，统治者又实行民族压迫政策，歧视迫害汉人。因而一些有盘资、有手艺的汉人继续迁向元人势力较弱的南方，这样就把大量的名窑制品、技艺带到了南方，为石湾窑的发展创造了大好契机。

石湾地处南国一隅，向以生产日用陶器为主，在宋代陶瓷之林尚无显著地位。但后来，“石湾集宋代各名窑之大成”，定、汝、官、哥、钧诸名窑产品被石湾窑模仿得维妙维肖，八大窑系的造型、釉色以及装饰手法也全被石湾窑消化吸收，使之成为南国以“善仿”为特色的名窑，“广钧”、“泥钧”名闻天下。

北宋的定、汝、官、哥、钧等名窑大多为瓷质，有些甚至还是官窑，由宫廷兴办、由官员监制，成品均是精细光洁的贡品，为了实现宫廷的要求可以不惜工本。而石湾历来为势单力薄的民窑，作坊多以家庭为主力，小则数人，多则数十人，经济模式是负债经营：赊泥、赊釉、赊窑灶……成品卖出后逐一偿还，适者生存、不适者淘汰的市场经济规律形成了它与市场同步的必然性。市场对高值陶瓷工艺品的需求推动了石湾的陶艺制作。

宋元时期，广州是南方重要的对外贸易港口，佛山也是重要的出口口岸之一，出口商品中以陶器占首要地位。借此地利，石湾陶艺匠人有机会见识高值的北方名窑瓷器，商品生产传统又养成他们较为开放的文化心态，对名窑瓷器造型、釉色与装饰技巧由衷地倾慕，于是激发出仿制的决心。佛山手工业发达，玉石业、金银首饰业、金属铸造业、玻璃制造业等，为陶业发展提供了丰富而廉价的配釉资源。具有丰富经验和创造精神的石湾窑工，利用这些资源配制出多种多样的釉药，仿烧出多姿多彩的名窑釉色。

南宋至元代，佛山是中原移民的聚居地。南迁的匠人更是汇集到石湾这一陶业生产基地。他们把北方的先进文化特别是陶瓷技艺带到石湾，与石湾原有的制陶经济与特有的技艺融合互补，提高了石湾的陶器制造与艺术水平。如“霍氏，原籍山西，南宋时迁于南雄，宋咸淳九年（1273）再迁于佛山石湾，……霍氏三世祖原山公烧缸瓦窑一座”[①]。据石湾老人说，元代有钧窑匠人到佛山设窑，当时石湾村人封氏佣于该窑场，后该窑他迁，此封姓匠人于是在本村集资设窑烧造仿钧器，现在封姓子孙仍繁衍于石湾。从1960年11月香港《石湾陶瓷展览》中展出的底纹刻有“至正元年”（1341）的窑变釉象鼻大瓶和佛山石湾、澜石元墓中出土的元代陶器（其中有“至正二年”（1342）、“至正九年”（1349）的黑釉陶罐）来看，佛山仿名窑器大概从南宋末至元代开始。柯道·柏林认为，当蒙古人占领钧州时，那里的陶工逃到广东来，因为当时这里仍太平。石湾许多陶工是宋元官窑和钧窑制造者的直接后裔。[②] 石湾仿钧器的胎骨是陶土，故称“泥钧”、“陶钧”，有的因胎质含沙，又称“沙钧”；因石湾窑是广窑，故又称“广钧”。

石湾对各大名窑的模仿虽始于明清以前，但至明清才开始大规模仿制，并成为石湾陶艺家们追求的目标，善仿善创的艺术风格至此臻于成熟，成为石湾陶艺的一大特色。

石湾窑仿造磁州窑的铁锈花[③]最精美，可与磁州最上乘的作品相媲美，几可乱真，是仿金属色釉最成功的一种。因两者的胎骨都非瓷土所成，非明眼人实难以分明。其作品有中山大学文物馆所藏的“仿磁州窑铁锈花罐”等佳品。

石湾仿龙泉的作品也很成功。石湾所烧造的器物，本身就有类似明龙泉的粗器，因两者都是气质厚实，极耐火、耐磨，不易破损。其精制品也仿得很好，但它所仿的梅子青色总难以纯粹无暇，多带灰黄色。中山大学文物馆所藏“仿龙泉鼓墩”，其镂空的花纹和竹篱纹都很精致，釉色通体近梅子青，有冰裂纹，器身及透雕的边缘和转折部分闪露炒米黄色。龙泉的作品也有这种现象。此器是仿于明代，在造型、釉色方面为石湾制品中的珍品。日本陶瓷学家三上次男[④]在《陶瓷之路》中提到石湾仿烧产品远销至东非，在肯尼亚蒙巴萨以北112公里处的格帝出土的中国陶瓷遗物中，有很大部分是石湾宋元青瓷，即是仿龙泉窑产品。

---

① 引自《太原霍氏族谱》，现藏佛山祖庙博物馆。

② 转引自柯道·柏林《石湾陶瓷杂记》。张维持：《广东石湾陶器》，广东旅游出版社1991年版。

③ “紫黑之釉，满现星点，灿然发亮，其光如铁则谓之铁锈花。”（《陶雅》）

④ 三上次男（Mikami Tsugio，1907—1987），日本著名金史女真史学家、陶瓷学家。1932年毕业于东京大学东洋史学科。1949年为东京大学教授。历任日本考古学会会长、东洋陶磁学会会长、中近东文化中心理事长等要职，对金史、女真史、中国东北地区考古学、陶磁学均有精深研究。较有影响的陶瓷著作有：《伊斯兰陶器》（1958）、《波斯陶器》（1961）、三卷本《陶磁贸易史研究》（1987—1988）、《陶磁之路——从中国陶磁看东西文化交流》（1964）等。“海上陶瓷之路”这一名称就是由三上次男首先提出来的。

石湾所仿的建窑多是紫建的一种，这是利用本地的赤泥制胎，俗称“阶砖胎”。所仿的釉色以“鹧鸪斑”最为精美，黑釉中有呈褐色的兔毫纹和褐灰色的斑纹。中山大学文物馆所藏的“仿建窑鹧鸪斑瓶”是其中的代表作。

石湾窑仿哥窑的“百圾碎”，仿中有创，其成就在江西窑之上（图5.50）。但它所仿哥窑的粉青色不如哥窑的幽艳，而带灰色（图5.51）。其作品如中山大学文物馆所藏的“仿哥窑琮瓶”，色牙白，是仿制品中的精品。

图5.50　仿哥窑百圾碎觚（口径11厘米，高15.3厘米）　清　广东省博物馆藏
资料来源：《中国陶瓷·石湾窑》。

石湾陶工除仿上面所述的几种釉色外，还广泛仿烧其他名窑釉色，如仿定窑的“粉定”（又名牙白）（图5.52）、仿官窑的“粉青”、仿汝窑的“玻璃绿”、仿景德镇的“彩瓷”、仿建窑的“兔毫釉”等。石湾对各大名窑的模仿和创新不仅体现在釉色方面，还体现在器形上，如仿商代的双贯耳壶、无耳铜壶、铜鼎，仿周代的蟠螭瓶，仿汉代的蒜头瓶钫壶、双螭瓶，仿唐代的双鱼瓶、天鸡壶、凤头壶等。石湾开始以“善仿善创”之名立于中国陶瓷之林，声名远播于海外。通过石湾窑工的辛勤劳动，“此曲只应天上有”的宋代名窑器物，不但走进了寻常百姓家，还走出了国门，深为东南亚人民所欢迎。这些史海沉珠，足可以令人推想宋元时代石湾陶

瓷艺术的辉煌。①

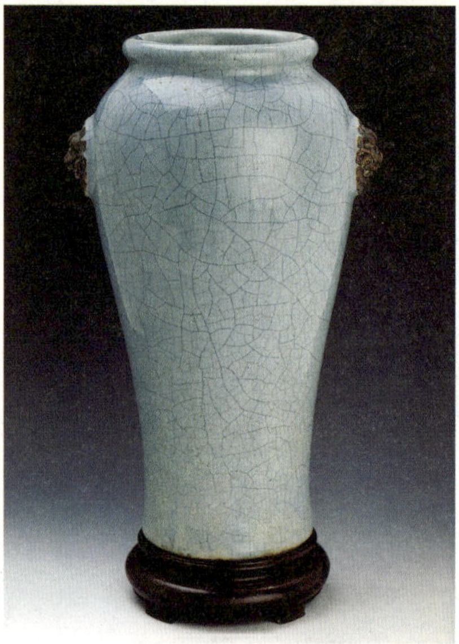

图 5.51　石湾仿哥窑粉青釉兽耳瓶（直径 11.7 厘米，口径 8.5 厘米，高 23 厘米）
清　广东民间工艺博物馆藏
资料来源：《杨铨先生捐献文物撷珍》。

图 5.52　仿白定釉缠枝牡丹梅瓶（宽 24.6 厘米，高 33.3 厘米）　明
资料来源：《窑仙庆聚——国际石湾陶艺会石湾陶塑》。

① 申家仁：《略论宋元时期石湾陶瓷艺术的发展》，《佛山大学学报》1995 年第 6 期。

三、石湾窑与景德镇窑、德化窑的人物造像

景德镇窑（江西省景德镇市）、德化窑（福建省泉州市）和石湾窑（广东省佛山市）是中国自宋代已开始制造日用器物的三个陶瓷中心。

明代以来，景德镇已形成全国制瓷中心。产量最多，规模也最宏大，最盛时有官窑50多个，民窑达900多个，每夜红焰蔽空，烟火相望，如王世懋[①]《二西委谭》中所述："万杵之声殷地，火光炸天，夜令人不能寝。"[②]

景德镇是全国最大、最有名的陶瓷之都，德化窑主要制造仙佛人物（图5.53），两窑均于17—18世纪就外销产品至欧洲。由于清军入关，景德镇窑停产，促使德化窑填补其空缺，大量生产出色作品。其作品胎质细密洁白，釉面平滑，透明度高，釉色由象牙白至白中泛青不等。其后中国白瓷身价日高，德化窑一度成为欧洲各国复制对象。至今三大中心仍继续作为中国陶瓷生产及外销的基地。

我们对石湾窑与景德镇窑、德化窑的人物造像作对比研究，从人物表情神态、釉彩和题材三方面做比较。

1. 人物表情神态

瓷泥精细、坚硬、洁白，成品晶莹通透。为克服瓷泥之不足，景德镇艺人专注面部装饰，在眼、眉部分画上色彩，更在面颊涂上胭脂，结果瓷土造成的人像趋于矫揉造作、阴柔而缺乏自然。德化人像瓷塑脸上不加彩而专注面部表情的表达，在全身满釉及瓷泥限制下，创造出奇迹，实属难能可贵（图5.54）。德化艺人被赞美为全中国最出色的人物造型家。

陶泥庄重、柔韧、可塑性高，成品简朴刚阳。石湾陶泥所塑人物较有人性和温情，可塑性高，造型极少受到限制，作品可自由随心雕塑，面部肌肤不施釉，可有丰富逼真的表情、豪放多变的姿态。图5.55中的石湾窑水白釉六祖坐像，虽然胎质不及德化窑的洁白细腻，然而塑造人物神情的内敛生动却丝毫不输于德化窑。

2. 釉彩

德化以胎质细密洁白，釉面平滑无裂纹、透明度高，釉色由象牙白至

---

① 王世懋（1536—1588），字敬美，别号麟州，时称少美，又号损斋，或曰墙东生。江苏太仓人。嘉靖进士，累官至太常少卿，是明代文学家、史学家王世贞之弟，好学善诗文，著述颇富。著有《王仪部集》、《二西委谭》、《名山游记》、《奉常集词》、《窥天外乘》、《艺圃撷余》等。

② 陈文平：《中国古陶瓷鉴赏》，上海科学普及出版社1989年版。

图 5. 53　德化窑白釉何朝宗塑观音坐像（高 30. 5 厘米）
明晚期（1628—1644）
资料来源：《广东省博物馆藏品选》。

图 5. 54　德化窑白釉罗汉坐像（高 22 厘米）　清
资料来源：《广东省博物馆藏陶瓷选》。

图 5.55　石湾窑水白釉六祖坐像（宽 17 厘米，高 21 厘米）
清晚期　广东省博物馆藏
资料来源：《窑仙庆聚——国际石湾陶艺会石湾陶塑》。

白中泛青不等，胎釉完全结合而闻名于世。现存虽少有牙白作品，相对景德镇的冷漠泛青釉色，德化仍保留部分暖白感觉。德化艺人曾尝试烧造不施釉素胎器物，或在器物施以蓝色釉下彩、粉彩等，但不甚成功。虽然施釉方面的创新及变化欲打破一直以来釉彩的单调，可是藏家所追捧的，基本上还是德化的雕塑艺术及其白色釉彩。景德镇瓷塑人物最吸引藏家之处，主要为其粉彩装饰。景德镇艺人在器物不同部分及不同器物上施以不同色彩，鲜艳夺目，更加上各式各款纹饰如描金、贴金等，令制品更显高贵。此外，亦有粉彩釉上彩加上蓝色釉下彩造成的斗彩。由于斗彩经两次烧造而成，多年后低火粉彩时有褪落。自清代康熙以来，五彩景德镇瓷塑人物已广为藏家所追求，传世康熙五彩器物，包括飞禽走兽及具西方风格或形象的装饰；而粉彩至乾隆年间才普及。

石湾艺人所用的釉彩最为丰富。基于无窑不仿的传统，宋代五大名窑汝、官、哥、定、钧，以至龙泉、舒①、磁州、三彩②、建等窑，都能在石湾成功复制。艺人亦不忘创新发展新釉彩，如难以捉摸的窑变釉。这里值得一提的是石湾对釉彩裂纹形状大小的掌握及控制。据观察，石湾釉彩较厚，时有二至三层不同颜色挂在陶塑上，借此增加其自然感。有意见认为

① 详见后述。
② 详见后述。

厚釉有隐藏粗糙厚重的胎身之用，也有意见认为厚厚的釉彩代表了人物强健的身体及艺人自发性的表现手法。

3. 题材

自18世纪至今，宗教神祇、民族英雄为最常见的两大主题。德化仙佛人物无疑是最被爱戴的题材，大概因为信众认为白瓷最能代表纯洁及其信仰。大部分寺庙亦供养白瓷佛祖、观音及其他神祇，德化自然为首选。为满足外销需要，17—18世纪艺人已烧制塑造西方形象的器物。由于套上鲜艳夺目的粉彩装饰，景德镇所塑神祇以其幸运、财富及吉祥如意的象征意义而为大众热爱，用家争相购置于家中或商铺，或作为生辰、入伙贺礼。

石湾陶塑以题材众多而取胜。除神祇、民族英雄外，更有通俗及日常生活等创作。其中拍蚊公、街边叫卖、老人吃瓜等题材，均对普罗大众极具吸引力，令观赏者更有代入感。石湾陶塑是从真实生活的观察和默记开始的一门民俗工艺，塑造邻家老妇或稼田上的水牛等身边物事，故艺人对题材极为熟悉了解。广东藏家通称石湾陶塑为“石湾公仔”，对这些陶塑宠爱有加，认为深具亲切感。

景德镇窑、德化窑、石湾窑均以传神、像真、比例匀称引以为傲。艺人为塑造传神的形象，采用提炼、夸张的手法，把人物形态、大小、身躯甚至头部刻意歪曲，如以修长身躯突显罗汉之庄严，以修长眉毛突显神祇之长寿及尊贵等。石湾艺人创作不只于此，其中一部分以书画中“写意”形式为蓝本，创造出艺人眼中的人物，粗略描绘，不加细意整理，大有抽象艺术之风范。①

四、石湾窑与钧窑

钧窑在今河南禹县的野猪沟（北宋为阳翟县，金称钧州）。钧窑的历史，过去认为始于金代，20世纪60年代考古调查提前至北宋，元代后已走向衰落。它初制的瓷器也是纯天青色，后来创造了紫红斑，改变了以往以青釉为主的瓷器装饰手法。入元以后，在黄河中游地区形成了一个庞大的窑系，但不久就逐渐衰落，以至最后消失。钧窑以窑变最为著称，以青色夹紫为多，器体厚，胎骨暗灰，釉厚光润。钧窑的这些特点都和石湾陶器本身气质相近，所以石湾有优越的条件仿钧窑。

石湾窑仿钧窑的成就，为陶瓷界所公认。仿钧器物以江苏宜兴的“宜钧”和广东石湾的“广钧”影响最大。石湾仿钧窑器最多，而且最成功。

---

① 曾广亿：《石湾窑的起源及其发展》，《石湾艺术陶器》，岭南美术出版社1987年版。

石湾窑仿钧始于元，鼎盛于清。石湾陶塑的釉色，以广钧为最主要。石湾窑把历史上只为皇室赏玩的贡品普及到千家万户。石湾所仿钧器还有称为“泥钧”的，是不透明白色釉混合紫青色而成的一种釉色。

石湾仿钧窑器的早期历史可以上溯到元代。20世纪60年代，在佛山石湾和澜石鼓颡冈墓群出土过一批元代的器物，其中有书写“至正二年”(1342)等字样的酱黑釉陶罐。另外，1960年11月在香港举办的“石湾陶展”上，有一件刻有“至正元年”(1341)底款的窑变釉象鼻大瓶。

石湾的仿钧窑器物，根据造型、工艺特点以及款式，可以划分为前后两期，大体以乾隆为界。前期是元明至清初，后期包括清中、晚期至民初。早期的器型以器皿类为主，有洗、瓶、壶、盘、盘架、三足炉、尊等。其中洗、三足炉、尊与钧窑同类器物造型相似，釉色以钧蓝（图5.56）和翠毛釉（图5.57）为多见，色调浑厚凝重。晚期的仿钧器，器皿类的器型趋于复杂多样，有荷花叶洗、执壶、菱花盘、六角瓶、橄榄尊等。另外还发生了一个新变化，就是出现较多的人物和动物造型，如人物有达摩、钟馗、铁拐李、苏武、李白、渔翁、樵夫等，动物有猫头鹰、山雀、鸭子、小鸡、猴子、狮子、象等。釉色方面相继出现紫钧（图5.58）、三稔花、钧红（图5.59）、石榴红、回青[①]、茄皮紫。这些多姿的色彩绚丽自然，华而不俗。

图5.56 钧蓝釉梅瓶（直径18.5厘米，口径6厘米，高29.3厘米）

清初 广东民间工艺博物馆藏

资料来源：《杨铨先生捐献文物撷珍》。

① 一种蓝色颜料，主要用于瓷器烧制上色，因明朝时从西域进口，故而得名。回青所呈现的颜色较霁蓝浅淡，多见于嘉靖和万历年间的瓷器。

图 5. 57　翠毛釉象耳瓶（直径 22. 5 厘米，口径 16 厘米，高 45. 2 厘米）
清初　广东民间工艺博物馆藏
资料来源：《杨铨先生捐献文物撷珍》。

图 5. 58　紫钧釉鹌鹑（高 15. 5 厘米）
清　广东民间工艺博物馆藏
资料来源：《杨铨先生捐献文物撷珍》。

图 5.59 钧红釉瓶（口径 9 厘米，高 40 厘米）
清末（1875—1911） 广东民间工艺博物馆藏
资料来源：《中国广东省博物馆藏石湾陶塑展览》。

石湾仿钧器是一种再创作的产品。它在时间、地点和生产条件等方面与原产地都不一样，因此就形成了相似而又不尽同的风格。“钧窑以紫胜，广窑以蓝胜”。钧窑的色彩以青釉带紫红窑变斑为特色，窑变斑形状多样：有的像彩霞一片；有的满布珍珠点点；有的曲折迂回如蚯蚓走泥，纹理清晰透明、浑厚浓润，如寂园叟在《陶雅》中所言：“宋钧之紫，汗漫全体，晕成一片。”石湾仿钧器则以蓝色为基调，错间白、红、紫诸色。窑变釉或作垂流状，或似云斑纹，或呈兔毫纹，纹理细而密，且变化多样，显得光亮艳丽，斑驳淋漓。

从造型看，钧窑器主要分两类：一类是日用器物的碗、盘、盆、碟、盒、瓶，一类是园林陈设的尊、炉、花盆、盆架。其中花盆的形式多样，有葵花、莲花、六角、方形、海棠诸式。石湾仿钧器则以文房用具和陈设品为主，如洗、笔插、瓶、壶和各种人物、动物造型，偏重于观赏，实用价值不及钧器。现藏北京故宫博物馆的玉兰花插是这类仿品中的精品。

宋代钧窑的瓷器都是两次烧成，先经素烧，再上釉复烧，釉层较厚，一般在 1 毫米上下。石湾窑的仿钧器一般是一次入窑烧成，所施釉层有底面之分。

石湾仿钧器的成功，使钧窑窑变工艺得以在岭南地区保存下来，并且在继承的基础上不断创新，形成具有自己风格特点的仿钧系列，在时间上有连续性。从明中叶开始较大量出现仿钧器起，几百年来从未间断生产。江苏宜兴窑虽然仿钧也很出色，但主要流行于明代中晚期；虽然晚期有所谓瓯窑的制作，清代中期有葛氏兄弟的作品，但大体上时断时续。景德镇窑的文献记载仿钧时间很早，北宋已开始，但以后都不多见，迄至清代雍正、乾隆朝又兴盛一时。相比之下，石湾窑坚持仿钧几个世纪，是十分难能可贵的。

在种类上，石湾艺术陶瓷始终以生产仿钧窑器为主，作品多且有自己的风格，包括各种文房用具和陈设用品。其特点之一是仿中有创，并非照抄照搬。宋代钧器为两次烧成，先素烧，再施釉复烧。釉色有天青、月白、灰蓝、海棠红、玫瑰紫等，既有幽雅明润若蓝天白云的单色釉，也有天青与海棠红、玫瑰紫相互交织绚丽多彩的复色釉，被誉为“夕阳紫翠忽成岚”。石湾窑仿钧则是一次烧成，坯胎中的小气孔减少了坯体对面釉的吸收，待稍干后再施一层含硅酸的面釉，高温下两种釉相互渗透融熔，间或因温度和气氛的差异产生窑变，色彩更变幻无穷。如果说宋钧明丽舒展，宁静幽远，其天青釉如雨后青天，石湾窑仿钧则动感十足，斑驳陆离。其纹理粗犷豪放、淋漓奔放的，被称为“雨淋墙”（翠毛釉中的一种）（图 5.60）；条纹纤细若翠鸟羽毛，且窑变产生紫彩的，则称翠毛釉（图 5.61）。因而有“钧窑以紫胜，广钧以蓝胜”的评价。石湾窑仿钧创新最有特色的为“三稔花釉”，在粉红间紫中爆出斑斑红点，恰如岭南佳果三稔树的花朵，天趣盎然。英国伦敦以收藏中国古文物著称的猷莫科波拉斯，就藏有一件石湾仿钧窑的牛血红釉碗。

图 5.60　雨淋墙釉瓶（最大直径 24 厘米，口径 14 厘米，高 26 厘米）
吴国伟藏
资料来源：吕唐军摄。

图 5.61　翠毛釉觚（口径 11 厘米，高 17.5 厘米）
明　广东民间工艺博物馆藏
资料来源：《馆藏石湾艺陶选辑》。

五、石湾窑与舒窑

江西吉州窑始创于唐，入宋后发展很快，生产瓷器种类繁多，纹样装饰丰富，其中黑釉、白釉褐色彩绘、白釉红绿彩绘特色鲜明，独树一帜。文献记载宋代吉州有五窑，以明代舒翁和他女儿舒娇创办的舒公窑最好。舒氏父女善制瓷塑玩具，舒娇更擅长绘画，所制器物精巧，为世人所重。舒窑生产的炉、缸几乎与宋代五大名窑之一的哥窑等价。但舒窑目前未发现完整的传世器物，吉州永和窑的烧瓷史也终结在元代末期。明清两代石湾仿舒窑制品在这个基础上发展，传世品中大体可分为两个方面，即仿舒窑的陶塑和器物。在陶塑方面多是仙像偶像，以寿星公为最多，还有许多动物小雕塑。这些制品，往往采取极其简练概括的手法，甚至做出夸张变形的处理，很少细致的刻画与雕琢。在器物方面多是花瓶、挂壁、烛台、枕案等。

石湾窑在明清时期有一派艺人打出了“仿舒”的旗帜，他们参照吉州窑白地褐色彩绘的技法，根据石湾陶胎的特点，先施一层白色的化妆土，然后赋彩，再加线条描绘，在石湾陶器仿钧、仿哥及各种颜色釉系列中脱颖而出，自成一派（图 5.62）。石湾窑仿舒学习借鉴了吉州窑白釉褐色彩绘笔墨遒劲、神采飞扬的长处，其创新在于克服了吉州窑只有褐彩或红绿彩的单调，充分利用石湾窑丰富多彩的釉色，称为“仿舒加彩”。无论在花瓶等器皿上绘画山水花鸟，或在人物和动物陶塑中勾勒眉眼衣纹，都显得华丽而富有书卷味（图5.63）。晚清黄古珍是石湾窑仿舒一派的杰出代表。他不但精通陶艺，而且有深厚的书画造诣，故作品多样而含蓄，富有书卷味及笔墨情趣，深受鉴藏家珍爱。

图5.62　石湾仿舒赵公明（高17.3厘米）　清　广东民间工艺博物馆藏
资料来源：《杨铨先生捐献文物撷珍》。

石湾窑有题材广泛、形式多样的大量“仿舒”作品传世，从一个侧面填补了声名远播而湮没已久的宋代舒窑的空白。

六、石湾窑与唐三彩

唐三彩产生于唐代，是用绿、褐、白三种软彩釉，涂抹在没有经过素烧的白黄色坯胎上，再经低温烧成的彩色陶器。其实三彩不只是这三种色彩，也有蓝色的，但没有红色。石湾窑最善于仿唐三彩的是晚明的“祖唐居”，它除了继承唐三彩的黄、绿、白以至茄蓝色等典型色相外，因色釉的调配、施釉过程的交错重叠、坯土含铁量的差异而呈现出深浅的变化，色釉的底层也出现了丰富的变异。因而这类器物（图5.64）与唐三彩相比更加绚丽多彩，更加华丽夺目，在阳光照耀下常有虹彩的光泽，为人所珍爱。此外，造型的严谨、纹饰的精巧也是“祖唐居”制品的特征。

图 5.63　仿舒窑釉和合二仙（宽 20.7 厘米，高 22 厘米）　晚清
资料来源：《窑仙庆聚——国际石湾陶艺会石湾陶塑》。

图 5.64　三彩釉圆几（直径 18.5 厘米）　明晚期　奇石村出土　广东省博物馆藏
资料来源：《国际石湾陶艺会（二零零八年刊）》。

七、石湾窑与周边窑址

唐代广东的窑址已经发展起来，佛山石湾、南海奇石、新会官冲等地都发掘出窑址与烧造的陶器。当时珠江三角洲地区各窑产品风格相类，同类器形亦基本一致，为同一系统（图 5.65、图 5.66）。

图5.65 石湾窑酱黄釉高身陶坛
（口径8厘米，高73厘米） 奇石村出土
资料来源：《中国陶瓷·石湾窑》。

图5.66 新会陶坛
（高87厘米） 新会出土
唐 广东省博物馆藏
资料来源：《中国陶瓷·广东陶瓷》。

广东陶瓷业的鼎盛期在北宋。目前全省发现的宋窑多达600多处，包括佛山石湾、广州西村和增埗、潮州百窑村、阳江石湾、东莞石湾、肇庆竹竿山、惠阳白马山等处。著名的有广州西村窑①和潮州笔架山窑②（图5.67为潮州笔架山窑制品）等。这些窑总称为“广窑”。从考古发掘出来的宋代瓷器、瓷片来看，北宋时期潮州、惠州、广州等窑口均烧瓷器，唯石湾主要烧制陶器。某些著录把广窑、阳江窑和石湾窑穿凿混淆起来，认为其为同一窑系，这种观点必须澄清。就目前调查的结果来看，北宋阳江窑出土的遗物“瓷胎清白细腻，火候很高，釉色有淡青、青绿等种，器壁

① 西村窑是广东宋代烧制外销瓷的著名民窑。窑址位于广州西北向的西村增埗河东岸岗地上，始于晚唐，盛于五代和北宋。胎色白，釉色以青釉为主，也有米黄、黑、酱色和褐色等。有青白瓷、青瓷及黑瓷三种，以青白瓷为主，器物造型繁多。西村窑产品在国内很少流传，产品主要销往东南亚、日本等国。

② 位于湘桥城东笔架山西麓，北起虎头山，南至印子山，绵延2公里，窑址鳞次栉比。至今笔架山脚一带的群众仍称该地为“百窑村”。笔架山窑场始创于唐，极盛于宋。其产品远销国内外，成为中国陶瓷出口基地之一，被誉为“广东陶瓷之都”。产品种类繁多，胎质坚密。釉色以影青釉为主，兼有青、白、黄、酱褐釉等，釉质晶莹润泽，多数不开片或只是极细的鱼子纹片。饰纹以划花力主，还有雕刻和镂空的。

内外均刻有花纹，器形和潮州窑中出土的同类器形大致相同”①，应属青瓷体系。北宋的石湾窑产品属半瓷性质，胎质灰色或灰白，釉色以青黄、酱褐为主。两窑差异很大，应没有渊源关系。但宋明以来，由于石湾陶业兴盛，阳江或东莞都有陶工迁居石湾，因而石湾窑与阳江窑或东莞窑有某些产品的风格互相影响，则是可能的。

图 5.67　潮州笔架山窑麻姑献酒②像（高 16.5 厘米）　北宋　广东省汕头市博物馆藏

资料来源：《中国陶瓷·广东陶瓷》。

南宋及元比较萧条，广东仅发现元窑 34 处；至明清两代有所发展，明清窑址有 520 处（图 5.68）。石湾窑明代以前在广东的窑口中无论材质和装饰工艺都不突出，至明代才以艺术陶器异军突起，后来居上。

① 曾广亿、古运泉、宋良璧：《佛山石湾阳江石湾古窑关系初探》，《石湾陶展》，香港大学冯平山博物馆 1979 年版。

② 相传三月三日西王母寿辰，设蟠桃会，上、中八洞神仙齐来祝寿。其间白猿献桃、麻姑献酒，欢宴歌舞，共庆王母寿诞。

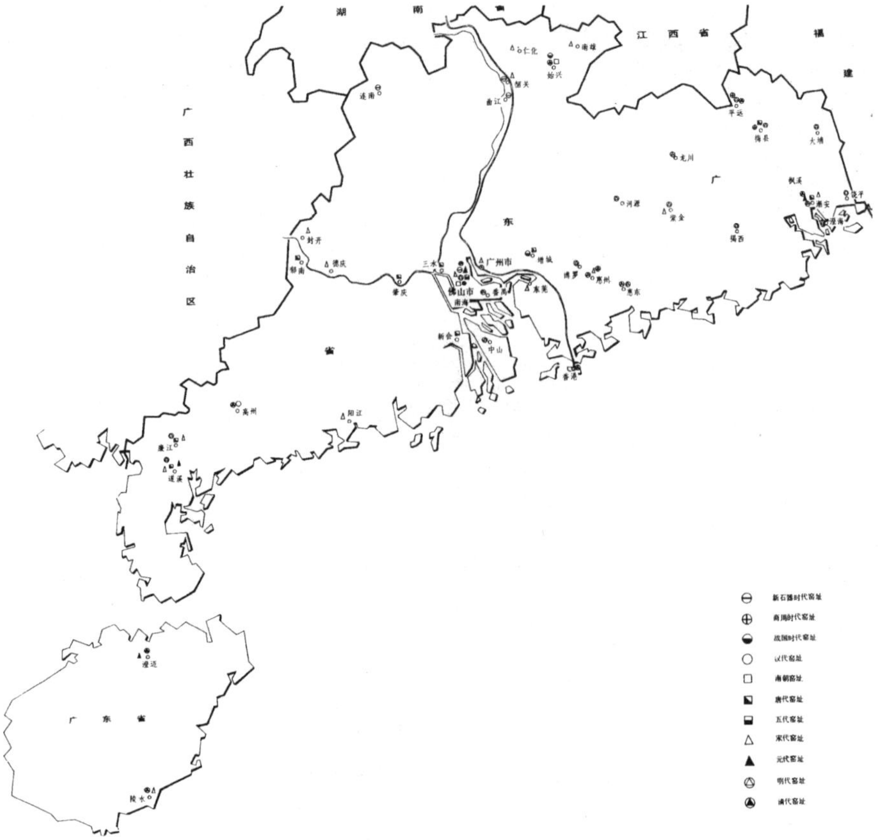

图 5.68　广东窑址略图

资料来源:《中国陶瓷·石湾窑》。

第六章　石湾窑文化解析

第一节　石湾窑的文化现象

一、阴阳和合

阴阳八卦深刻地表达了古代中国基本的世界观，这种观念也形象地体现在石湾陶器的造型上。明清石湾窑有多个以八卦卦画为装饰的琮瓶，卦画用凸起的线纹组成，圆口方身，体现了阴阳和合、天圆地方的世界观（图6.1）。

图6.1　月白釉琮瓶（口径6厘米，高19.6厘米）　明中期（1522—1614）

资料来源：《中国广东省博物馆藏石湾陶塑展览》。

《南海县志》中记载："石湾金鱼大缸，两两相合，俯者为阴，仰者为阳，阴所盛水浊，阳所盛水清，试之尽然。"中国哲学体系正表现为"天人合一"观念贯穿的阴阳、八卦和五行系统。伏羲八卦，是人对自然界和人类社会看法的概括，是对万物关系的总结。这种由混沌分化为阴阳、阴阳结合而生万物、万物生生不息的观念，正是对中国哲学体系的概括。明清石湾窑有许多双鱼插、阴阳鱼插（图6.2），双鱼或阴阳鱼造型也象征着阴阳合体、万物化生。明清石湾窑还有一种龙凤缸[①]，缸外壁塑有龙与凤的浮雕装饰，龙凤腾云，构图生气勃勃。石湾窑的黄釉龙凤缸在东南亚及荷属东印度都很受喜爱，并用以贮藏珍贵衣物。[②] 龙与凤为最高吉祥物，并由于龙体现威力之美，属阳，凤体现婉丽之美，属阴，因而又体现了阴阳和合的哲学观念。还有阴阳两格洗（图6.3）等文房用品也表达了这种阴阳和合的文化观念。

图6.2　白釉阴阳鱼花插（长12厘米，宽8厘米，高23厘米）　清　吴国伟藏

资料来源：吕唐军摄。

图6.3　"两来正记"绿釉太极阴阳两格洗2（直径12.5厘米，高3厘米）

吴国伟藏

资料来源：吕唐军摄。

① 因凤与鸡近似，当地称为"龙鸡缸"。

② 邹华：《古代广东石湾窑的外销陶器》。

二、宗教信仰

石湾窑大量的题材来源于宗教信仰，人物故事大部分都为神仙、神话类题材，如建筑陶脊上的题材就多为宗教神话，如姜子牙封神、八仙过海、哪吒闹海、日神月神等，而且还受到浓烈的民间信仰的影响。岭南人偶像崇拜的特征明显，清人张渠谓“无论朱门、悬薄①、中堂皆供神像，塑望必礼拜”。尤其明代以来，珠江三角洲地区的佛教、道教和民间宗教都极为兴盛，石湾窑的陶塑偶像大受欢迎。同时，宗教信仰又为石湾窑提供了大量的创作题材。如清代的和合二仙、佛山仁寿寺供奉的红绿度母佛像（潘玉书所塑）、香港庙宇中供奉的关帝像等，塑像者本身亦为虔诚的信徒。宗教信仰对石湾窑的影响是极其深远的。

动物陶塑也多作各类型神兽。“袁湖记”的案头摆设小品中就有大量的灵兽类作品（图6.4、图6.5）。佛教的莲花，道教的如意、八卦、八宝等纹案也都成了陶塑艺术的装饰。

图6.4　红绿釉赑屃②水注（长11.5厘米，宽7厘米，高6厘米）　吴国伟藏

资料来源：吕唐军摄。

① 垂帘。

② 龙之九子中，九子之首名为赑屃（bìxì），又名霸下，样子似龟，喜欢负重，碑下龟是也。相传上古时它常背起三山五岳来兴风作浪。后被夏禹收服，为夏禹立下汗马功劳。治水成功后，夏禹就把它的功绩让它自己背起。故中国的石碑多由它背起。

图6.5　绿釉狻猊（左长11厘米，高9厘米；右长8厘米，高10厘米）
民国　吴国伟藏
资料来源：吕唐军摄。

三、陶脊与岭南建筑空间

陶脊不仅为岭南特有的建筑装饰，而且对岭南建筑空间的表意有重要作用。

首先，陶脊强化了建筑空间的边界，引导了建筑空间的序列。陶塑正脊强化了建筑外部的天际线，看脊则强化了庭院内部的天际线。陶脊构成的建筑天际线使建筑空间的边界更为明确。在陶脊的引导下，岭南传统建筑空间序列的连续性与完整性更为突出。正门是建筑空间序列的开始，其陶脊的规模、数量、形制等胜于其他建筑单体。如陶脊规模最大者祖庙三门瓦脊有31.7米，陈家祠的正门有5条陶脊。正门陶脊的型制通常饰有龙凤、宝珠、日神月神等。中轴线上的每一进建筑都有陶塑正脊，两厢则有陶塑看脊，强调出空间序列的轴线，并作为空间序列的引导与提示。

其次，陶脊界定了人的心理空间范围。作为界面元素，陶脊形成了一种空间预示，并界定了人的心理空间范围。陶脊隆重装饰的正门，预示着神圣境界与世俗空间的分界。胥江祖庙的道教庙宇、佛山祖庙的灵应祠与龙母祖庙都是杰出的案例，这已经超出了普通建筑装饰的意义。

再次，陶脊营造了建筑空间的氛围，表征了建筑空间的性质。陶脊就像岭南传统建筑的表情，不同位置、不同风格的陶脊营造出不同的空间氛围。如佛山祖庙，在向阳开阔处的陶塑（三门瓦脊）丰富多彩，形成了富丽堂皇的场所氛围；在正殿前狭小幽暗的庭院中，陶脊的背光轮廓就渲染出庄严神秘的气氛。胥江祖庙与悦城龙母祖庙的庭院则是小而开阳，陶脊增添了和谐欢乐的气氛。

最后，陶脊的规模与风格通常显示出建筑空间的功能和性质。祖庙、胥江祖庙、龙母祖庙的陶脊彰显其隆重与神圣，陈家祠的陶脊则彰显其文雅与显耀。同一组建筑中，中轴线上的陶脊较为隆重张扬，内容浩瀚，并常与二龙戏珠、独占鳌头等装饰相结合，显示出其领导性质；两厢的看脊则规模较小，形态和谐，显示出其建筑空间的从属性质。①

四、石湾窑反映的民俗生活

石湾窑产品反映了岭南人们的民俗生活，展现出岭南人民的居住、服饰、饮食等物质民俗，同时还体现出家族、民间组织等社会民俗，宗教、信仰等精神民俗，以及语言、戏剧、民间传说等其他民俗。

1. 物质民俗

石湾窑产品与人们的生活密切相关，反映了岭南人民传统的衣食住行，有鲜明的广府民系特色。

石湾窑产品中多有体现岭南的饮食习俗。如日用陶瓷中最普遍的三煲——饭煲、汤煲和粥煲，就反映了岭南典型的食俗。岭南人以米饭为主食，又由于暑夏漫长，岭南人还热衷于“煲老火②汤”和“煲粥”。“煲老火汤”和“煲粥”都需要将原材料在慢火上煎熬几个小时，因此对三煲的耐火、耐渗漏要求很高。石湾窑的三煲长期迎合本地市场的需求，材料、技术都是首屈一指的，能长时间使用而不开裂、不渗漏，虽为民窑的普通日用品，却行销广泛，甚至出口至国外。石湾窑产品还热衷于模仿岭南的食俗特产，特别是水产和岭南特有的瓜果蔬菜，如螃蟹（图 6.6）、鱼虾、荔枝、菠萝、葫芦瓜等。

此外，陶脊上反映的戏剧性物质民俗更为突出。陶脊上众多的人物穿着不一，长袍、甲衣、长靴等一应俱全，同时又更多地体现了粤剧中的着装，大袍大甲、靠旗、雉鸡尾等细节毕现。还有特殊的着装，如嫁衣、文官服饰与武将盔甲等。

陶脊上的戏台背景塑有众多的亭台楼阁，通常为一至两层建筑，屋顶形式多为具有岭南特色的卷棚顶，还有歇山顶、盝顶等。建筑雕梁画栋，运用了很多岭南特有的装饰构件，如陶栏杆、陶漏窗等，具有明显的岭南

---

① 周彝馨：《岭南传统建筑陶脊与岭南传统建筑关系研究》，《顺德职业技术学院学报》2011 年第 7 期，第 84 ～ 87 页。

② 老火，粤语方言，长时间熬的意思。

图 6.6　红釉蟹形壁挂　吴国伟藏
资料来源：吕唐军摄。

建筑装饰特点。陶脊中还有一些有趣的内容，如其中塑有众多的阳台和骑楼等，反映了当时建筑中西结合的倾向（图 6.7）。

图 6.7　陈家祠首进东厅正脊局部
资料来源：吕唐军摄。

石湾窑产品里有大量的家居小品，反映了岭南人民富有情趣的生活。岭南植物种类繁多，四时花开，绿叶长青，因此岭南人喜爱植物，家家都有盆栽、案头插花、挂插植物等。注重植物装饰的同时，花盆（图 6.8）、花瓶、花插、壁挂、几座（图 6.9）等亦成为了艺术欣赏品，使家居充满了生气与雅致。花盆行是石湾窑规模较大的陶瓷行会，产品品种众多，后来更因生产建筑陶瓷特别是陶脊而闻名海内外。

图 6.8 红变釉莲花式花盆（高 27 厘米，口径 50 厘米） 曾安昌藏
资料来源：《石湾花盆》。

图 6.9 白釉环形小几（直径 11 厘米，高 13 厘米）
明晚期 广东民间工艺博物馆藏
资料来源：《馆藏石湾艺陶选辑》。

2. 社会民俗

在石湾窑产品上钤印或镌刻有制作作坊或作者的名号，特别是在陶脊上有作坊、作者的名号，其中包括“石湾文如璧”、“黄古珍”、“石湾均玉”、“石湾吴宝玉”、“宝玉”、“英玉”、“石湾奇玉”、“美玉”等。清代陶脊的生产制作属于花盘行的专利，石湾花盘行有70多家店号，光著名店号就包括以上这些。同一时期装置的陶脊，分别由不同的店家制造，制品水平不相伯仲，可见当年石湾陶艺花盘行的兴旺。陈家祠聚贤堂的陶脊长27米，高2.9米；祖庙三门的陶脊长31.7米，高1.78米。其烧制都需要大规模的窑场和熟练的技术，还需要众多陶塑艺人分工合作、分段装配，其行业的成熟可见一斑。

3. 精神民俗

国内现存石湾陶脊的四个重要建筑中，包括了广东省最有影响的三大古庙，均集儒释道三教于一体，且其主神均为道教神祇。佛山祖庙与三水胥江祖庙的正神为北方真武大帝，德庆悦城龙母祖庙的正神为龙母娘娘（道教封号为水府元君），还有道教“第七洞天、第三十四福地”的冲虚古观。岭南人民的宗教信仰极具包容性，儒释道和谐共存，而道教信仰对岭南人民尤其具有深远的影响。石湾艺术陶塑和陶脊中有大量的道教传说与其他宗教题材，如天官赐福、八仙过海、日神月神、观音罗汉、佛手瓜等，反映了岭南人民博大包容的宗教信仰。

4. 其他民俗

广府地区的方言为粤语，陶塑中有众多与粤语谐音相关的吉祥题材，如榴开雀（爵）聚图、连甲（莲鸭）三元、岁岁（穗穗）有余（鱼）、太狮少狮（师）、爵禄封侯（雀、鹿、蜂、猴）、马上封侯（猴子骑马）、同谐到老（一双童鞋）、蝙蝠（蝙蝠倒挂喻福到）等。

佛山是粤剧的发源地，对粤剧有举足轻重的地位，至今保留有粤剧的重要古戏台——万福台。清代在广东演出的戏班与名伶每年都要在万福台登台演出。在石湾生产的陶塑，特别是陶脊中，可见到粤剧对佛山人民乃至岭南人民的重要影响。陶脊中的粤剧场景众多，岭南人民对粤剧题材的陶塑喜闻乐见，民间匠人对粤剧典故信手拈来，对其中的人物、场景、细节成竹在胸，表现得栩栩如生，可见粤剧曲目的深入民心（图6.10）。

陶塑中还反映了众多的民间文学题材，如牛郎织女、龙母娘娘、断桥会等。①

图 6.10 陈家祠二进西厅正脊《太白退番书》② 局部

资料来源：吕唐军摄。

第二节 石湾窑的文化特点

民窑扎根民间，几千年来与民俗生活不断融合，有强大的生命力。石湾窑流传至今并大放异彩，实有与官窑相异的文化特点，我们尝试总结如下。

一、源远流长，影响深远

石湾陶器，有实证可溯源至5000年前的新石器时代，后历经数代不断探索，发展至明清、近现代高峰时期，从无断绝，其历史之久远连续，在陶瓷史上是罕有的。唐代开始，石湾窑已经出口远销，且物美价廉，畅销于世。北宋时期，广州已经成为对外贸易的重要通商口岸，而广州出口的陶器绝大部分来自石湾。据考证，在菲律宾、马来西亚、印度尼西亚、新加坡等地出土过唐宋的石湾陶器，阿拉伯半岛东南部的阿曼苏丹国索哈地

① 周彝馨、吕唐军：《岭南传统建筑陶脊及其人文性格研究》，《中国陶瓷》2011 年第 5 期，第 38 ～ 42 页。

② 见附表 5。

区也出土过大量明代石湾陶器。①

以石湾窑清代盛期的代表作陶脊为例，岭南三大庙宇——佛山祖庙、三水胥江祖庙、德庆悦城龙母祖庙，和道教“第七洞天、第三十四福地”的罗浮山冲虚古观，在19世纪末重修的时候都不约而同地以陶脊代替原有的脊饰。可见当时陶脊已成为岭南最高等级的建筑脊饰，并使人们争相效仿，像陈家祠这样的民居建筑也以此装饰为荣。陶脊后经广东人民带往东南亚一带，现今在港澳台和泰国、越南、缅甸、新加坡等地还有遗存，可见其影响的深远与广泛。

二、扬长避短，另辟蹊径

一个缺乏优质瓷土的地方竟然成为一个陶业基地，而且从新石器时期延续至今，规模亦越来越大，的确引人深思。不产优质瓷土的石湾窑，如何在名窑众多的中国立于不败之地？扬长避短是其取胜的秘诀。石湾窑不以陶质取胜，而以其形神之妙趣横生使陶瓷收藏家们爱不释手；不以官窑的贵族式品味为标尺，而以平民式的乐趣为追求。石湾陶器的代表类型——艺术欣赏品正是扬长避短、另辟蹊径的典范。如图6.11中的陶狮，不能以瓷质胜，却工于釉色与捏作，神胜于形，将狮子静极待动、顽憨可爱的神态表露无遗，确为上品。

图6.11　石榴红釉瑞狮（高36厘米）　清

资料来源：《中国陶瓷·石湾窑》。

① 《石湾艺术陶器》编委会：《石湾艺术陶器》，岭南美术出版社1987年版，第16页。

三、兼收并蓄，擅仿擅创

石湾窑技术上的最大特点为题材广泛，釉色丰富，技法多样。其丰富的题材、釉色与技法离不开石湾窑对全国各名窑技艺的兼收并蓄，并在学习模仿的基础上实现创新。石湾窑模仿力之强为世人称道。它仿造的范围很广，有仿商周的尊、鼎、彝、觚、壶等古器，有仿各名窑的作品，也有仿瓜果、象生、山石等自然界物事。它的仿制不仅仿其造型，更注重釉色，如仿定窑的“粉定”、龙泉窑的“梅子青”、建窑的“鹧鸪斑”、磁州窑的“铁绣花”、哥窑的“百圾碎”等，仿哥窑的精品甚至在江西窑之上。

石湾窑世代相传，不断吸收各名窑的长处，产品适应性很强，市场需要的东西都能生产出来。由于基础深厚，所以擅仿擅创，具有自己独特的风格。

元、明以来，石湾陶匠从青釉体系中摸索出多色釉，使石湾艺陶进入花繁果硕的境界。仿各种瓜果、鸟兽、虫鱼的原色，仿鱼篓藤色，仿古代钟鼎的古铜色，仿唐三彩等作品，纷纷问世。随着市场的需要，仿各名窑的产品亦大批生产。五大名窑中，汝窑、官窑、钧窑均以釉色见长，哥窑以冰裂著称，定窑则有丰富精美的装饰花纹。明清时期石湾窑常见的就有仿龙泉窑的“影青”、“梅子青”，仿哥窑的“百圾碎”，仿定窑的“粉定”，仿汝窑的“玻璃绿”，仿钧窑的“玫瑰紫”、“翠毛釉”、“蓝彩”，仿景德镇的“彩瓷”，仿磁州窑的“铁绣花”，仿建窑的“鹧鸪斑”，仿成化窑[①]的“古彩[②]”等。商人往往把这些制品大量输出国外，石湾窑成为集全国各名窑之大成的民窑。石湾善仿各名窑的作品，石湾陶匠并非只追求模仿得相似、逼真，而是吸取它们的优点，融合变化，脱颖而出。在封建社会，技术是非常保守的，同行如敌国，加上封建行规束缚，本地区本行业技术都互相封锁，更难与外地进行技术交流。在生产落后，把技术当成秘密的时代里，石湾的陶工不可能直接得到其他名窑的技术。石湾产品能集全国名窑之大成，主要是由于明代以前，石湾陶匠摸索钻研，逐渐打开了颜色釉的奥秘，而且熟练掌握了颜色釉的运用，所以石湾的仿制品具有

---

① 明宪宗成化（1465—1487）时的景德镇官窑。这时的彩瓷被推为明代八大时期（永乐、宣德、成化、弘治、正德、嘉靖、隆庆、万历）之冠，淡描五彩，精雅绝伦。

② 又名硬彩。为别于清代粉彩，一般称明代五彩和清代康熙五彩为古彩。五彩，是以红、黄、绿、蓝、紫等各种带玻璃质的彩料，按图案纹饰需要施于釉上，在瓷胎上用生料、钒红勾线，用单线平涂的方法，再在“彩炉”二次焙烧而成。由于它红绿分明，层次较少，彩色鲜明透彻，故称硬彩。

鲜明的地方特点，其中一些产品还青出于蓝，如“百圾碎，……在江西窑之上”[①]。

石湾窑从来没有止步于学习模仿，其模仿的最终目的是创新与超越。仿亦是创，石湾窑的模仿从来都是一种探索创新过程。其中仿钧窑的成绩最为显著。如钧窑有一种天青色釉，称为“雨过天青”，石湾则利用该釉发葱白点的窑变，烧出一种独特的“雨洒蓝”，像夏日晴空的一阵骤雨，在蔚蓝中现出葱白点点。寂园叟在《陶雅》一书中赞誉它“较之雨过天青尤极浓艳”。可见石湾窑仿中有创，不断升华，这是在颜色釉方面有深厚的基础才能达到的。又如翠毛釉，蓝色中映掩绿彩，以似翠鸟之羽而得名。石榴红原仿自钧红，釉面却带棕眼和夹杂有黄色条纹，此风格为钧窑所无。

光绪、民国初年，以仿古名窑釉色而著名的陶塑家陈渭岩，就曾到景德镇学习和交流技艺。在他创作的一批作品中，便融合了两地的工艺特色。清代的郎红是景德镇很有名的仿钧红釉，石湾窑仿之，制作得十分精美，以致真假难辨。英国大收藏家猷莫科波拉斯把一件石湾红釉碗作为宋代的钧窑器收录在《猷氏搜集古陶图录》中；1959 年出版的《景德镇陶瓷史稿》[②] 复制了这一图版，则视之为清代景德镇仿钧红釉碗的作品。经鉴定，此器其实是石湾的仿制品。在清代仿造之风大盛时，景德镇也仿“宜钧”和“广钧”，这样石湾窑的仿钧技术同样也被景德镇窑吸收。互相学习，取人之长，补己之短，不断创新，为陶瓷工艺得以发展的动力所在。

元、明以来，石湾窑在釉色方面有很大突破，突出表现在产生了窑变艺术，使石湾陶的釉色绚烂多彩；还突出表现在施釉技巧上。石湾窑产品的坯胎是半陶瓷质的，比较厚，在釉色使用上为适应这个特点，很讲究器物与釉色的结合，一般釉料黏附较厚，有釉、胎俱厚的特点。复色釉的釉色最多的达两三层，在一个基本的色调中追求千变万化的色彩。石湾窑所用的釉药，色彩艳而不娇，华而不俗，粗犷中蕴藏隽秀，浓郁中显露古雅。同时对古代各名窑的釉色兼收并蓄，不断创新。所以明清两代硕果累累，赢得了中外人民的赞誉，目前有釉色近百种。[③] 清末范端昂的《粤中见闻》记载：“南海之石湾善陶，其瓦器有黑、白、青、黄、红、绿各色，备极工巧”，就反映了这种情况。

---

① 《南海县志》。

② 江西省轻工业厅陶瓷研究所：《景德镇陶瓷史稿》，上海三联书店 1959 年版。

③ 林乃燊、邹华、石稳：《石湾陶瓷的源流、特色和历史地位》，《中山大学学报（哲学社会科学版）》1980 年第 3 期。

还有陶脊，是石湾窑当之无愧的创新类型。陶脊是岭南传统建筑独有的建筑装饰，已成为岭南建筑装饰的代表。其创于宋代，盛于清代，为石湾窑的特产，是集陶瓷、建筑与雕塑三位一体的造型艺术，代表了石湾窑的最高水平。这些成就足以见证石湾窑无穷的创造力。

四、源于生活，高于生活

石湾民窑是随着人民生活和审美的需要产生和发展的，基本不受官方的限制和约束。战国和汉代墓葬出土的陶猪、陶狗以及陶井、陶屋，就已经和老百姓的日常生活息息相关。东汉墓葬中的水田附船模型和陶屋模型，不仅反映了汉代石湾的农业生产和建筑水平，而且让我们看到了石湾窑现实主义的源头。

2000 年来，石湾的陶塑艺术就是沿着这个表现人民生产和生活的现实主义传统发展的。水田附船模型（图 2. 11）是东汉石湾的陶工给我们留下的一件珍贵的历史文物，是一首典型的历史叙事诗，它告诉我们：石湾人民在不断地总结生产经验的基础上，逐渐懂得在靠近水边的冲积土上开出水田。[①] 并且已把水田划分为若干块，垒起田埂，以便集中人力物力，精耕细作；当时已采用了播种、育秧、插秧等移栽秧苗的先进方法；在耕作方面，已有先进的农耕技术，使用“V”形铁犁耕地，收获时用镰刀；并已逐渐懂得改良土壤，插秧前在泥中施放底肥。这件艺术品还告诉我们：收与种在同时进行，表明了石湾地区在东汉时期已经实行二造制。可见石湾自古以来就是珠江三角洲农业生产最发达的地区。水田附船模型给我们留下了亲切的乡土气息。以塑造动物闻名于世的清代陶塑名家黄炳有许多以鸭为题材的作品，塑造得异常传神，其中有作游弋状的，两掌前后动作不同，骨骼亦不同，非有深厚的生活基础不可能刻画得如此细致逼真。

石湾窑的实用陶器，实用价值与美学价值浑然一体。它有两种思路：一种是实用为主，另一种是实用与欣赏相结合。第一种以“三煲”为代表，即饭煲、粥煲、药煲。“三煲”一直是石湾窑的传统名牌产品，这种用器天天要在 100 多℃的温差中轮番使用，因此陶质必须略为疏松，对热胀冷缩才有较强的耐应性；又必须坚致轻薄，才能经久耐用。这三种炊煮器都是陶工总结长期实践经验，巧妙设计的。第二种如蟹形水仙盆、荷叶笔洗、山形笔架等，既是日用品，又是欣赏品，深受欢迎。典型代表是清

① 小船是劳动者下田乘坐或运粮载肥的农业交通工具，当时从居住区到农田作业区要乘坐小船。

代的猫形油灯。曲坐着的猫身是灯盏，猫头是灯罩。当时使用油灯，人们睡前把灯罩盖上，像个猫蹲坐在案台上，老鼠不敢来偷油；白天又可作案头摆设，一举两得。

明清石湾窑的仙佛形象十分世俗化、人性化。他们不再是不食人间烟火的神，而是与群众产生共鸣的形象。黄古珍所作《日神》、《月神》，简略粗犷，质朴自然。日神神态豪放，举手投足间动势强烈，展现一种阳刚之美；月神则神态安祥，面容柔嫩，眉清目秀，俏丽妩媚，展现一种阴柔之美。两者虽然都是“神”，但形貌、装束都已完全世俗化，月神盛装华服如当时的贵族女子，日神则如粤剧戏台上常见的人物形象。又如清代石湾窑的“和合二仙”，有时塑成两个稚态可掬的儿童（图6.12），有时塑成两个俏丽的女子。清末《彩釉和合二仙》，就如同两个正在讲悄悄活的少女，面容如同民谣中所描述的“弯弯眉，线线眼，樱桃小口一点点”。石湾陶脊中颇多神话传说，《群仙祝寿》[①] 中，各路神仙聚集一起，千姿百态，场面宏大。然剥开神话外衣，这些陶脊正是清末佛山镇生活景象的生动写照，别致的亭台楼阁，鳞次栉比的店铺，形貌姿态各异的神仙，就如同明清石湾的一幅风情画。石湾陶艺家们塑造的神，是体味了世俗生活中人的形象，参照民间传说而加以理想化的神，褪去了神的光环，十分可亲可爱。神形象的世俗化，表明明清时期的石湾神话虚构与现实生活紧密相联，神与人自然亲近，甚至人世的生活高于对天国的信仰，比天国更具有吸引力。施丽姬女士说，石湾陶塑中“蕴藏着深厚的温暖和可察觉的人性”，神形象的世俗化便是其表现之一。[②]

石湾窑与官窑有根本区别，它是为市场和人民的需要生产的，而不是为官府权贵生产的。在生产领域，它较少受官府的干扰，创作内容无须服从统治阶级的意志，各种历史思潮和社会风尚在产品中的反映是自主的。它生产的类型是人民生活需要的，产品的风格也是人民喜闻乐见的。渔、樵、耕、读等表现的是劳动人民，是石湾陶匠耳熟能详的，所以塑造得维妙维俏。石湾窑并不满足于直白地表现生活，而是通过提炼、升华，把生活的美淋漓尽致地表现出来。

石湾陶塑的创作方法，强调对艺术的原型——真实生活形象的取舍、提炼和夸张再现。石湾的历代艺人，通过接触人民，接触真实生活，作品表现出大众的感情和愿望。如渔、樵、耕、读表达出对宁静生活的向往，关羽、李逵、鲁智深、武松等人物作品则表达了对正义的赞美。这种生活

---

① 见附表5。
② 毛萍：《论明清石湾陶艺的美学特色》，《佛山大学学报》1995年第6期。

化和人性化的表达方式，正是现实主义和浪漫主义结合的魅力所在。

图6.12　石榴红和合二仙（高22厘米）　清　广东省博物馆藏
资料来源：《中国陶瓷·石湾窑》。

五、趣味天成，大巧若拙

石湾窑的趣味首先关乎其题材，其次关乎其表现手法。

关于题材，例子有石湾窑塑造的历史人物李白。其塑造的李白通常不是饱读诗书的圣贤，而是醉态可掬的“酒仙”，妙趣天成（图6.13、图6.14）。好酒的人物还有西晋的刘伶和东晋的毕卓（图6.15）等。

石湾陶塑中反映人民日常生活情趣的题材最富有地方民俗特色。刘佐潮的《拍蚊公》塑造了一个劳动者，左手高高举起，正准备狠狠拍击蚊子的一刹那，那咬牙切齿又小心翼翼的神态，让人忍俊不禁。霍津署款的《砍柴夫妻》定格了妻子替樵夫挑脚底木刺时既怜爱又害怕的温情脉脉，刘传《唱书人》中说书艺人的眉飞色舞，刘垣《抽竹筒水烟》中村夫的悠然自得，都是妙趣横生的作品。

关于其表现手法，可以石湾窑的神仙为例，其少用正襟危坐、道貌岸然的表现手法。弥勒佛是大腹便便、笑口常开的活宝；八仙中塑造最多的是逍遥自在、放荡不羁的铁拐李；嬉笑怒骂、神通广大的活佛济公，更是受到石湾人的青睐，成为历代艺人反复塑造的偶像。

图 6.13　仿哥窑太白醉酒（宽 16.2 厘米，高 17.2 厘米）　20 世纪初

资料来源：《窑仙庆聚——国际石湾陶艺会石湾陶塑》。

图 6.14　陈家祠二进西厅正脊《太白醉酒》

资料来源：吕唐军摄。

战争时期的巴夏礼尿壶是一件极富讽刺趣味的优秀作品。当时巴夏礼是英国驻广东领事，英军攻进广州时，烧毁民房 5000 多家。广州沦陷后，以巴夏礼为首曾建立一个殖民地政权，侵略者掳掠淫杀，为所欲为，广东

图 6.15　毕卓醉酒卧像（高 16 厘米）　清末（1875—1911）
资料来源：《中国广东省博物馆藏石湾陶塑展览》。

人义愤填膺。在这种高昂的人民反抗运动中，为了表示对侵略者的仇恨和鄙视，石湾陶艺名家陈渭岩塑造了《巴夏礼尿壶》（图 6.16）。作品中巴夏礼屈足侧卧，充分表现了侵略者的滑稽丑态。

图 6.16　巴夏礼尿壶（高 16 厘米）　清末民初　梁秋泓藏
资料来源：《浴火凤凰——石湾窑·窑宝展》。

动物陶塑也表现出动物生动滑稽的一面，如图6.17、图6.18 中的虾和蟾蜍，其笨拙生动的神情十分惹人喜爱。

图6.17　红釉虾（长29厘米，高11厘米）　清末（1875—1911）
资料来源：《中国陶瓷·石湾窑》。

图6.18　翠毛釉蟾蜍（高12厘米）　清　广东民间工艺博物馆藏
资料来源：《馆藏石湾艺陶选辑》。

六、诗意表现，艺之大成

石湾窑以诗意的表现形式重现了岭南的地域人文特色。石湾陶匠对山明水秀的南国风光和乡村景色寄托着深厚的感情，创造出丰富多彩的欣赏陶塑。如装饰假山盆景的山公，不管是松溪晨牧，还是秋江渔笛，都将生活诗意再现，把自然的美和劳动生活的美重现在盆景上，使人唤起无限乡情。

清代的岭南文化已臻成熟，其粤剧、岭南画派、广东音乐等众多艺术门类都已达高潮并体现在石湾陶艺中。佛山被称为粤剧的故乡，石湾陶塑与粤剧的关系唇齿相依、由来已久。粤剧在题材、造型方面影响了陶塑，因此在题材上，石湾陶塑的丰富性是其他地区所不能比拟的。石湾窑艺人能将粤剧搬到陶脊上作建筑装饰，无疑是一项划时代的创举。陶脊受到粤剧的影响，常以折子戏的形式出现，人物皆脸谱化，所塑人物戏韵十足（图 6.19）。珠江三角洲古建筑无处不在的戏曲人物装饰，正是粤剧发源地戏曲活动深刻影响生活的证明。

图 6.19　陈家祠首进西厅正脊背面局部　清光绪癸巳年（1893）

资料来源：吕唐军摄。

岭南画派中西结合，精于刻画花卉鸟兽，具有写实主义的特点。石湾陶塑受其影响，特别是刻画的花卉鸟兽，真实生动，色彩鲜艳明快，生活气息浓厚。很多陶塑题材直接来源于绘画，如雅士图、（牡丹）富贵图、荷莲图等。书法、诗词等也不时地出现在石湾窑产品中。清末民初的石湾陶塑艺术家吸收了国画中的写意、工笔技法和西洋写实的雕塑技法，将写实与写意有机结合，手法细腻，形神俱备，气韵生动。二者的结合，成就了一个陶塑艺术的顶峰。

石湾的大型陶塑装饰和大大小小的饰件、挂件等建筑装饰与园林陶艺是明清岭南建筑最辉煌的装饰，它大大地丰富了岭南建筑的语汇。就建筑装饰本身而言，不同类型的灰塑、砖刻、石刻以及木雕，在形式语言上是属于同一体系的。它们像共生的植物群落，互生互动，共同成长。还有大量的在祠堂、书院、会馆、寺观、大宅墙头上的人物、花鸟等壁画，它们在题材、造型与意境上，都对陶艺产生了不少的影响。

岭南文化中与石湾陶艺互相影响的还有众多的工艺品，如木雕、家具、石刻、铸铁、铁画①、铸锡、铸钢、金箔、年画、剪纸、扎作、牙雕、玉雕、秋色、竹编、藤编、刺绣、染织、灯饰等。众多的工艺品，在艺术形态、表现手法、手工技艺上，都深刻地影响了石湾陶塑艺人。

佛山众多的民间工艺与石湾陶艺形成了一个文化圈，民间艺术是石湾陶塑艺术深厚的文化基础，石湾陶艺正是在这个特定的文化圈中生长、发展、辉煌。

七、岭南风骨，广府特色

石湾窑产品的门类、题材、釉彩、工艺都有自己独特的一面，反映出岭南独具一格的文化艺术特色。

例如在人物、动物和器皿造型上，石湾窑表现出浓烈的地方风格。人物的脸部和体型通常表现出岭南人的特征，连武松和苏武等都是模拟粤剧舞台上的角色，极像岭南人。劳动人民的形象，则多为短裤、蓑衣、笠帽等岭南风貌。动物和花果多采用岭南特色的造型，如图6.20是岭南独有的独角狮形象。象形器皿也多带岭南色彩，如柿形盅、虾篓形盆、荷叶碟、瓜壶等，都是模拟岭南常见的动植物。

石湾窑的作品体现了岭南文化的风骨，具有浓郁的广府特色。岭南文化极具包容性，融合了中原文化与南越文化，且广泛吸收了多种异质文

---

① 用铁片和铁丝锻打焊接成图画的一种工艺品，一般涂成黑色或棕红色。

图 6.20 石榴红釉狮（长 54 厘米，高 53 厘米）
资料来源：《佛山市博物馆藏陶瓷》。

化，融会贯通了中西方文化。石湾窑作品的题材包罗万有，对所有的文化艺术都极力吸收运用，正体现了这种包容博大的胸怀。岭南的地理位置靠海，岭南人民对水的威力既喜爱又恐惧，岭南的水文化占有极其重要的地位。石湾窑产品中极大部分与水文化有关，充分展示了广府地区与水的密切关系。石湾陶塑还显示出重商重利的特征，体现了广府文化功利、务实的一面。石湾陶塑中具有众多的世俗文化题材，表现了广府文化明显的世俗性。石湾陶塑的技术和题材内容，都体现了岭南文化的革命与创新精神。

八、名家辈出，代代相承

石湾制陶，自明以来，代有良工，明代有祖唐居、陈文成、杨名、杨昇、可松、粤彩正记等。

清代后，随着陶塑的大量生产，名家辈出，先后涌现了一大批闻名遐迹的艺人，如文如璧、黄炳、陈渭岩、潘玉书、霍津、陈河、廖荣、廖坚、温奇、潘铁逵、陈赤、霍子厚、陈祖、刘佐潮、梁醉石、温颂龄、杨炎坤、区乾、刘传等，都是近代的名工巧匠。[①] 这些人民艺术家各擅长于人物造型、动物造型或其他。他们巧妙地结合陶泥与瓷泥、素胎与色釉、工笔与写意、粗犷与纤巧，通过刀、贴、捺、捏等多种手法，创造出别出心裁的作品，形成自己独特的风格，享誉中外。其作品风格被冠以其名，如著名的“黄炳猫”、“黄古珍鸭”、“朱谦兔”、“霍津牛”等，为世所称颂。

九、精于匠作，疏于理论

石湾陶塑匠人在陶瓷类型、题材、工艺方面都有卓越的贡献，可以说匠作方面是极其有建树的。但当年从事陶业的陶师们，多数文化水平不高，以致总结陶塑文化理论的人才极其缺乏。通俗的文化意识使石湾陶艺长期停留在民间艺术的樊笼而得不到更大的升华。新中国成立以前1000多年的窑业发展，亦未留下多少可供推广研究的专著。加上统治阶级对其的轻视与贬低，造成了今天石湾陶塑文化理论凋零的现状。提高从业人员的素质，并让更多的研究型人才加入本行列，是石湾窑文化未来跃升的根基。

第三节　石湾窑体现的岭南人文性格

石湾窑体现了多元的岭南文化，表现出典型的海洋性，具有浓郁的商业文化特征与世俗性，体现了岭南清代成熟的文化艺术，并具有革命与创新精神。

一、兼收并蓄的多元文化

岭南文化融合了中原与南越文化，兼容了儒释道三教文化。其以中原文化与儒家文化为核心，受到道教文化的深远影响，且广泛吸收了多种异质文化。

---

① 见附表4。

1. 以儒家文化为核心

石湾窑最多体现的是儒家文化的精神。儒家的孝义仁智忠信、重教化等对其有最重要的影响。忠君报国的思想尤其鲜明，“郭子仪祝寿”这样的故事题材使用频率非常高（郭子仪是忠君爱国的道德典范）。“岳飞大战金兵”、“刘庆伏狼驹”（图6.21）、“太白退番书”（图6.22）等其他爱国题材多不胜数。“舌战群儒”、“韩信点兵”等题材则体现了儒家的“智”，“桃园结义”、“虬髯客与李靖”等题材表现了儒家的“义”，“王冕骑牛攻读”、“王羲之写经换鹅”（图6.23）、“读书公”等题材则宣扬了儒家重读书求功名的观念。

图6.21　陈家祠后进西厅正脊《刘庆伏狼驹》局部

资料来源：吕唐军摄。

图6.22　陈家祠二进西厅正脊《太白退番书》局部

资料来源：吕唐军摄。

1931年“九一八”事变后，抗日救国运动风起云涌，石湾陶业应广州各界救国会要求，从1932年3月开始，在“出品之杯、盘、碗、碟、壶、樽等物，一律加印抗日救国标语，使民众每用一物，辄不忘国耻，对于救

图 6. 23　陈家祠首进正厅正脊背面《写经换鹅》

资料来源：吕唐军摄。

国责任，有深刻之认识”。民间至今仍保存着不少以贴塑、模制、彩绘等各种手法制有“振兴国货”、“自强不息”、“抵制外侮”等字句的花盆艺术器皿。石湾冠华窑为“九一八纪念”设计的陶盆，就是一件典型的抗战文物。该盆四面分别题有“誓死将铁血挫蛮威”、“须知国产宜珍重，勿植樱花辱此盆”（图 6. 24）、“郎赠妾鲜花，还郎惟宝剑；请郎诛敌莫迟疑，毋以等闲花月念”及“直捣黄龙”的诗句和图案，充分反映了石湾陶塑艺人的爱国热情。

图 6. 24　青釉开光“直捣黄龙”图编竹式方盆　曾安昌藏

资料来源：《石湾花盆》。

石湾窑产品对岭南人民有教化与引导的作用。通过耳濡目染的影响，陶塑艺术褒扬了儒家的孝义仁智忠信，灌输了忠君爱国思想，使科举取士观念深入民心。清代石湾陶脊盛行的区域，恰好是读书报国观念浓厚、科举人才辈出的地区，绝不仅是一种巧合。

2. 受道教文化影响深远

岭南文化受道教文化影响深远，岭南人民将道家思想世俗化并与地方文化相融合，石湾窑体现了道教追求和谐、重生养生的思想观念。道教的色彩、食俗、神仙人物等对岭南人民都有深刻影响。

岭南人民追求阴阳合德、和谐合一的哲学观念，表现在陶脊上多处塑有日神、月神（图6.25）、龙凤呈祥、和合二仙（图6.26）、牛郎织女等形象。

图6.25 德庆悦城龙母祖庙日神、月神

资料来源：吕唐军摄。

姜子牙封神、仙女下凡、龙王八仙朝玉帝等题材都表达了向往神仙境界的宗教观念。这种观念世俗化后成为重生养生的观念和祈求幸福、平安、自由的生存观念。如香山九老[①]、松鹤延年、绶带鸟（图6.27）等题材非常常见，三阳开泰、竹林七贤（图6.28）等题材也比比皆是。

道教的多神崇拜影响了岭南的信仰，本地区不仅信奉道教诸神，更将儒释道和谐合一（如佛山祖庙与三水胥江祖庙），并具有明显的泛神信仰倾向。石湾窑塑造了众多的道教与其他宗教的神祇，如吕洞宾、八仙过海、刘海戏金蟾等题材源于道教信仰，观音、达摩、降龙罗汉、伏虎罗汉

① 唐会昌五年，白居易、胡杲、吉旼、郑据、刘真、卢慎、张浑、狄兼谟、卢贞九人，在洛阳香山聚会，志趣相投，结为九老会，因此得名“香山九老”。

等题材源于佛教信仰，日神、月神等题材则源于自然崇拜。

图 6.26 红釉和合二仙（高 20 厘米） 清

资料来源：《中国陶瓷·石湾窑》。

图 6.27 宝蓝釉绶带鸟（高 23 厘米） 清 广东民间工艺博物馆藏

资料来源：《杨铨先生捐献文物撷珍》。

图 6.28 陈家祠二进东厅正脊《竹林七贤》局部

资料来源：吕唐军摄。

3. 广泛吸收了多种异质文化

岭南文化吸收了西域及滨海的神话传说，表现在陶塑中有群仙祝寿、鳌鱼、龙等众多题材。岭南文化还受到了西方文化影响。在陶塑中有少数洋人形象，表达了当时岭南人民对西方国家的认识与警惕。

二、典型的海洋文化

岭南的地理位置靠海，人们的生活离不开海洋，岭南人民既喜爱水又恐惧水的威力，水在岭南文化中占有极其重要的地位。石湾陶塑中具有众多的与水有关的动物及题材，如龙（图 6.29）、鳌鱼（图 6.30）、螃蟹、鱼虾、宝鸭等，双龙戏珠、哪吒闹海、八仙过海等场景出现频繁。

三、浓郁的商业文化特征与世俗性

石湾窑作品显示出重商重利的特征，表现了岭南文化功利、务实的一面。铜钱作为装饰题材非常普遍，刘海戏金蟾、福在眼前（钱）（图 6.31）等题材都能说明这点。

图 6.29　陈家祠陶脊“龙”

资料来源：吕唐军摄。

图 6.30　陈家祠陶脊“鳌鱼”

资料来源：吕唐军摄。

图 6.31 “福在眼前”碟（直径 29 厘米，高 4 厘米）
资料来源：吴国伟藏，吕唐军摄。

岭南文化具有明显的世俗性，陶塑中有众多的世俗文化题材。如榴开雀聚、瓜瓞连绵、麒麟送子①等喻子孙繁衍，绵绵不绝，表达了希冀子孙繁衍生息的观念。还有加官进爵、天官赐福、爵禄封侯、和合二仙等也是常见的世俗题材。

岭南人民对人生的希望和寄托大致可归纳为两点：对生命繁殖的向往和对吉祥幸福的追求。吉祥图案是明清以来最为流行的陶瓷纹样装饰，所占比重极大。明清时期陶瓷的装饰图案，大部分是图必有意，意必吉祥。表现长寿者，如延年益寿、猫蝶图、百寿图；表现多子者，如榴开百子、百子图；表现幸福者，如五蝠（福）、蝠（福）在眼前；表现美好者，如凤穿牡丹②、鸳鸯戏莲；表现喜庆者，如喜上眉梢（鹊梅）、双喜；表现丰足者，如年年有余（鱼）、天下乐；表现平安者，如一帆风顺；表现学而优者，如鱼跃龙门③、一路连科、麟吐玉节；表现发财者，如连钱、金锭；表现升官者，如平升三级、加官晋爵等。

---

① 我国古时候祈子法的一种。传说麒麟是仁兽，是吉祥的象征，能为人们带来子嗣。晋王嘉《拾遗记》中描述，孔子诞生之前，有麒麟吐玉书于其家院。这个典故成为“麒麟送子”的来源。

② 见附表 5。

③ 见附表 5。

清代石湾陶艺名家黄古珍创作的“花鸟瓶”，便以吉祥图案“喜上眉梢”纹样为装饰。作者借鉴谐音的传统艺术表现手法，以喜鹊之“喜”、“梅”与“眉”的近音，饰一枝繁花密、充满生意的梅枝，梢头立有一只刚停落下来，还未收翅的喜鹊。图案热烈生动，典雅古朴。清代石湾仿舒窑“和合二仙”，两个童子身着绣衣，绾鬓束发，一捧彩盒，一持禾穗，借其谐音，为“和”（禾）“合”（盒）之意，表达了人们渴望平和圆满、完美吉祥的夙愿。对生命的崇拜、渴望永生也是石湾陶塑经常表现的一个主题。人们以借寓手法或是借神话典故直抒胸臆，如以松鹤延年祝愿长寿，或如石湾陶脊艺术中的“群仙祝寿”、“寿星”等。驱灾避邪从另一个角度反映了人们对吉祥、幸福的追求。我国早在汉代以前就有以驱灾避邪为目的的民间艺术品，唐代以后相继出现了钟馗、赵公元帅[①]、关公等形象，这些形象后来成为明清石湾陶塑的重要题材。仅钟馗在石湾陶塑中就有“钟馗捉鬼”、“钟馗引福”、“钟馗镇妖”、“抚剑钟馗”、“持扇钟馗”、“醉酒钟馗”等多个题材，可见石湾百姓祈求安定和平的愿望。

四、体现了岭南清代成熟的文化艺术

清代的岭南文化已臻成熟，粤剧、岭南画派、广东音乐、手工艺等众多艺术门类都已达到高潮并体现在石湾窑作品中。

陶脊受到粤剧的重要影响，常以折子戏的形式出现，人物皆脸谱化，所塑的人物戏韵十足，一举一动、一颦一笑、一招一式，皆合法度。

岭南画派中西结合，精于刻画花卉鸟兽，具有写实主义的特点。石湾陶塑受其影响，特别是刻画的花卉鸟兽，皆真实生动，色彩鲜艳明快，生活气息浓厚。许多陶塑题材直接来源于绘画。不少著名陶塑艺人擅长国画，如黄炳、黄古珍等，他们借鉴国画的表现手法，顺手拈来，栩栩如生，作品宛如立体的国画。许多陶塑题材明显受到明清以来岭南著名画家的影响。陶塑艺人借鉴国画的写意和工笔技巧，以达到形神兼备的艺术效果。石湾陶塑动物也借鉴国画翎毛技法，以特制的铁、木錾刀精雕细琢，在动物身上刻出羽毛（“胎毛”），令动物栩栩如生。

岭南文化艺术的地位还表现在手工业上。清中期，岭南丝织业迅速崛起，广州和佛山有数万名纺织工，在质量上更是超出了江南，“金陵、苏、杭皆不及”，被誉为“广纱甲天下”；广州的红木家具与“京作”、“苏作”

---

① 赵公元帅，即财神爷赵公明，因道教神话中封正一玄坛元帅，故又名赵玄坛。其名始见于晋干宝《搜神记》及梁陶弘景《真诰》，本为五方神，后传说他能保病禳灾，主持公道，买卖得利，乃成为财神。

并列为三大家具流派；清代“广州钟”是清宫中最重要的工艺佳作；广州牙雕、粤绣、金银工艺皆名扬中外。这些手工艺名品都在题材、技巧和旨趣上深刻地影响了石湾窑陶塑艺术。

明清时期，岭南木雕艺术的特点是玲珑剔透和场面宏大。当时粤剧盛极一时，木雕常表现古戏群像，以从容的布局来表现复杂的场面。这些技法亦为石湾陶塑吸收和发展，很多陶脊和墙头装饰的古戏群像都表现出这种特色，如佛山祖庙、广州陈家祠和广州西来初地关帝庙的屋脊装饰，都是其代表作。

五、革命与创新精神

岭南是近代中国政治、思想和文化革命的先导，从洪秀全太平天国起义、康梁变法到孙中山领导的国民革命，岭南文化一直是中国近代政治革命的中坚力量。正是岭南文化的革命与创新精神，领导中国人民推翻了封建皇朝，创造了崭新的历史时代。

清代以后那些汉调①、昆曲②、徽班③、弋阳腔④艺人大都带着“遗民”的情结接踵而来，特别是一些跟过太平天国造反的艺人和与李文茂⑤一起革满清皇朝之命的红船子弟，充满了革命精神。清雍正年间（1723—

① 汉剧，中国汉族戏曲剧种，湖北省地方戏曲剧种之一。俗称“二黄”，又有“楚剧”、“汉调”两种叫法。它为湖北主要的戏曲剧种。主要流行于湖北省境地内长江、汉水流域以及河南、湖南、陕西、四川部分地区。

② 昆曲是发源于14—15世纪苏州昆山的曲唱艺术体系，糅合了唱念做打、舞蹈及武术的表演艺术。昆曲是我国最古老的剧种之一，也是我国传统文化艺术中的珍品。明代人称南戏为《传奇》。明以后，杂剧形渐衰落，《传奇》音乐独主剧坛，兼收杂剧音乐，改名昆曲。以曲词典雅、行腔宛转、表演细腻著称，被誉为“百戏之祖”。

③ 徽班是中国清朝中期兴起于安徽、江苏等地的戏曲班社，以唱“二黄”声腔为主，兼唱昆曲、梆子等，以扬州一带为最盛，因艺人多来自安庆等地，而得名徽班。

④ 弋阳腔，亦称“弋腔”，俗名“高腔”，是元末明初时宋元南戏流传到江西东部弋阳一带，与当地弋阳腔语言、民间艺术相融合而产生的。弋阳腔是明代戏曲中的四大声腔之一。明代以来，弋阳腔流传到全国许多地方，并与当地的方言土语、民间腔调相结合，形成了川剧、湘剧、赣剧、婺剧、潮剧、安徽的四平腔、闽剧、淮剧等许多新的地方剧种。

⑤ 李文茂（？—1858），清末粤剧名演员，广东天地会起义军领袖。咸丰四年（1854），在太平军的号召下，红船粤剧班领袖李文茂和佛山三合会领导陈开在佛山大雾山上竖起义旗，并以陈为元帅，李为副帅。陈李等人于咸丰五年（1855）八月建立大成国，改元洪德，改浔州为秀京，以浔州衙门为王府，并蓄发易服，颁发制度，分官设守，开炉铸钱。咸丰七年（1857）三月失守。李文茂改柳州为龙城府，建平靖王府，设丞相、将军等职，并自铸“平靖胜宝”钱币，自成一统。李文茂勤政爱民，骁勇善战，深得民心，可是咸丰八年（1858年）于桂林一役中重伤，不久在庆远的深山中逝世。大成国也于咸丰十一年（1861年）被清政府所灭。

1735)，京剧名伶张五[①]因不满清廷统治，每借登台演戏之机讽喻朝政时弊，被清政府追缉，化装易服逃亡来粤，寄居于佛山镇大基尾以京剧昆曲教授红船子弟。咸丰四年（1854），在太平军的号召下，红船粤剧班领袖李文茂和佛山三合会领导陈开在佛山大雾山上竖起义旗。虽然起义最终失败，但他们的反叛、新生意识往往通过舞台演绎巧妙深刻地潜移到石湾陶工的思想感情中，物化在他们的作品里。

石湾窑首先启用龙窑烧制陶塑，创造出稀薄釉与露坯等技术，更运用极其丰富多彩的颜色釉，体现了技术上的创新精神。石湾陶匠摸索钻研，充分发挥本地区原料的功用，使用陶土或陶土与瓷土混合制坯，陶土粗犷朴实与瓷土细润纤巧的特点被充分利用。对不同的人物及动物，分别用不同的灰泥或乌泥做出坯胎，采用局部上釉的露胎方法，锻烧成青灰或柿核色的胎骨，近似人物、动物的肤色，显示出材质的美，形成独特的风格。这些技术上的革新无不昭示了石湾陶匠的创新精神。

岭南文化的革命与创新精神不仅体现在石湾窑的技术上，还体现在石湾陶塑的题材内容上。清朝末期（1888 年后）的人物陶脊题材中出现一个特别的现象，在多个建筑陶脊上反复出现“李元霸伏龙驹”（图 6. 32）、“刘庆伏狼驹”（图 6. 33）、“赵美蓉打飞熊”、“李白退番书”、“穆桂英挂帅”等题材；建筑的其他装饰和陈设，如木雕、砖雕等，也同样充斥着这类型的题材，典型的例子可以参考佛山祖庙大殿 1899 年制作的神案[②]。这类型的题材线索都是外族来挑衅，民族英雄挺身而出，在侵犯者面前宣示了我们的能力和威严，最后使番邦俯首称臣。1888 年康有为第一次上书请求变法，1898 年戊戌变法失败，在中国近代史中占据重要地位的岭南地区必然受到重大的影响。这些题材不约而同地反映出广府人民希望抵御外国侵略、报效国家的决心。而种种题材内容，出自文化教育程度极低的陶塑工匠之手，并以粤剧、故事等通俗文化表达出来，可见进步思想影响的深远与广府人民的醒觉。佛山祖庙的多处装饰都出现了“洋人”的面孔[③]，如陶脊“穆桂英挂帅”，左右两侧加插了两个戎装洋人在窗口窥探，表现出外国侵略者伺机侵犯的情形，体现出广府人民对外国侵略者的警惕（图 6. 34）。“哪吒闹东海”和“三打陶三春[④]”（图 6. 35）这些题材，则表现

---

① 张五，名骞，人称“摊手五”。文武兼善，演唱皆妙，并对戏剧十行角色无一不能，经他教授的粤伶无数，被奉为“前传后教张骞先师”。

② 内容为“李元霸伏龙驹”，并有“大明江山”字样，内含反清复明之意，并有纪念粤剧艺人李文茂领导的三合会起义之意。

③ 祖庙灵应祠的木雕神案中有多个洋人形象，其中有称臣的、负重的等形象。

④ 见附表 5。

了岭南人民不畏权势、勇于反抗的精神。

图 6.32　陈家祠三进东厅正脊《李元霸伏龙驹》
资料来源：吕唐军摄。

图 6.33　陈家祠首进中路西厅正脊《刘庆伏狼驹》局部 2
资料来源：吕唐军摄。

图 6.34　佛山祖庙陶脊《穆桂英挂帅》中的洋人
资料来源：《佛山祖庙》。

图 6.35　佛山祖庙前殿正脊背面《三打陶三春》局部

资料来源：吕唐军摄。

石湾窑产品中还灌输了众多“自由平等”（图 6.36）、抗日爱国等思想，这种追求进步理念的思想已经深入石湾窑的骨髓，成为其不可磨灭的记号。

图 6.36　“自由平等”扇形笔插（长 8 厘米，宽 4 厘米，高 3.2 厘米）

民国　吴国伟藏

资料来源：吕唐军摄。

第四节　石湾窑对世界的影响

石湾自唐宋开始成为广东生产商品贸易器的中心基地之一，当时对外贸易的海上航道从广州出发，经越南、马来半岛、苏门答腊等地，至印度、斯里兰卡，再西至阿拉伯。中国输出的主要商品除丝绸外，以陶瓷器为主。宋代后，还增加了石湾到江门，经新会崖门出海到海南岛琼山，然后南下到东南亚各地的航线。江门河边形成了专门堆放石湾陶瓷的集市，被称为“石湾街”。

自唐宋至今，石湾陶瓷艺术被誉为“东方艺术明珠”。在古代海上丝绸之路上，西亚商人把它作为珍品带到东南亚、印巴次大陆、斯里兰卡、伊朗、阿拉伯、东非沿岸各国，客观上推动了这些国家的物质文明，增加了古代各国对我们民族的了解。日本、东南亚、东欧、西欧和北美各国的博物馆都有石湾窑珍品的收藏，我们甚至可以在日本或美国的著名建筑中看到它的芳踪。1935—1936 年在伦敦举办的“中国艺术国际展览会”上，曾详细地介绍了石湾陶的情况；1979 年在香港冯平山博物馆举办的展览会更出版了《石湾陶展》专集。石湾窑产品经香港，绕海南，抵越南、泰国及东南亚各地，东南亚各国对它家喻户晓。石湾有句俚语，说石湾窑产品如“幡竿灯笼照远不照近①”，便是长期出口贸易的结果。

1974 年和 1975 年广东省博物馆在西沙群岛考古发掘出大量石湾陶器遗物。这是当年外运船只触礁遇难留下的。海南省琼山是石湾陶器经江门转运海外的一个中途停泊地，亦发现了宋代石湾窑器物。近代以来，在东南亚各国如菲律宾、马来西亚、印度尼西亚、新加坡和阿拉伯半岛的阿曼等地也出土了大量的石湾宋代陶器。

2009 年 9 月和 2010 年 5 月石湾美陶花园工地发现了大量的唐宋至明代的陶器和中外铜钱等石湾陶外销的物证。如明代越南的“天禧通宝”和明天启年日本的“宽永通宝”等，证明明代石湾窑制品外销至日本、越南等地。

清代以后，特殊的文化背景和经济、地理、政治因素，使石湾窑得到进一步发展，屈大均曾语：“佛山之陶遍天下”、“石湾之陶遍二广”。明清

---

① 幡竿，一种很高的竹竿，用于悬幡挂灯。旧时凡做法事，必幡灯高挂，以通天告远、鬼神皆知。但幡灯既有所长，亦有所短，就是照远不照近。此俗语在此处类似于“墙内开花墙外香”。

后广东人多笃信鬼神，多盖祠堂、庙宇寺观，商社或商界富人也筹建会馆、捐建书院等，因而大量订制花窗、华表、栏杆、琉璃瓦、竞显豪华的人物陶脊，以及陈列在这些建筑物内的陶制器物、陶艺摆设等。于是石湾窑品流布各地，现今广东珠江三角洲地区、广西梧州等地仍保存不少石湾陶塑制品。例如南海西樵山云泉仙馆①，顺德陈氏大宗祠②、西山庙③，东莞康王庙④，佛山祖庙，三水胥江祖庙，德庆悦城龙母祖庙，广州陈家祠等，仍可见大量石湾陶塑制品。石湾窑珍品自明代至今为官商士民贮藏并带到各地，国内重要博物院馆皆有珍藏。

清代陶脊在广府地区祠堂庙宇和大户豪宅上多有使用，后经广东人民带往东南亚一带。在岭南和东南亚一带，现在还保存有大量装饰有石湾陶脊的古建筑，如广州陈家祠、镇海楼⑤、佛山祖庙、罗浮山冲虚古观、顺德陈氏宗祠、东莞康王庙、三水胥江祖庙、德庆悦城龙母祖庙、高要学宫⑥、肇庆阅江楼⑦等；东南亚地区的越南河内、柬埔寨金边、菲律宾马尼

---

① 云泉仙馆位于佛山市南海区西樵“白云峰”西北麓。原名“攻玉楼”，因馆内有“小云泉”故称“云泉仙馆”，是乾隆四十二年（1777）南海石冈乡李攻玉创建，道光二十八年（1848）扩建为云泉仙馆，清光绪三十四年（1908）重建。仙馆为一座二进歇山顶建筑，主要有前殿，钟鼓台、祖堂、墨庄、帝亲殿和后殿厢房等，正脊为陶塑二龙争珠和鳌鱼图案，檐角脊饰陶瓷狮子。

② 顺德陈氏大宗祠位于佛山市顺德区乐从沙滘东村，建于1895年，占地4000平方米。在建筑设计与规模上参照了广州的陈家祠，因此有人也把两个陈家祠称为“姐妹陈家祠”。1991年5月沙滘陈氏大宗祠被列入顺德县文物保护单位，2002年列入广东省第四批文物保护单位。

③ 西山庙在佛山市顺德区大良凤山（别称西山）东麓，本名关帝庙，始建于明嘉靖二十年（1541）。全庙依山构筑，历经重修扩建，现为清光绪年间重修格局，占地4800平方米，建筑面积3700平方米。庙里庙外多陶塑、砖雕、灰塑及壁画。该庙1985年由县政府拨款重修。现为区文物保护单位。

④ 康王庙位于广东省东莞市石排横山村上宝潭自然村，又名灵应祠。据光绪十四年（1888）《重修灵应祠碑记》记载，康王庙始建年代不详，雍正年间、道光八年（1828）、光绪十四年（1888）重修。原为祭祀玄天大帝北帝的庙宇，后摆放康王神像，始称康王庙。康王为宋朝龙捷指挥使康保裔，抵抗金兵牺牲，后被封为“威济善利孚应英烈王”。

⑤ 镇海楼是广州标志性建筑之一，广东省级文物保护单位。该楼又名“望海楼”，俗称“五层楼”，坐落在越秀山小蟠龙冈上，被誉为“岭南第一胜览”。明洪武十三年（1380），永嘉侯朱亮祖扩建广州城时，把北城墙扩展到越秀山上，同时在山上修筑了一座五层楼以壮观瞻。镇海楼历史上曾五毁五建，现建筑为钢筋混凝土结构，是1928年重修时由木构架改建成。饰有石湾彩釉鳌鱼花脊。

⑥ 位于肇庆市正东路，又称文庙，肇庆府学宫。始建于北宋崇宁初，元末遭兵毁，明洪武二年（1369）重建。后经多次重修，规模日臻完备。抗日战争期间遭日机轰炸，大部分建筑遭到严重破坏。殿宇高大庄严、雕梁画栋、结构复杂，是广东保存较好的明代学宫建筑艺术珍品。

⑦ 位于肇庆市端州区正东路东侧石头岗上，南临西江。宣德六年（1431年），肇庆知府王莹将石头庵改建，初名为崧台书院，继称东隅社学；崇祯十四年（1641年）再度改建，正式立名为阅江楼。历代有修缮，清初曾改名镇南楼，不久复称阅江楼至今。原为平房，清顺治十四年（1657）改建成两层楼房，高15米，是典型的南方园林庭院式的二进院落四合院式布局的古建筑，占地面积2000平方米。抗日战争时期，日机炸毁西、北两楼，1959年重建。阅江楼是肇庆八景之一，名曰“江楼晚眺”，不少文人雅士曾在此吟咏酬唱。

拉、马来西亚吉隆坡、泰国、缅甸、印度尼西亚、新加坡以及文莱等国家和地区的古建筑上，也有清代石湾窑烧制的陶脊。有学者研究认为，陶脊甚至影响到欧洲和非洲的部分地区。这些地方的建筑装饰陶脊至今仍受到各界人士的热爱，广州陈家祠陶脊更成为中国南方的旅游文化珍品。

在东南亚一带有“由于附丽于神话传说和宗教信仰而成为无价之宝”的“马达班罐”，印度尼西亚陶瓷学会的专家推断这些大陶坛来自中国的华南。其中被称为“广东罐子”的陶瓮应该就是石湾的龙缸。① 这种坚固的陶瓮，外表以粗犷刚劲的捺塑手法塑有双龙戏珠或龙凤戏珠作装饰，是石湾产量很大的传统产品。菲律宾国立博物馆富斯先生在《菲律宾发掘的中国陶器》② 中指出：“清代汕头及广州人制造的陶瓮，在18—19世纪的时候，菲人家庭曾用来作为储藏贵重物品之用。”这里说的汕头和广州制造，当是作者的误解。从龙缸的器形看，应是石湾制造，从汕头或广州出口。南洋土著在瓮口封上附有铁链的盖，在瓮颈加上门锁，可用于贮藏珍宝、衣物，也可酿酒储酒，甚至用于贮存法庭诉讼的抵押物或罚金、嫁娶的聘礼、终老的陪葬品。在加里曼丹和菲律宾的一些土著部落还有“瓮崇拜”的习俗，谷物收获时举办“圣瓮节”，人们围着陶瓮载歌载舞，祈福酬神。

珠江三角洲是侨乡，史载晚唐或宋代已有广东人侨居海外。鸦片战争后，越洋打工的珠江三角洲居民数以百万计，居住地大半在东南亚各国。侨民出洋偶有捎上一两件石湾陶塑寄托思乡之情，历经几代便成为传家之宝。对岭南文化难以割舍的情怀延续于子孙，不少华裔富商成为石湾陶塑的收藏家。

1985年石湾陶艺大师刘传在澳门市政厅举办个展，随后该展览移师到葡萄牙卡尔达升—达赖尼亚市（Caldas da Rainha）展出，当地观众惊喜地发现展品与当地的陶瓷艺术竟然有许多相似之处。接着在澳门又举办了《葡萄牙19世纪陶展》，这一次是让澳门市民感受到葡国华法艾尔学校的装饰陶瓷与石湾陶塑确实有惊人的相通。这里面原来有一段中葡两国文化交流的佳话：葡萄牙人菲力士安劳·布鲁特·比尔诺原来是一名热爱艺术的炮兵上将，19世纪中被派遣到澳门，1875年1月被委任为澳门公共事务处处长。他对石湾陶塑产生了浓厚的兴趣，回国时带去了一批石湾陶塑。1884年6月他在卡尔达升—达赖尼亚市出资400匡托（contos）③ 开设了一家陶瓷厂，并委任他的兄弟华法艾尔为艺术督导。华氏吸收石湾陶塑的中

① 另外有些可能产于福建。

② 1963年出版，许其田译。

③ 葡萄牙货币单位，1匡托相当于1000埃斯库多。

国风格，创作了与当地迥然不同的艺术陶器，并以他的名字命名。于是，石湾陶塑远嫁到17000公里外的异国，结出了友谊的硕果。

台湾许多庙宇的正脊、垂脊以及山墙都装饰着陶塑，称为“交趾陶”或“嘉义陶”，是台湾民间工艺的瑰宝。交趾陶发源于台湾中部的嘉义市。据台湾莺歌陶瓷博物馆①的资料介绍，交趾陶的一代宗师叶王，字麟趾，清道光六年（1826）生于嘉义县打猫（今民雄乡），从小喜爱泥塑。到台南兴建两广会馆途经嘉义的广东师傅发现了他的艺术天赋，与其父商量后收为徒弟，带往台南传授陶艺。叶王学成后回到家乡嘉义县，传承广东师傅的技法，结合台湾陶瓷原料、釉料的特点以及民俗风情，开发了独具特色的交趾陶。经过几代人的创新发展，交趾陶成为享誉世界的民俗文化的一朵奇葩。从台湾交趾陶的产生和发展很明显地看到石湾陶脊的影响：一是题材多为老百姓耳熟能详的戏剧人物，具有浓郁的民俗风情；二是功能为屋宇顶部的建筑装饰，具有亚热带建筑的特色。但台湾交趾陶在自己的发展进程中也逐渐形成了区别于石湾陶塑的特色：釉彩多为红、黄、绿、蓝、白等鲜艳夺目的颜色，捏塑手法更精巧工细。如果说石湾陶塑多少带一点文人气质的书卷味，那么交趾陶更取悦于市民大众，在塑造风格上明显看到广东潮州浮洋大吴泥塑②非常世俗化的倾向。

18世纪后欧美和日本爱好中国陶瓷的人士，开始收集石湾窑品。在伦敦维多利亚阿鲁拔博物馆藏品中，有一件石湾仿钧四耳罐，釉色呈浅灰紫色，并带冰裂纹。丹麦国立美术馆也藏有石湾早期仿钧器。为了解石湾陶瓷的收藏情况，施丽姬博士曾做过一次调查，在港澳地区，有20多个私人藏家、5个博物馆收藏石湾窑品；在国外，日本京都国立博物馆③、德国的德累斯顿国家艺术博物馆、德国的工艺与美术博物馆、英国的维多利亚阿鲁拔博物馆、美国的旧金山东方艺术馆等也收藏石湾窑品。在众多收藏中，包括不少典型石湾风格的仿钧器。通过收藏和陈列，石湾仿钧器为更多人所熟悉。

---

① 位于新北市莺歌区文化路，于1989年开馆，是台湾首座陶瓷专业博物馆，素有“台湾景德区”之称。

② 大吴泥塑（潮语俗称“涂安仔”），起源于南宋理宗嘉熙元年（1237），是广东省潮州市潮安县浮洋镇大吴村的一项泥塑艺术。与天津泥人张、无锡惠山泥人齐名为中国三大泥塑。2008年6月入选第二批国家级非物质文化遗产名录。

③ 日本京都市一所国立博物馆，是日本最重要的博物馆之一，是世界公认的“宝物殿”。占地102623平方米，是日本明治中叶时期建造的法式文艺复兴风格的博物馆。创立于1897年，当时名称为帝国京都博物馆，1952年更名为京都国立博物馆。

第七章　结论：赢回石湾窑文化的应有地位

石湾窑作为一个地方民窑，顽强生存发展了1000余年，历久而不衰，且在宋元名窑的辉煌灿烂退尽后，与彩瓷中继而起，照耀岭南，辐射国际。这是令艺术史家震惊的事实。石湾窑自唐宋一直延续发展到今日，技艺非凡，品种丰富，引起国际瞩目。

第一节　官窑与民窑之别

官窑与民窑之别，不应在艺术之高低，而在于旨趣之差异。官窑追求的是统治阶级的欣赏趣味，而民窑追求的是劳动人民的生活情趣。如果简单地以“官”、“民”判断其价值，必然埋没了民窑的艺术与智慧。

具有浓郁地方特色和独特艺术风格的石湾窑，因民窑陶器的特性而长期不被重视，达官贵人和大多数鉴赏家只看重官窑制作的名瓷，历来记载石湾窑的典籍寥寥无几，大多都是“不堪雅玩”的论调。阮元等人清道光二年（1822）所撰《广东通志》说：“石湾……所制陶器，……有百级纹者，在江西窑之上，其余则质粗釉厚，不堪雅玩矣。”清嘉庆年间兰浦著《景德镇陶录》[①]，在卷七“古窑考”中称广窑“粗细雅润不及瓷器，未免有刻眉露骨相，可厌”。连广东人许之衡在20世纪20年代撰写《饮流斋说瓷》，也认为石湾窑“其仿钧见称于世”，“至今日制器尚盛，实则胎质粗下，远不及潮阳、合浦”。然而，对于艺术欣赏，如果教条地以“器质”替代“气质”，岂不是与艺术之初衷背离！

① 兰浦，字滨南、耕余，清乾隆年间江西景德镇人。兰浦对景德镇瓷器的制造过程和瓷器工场的组织了如指掌，毕生留心观察和记录景德镇瓷器的生产情况，佐以参考历代有关陶瓷的书籍，著成《景德镇陶录》。书稿原六卷，后经弟子郑廷桂增补为八卷，另加入卷首《图说》和卷尾《陶录余论》，共十卷。在嘉庆二十年（1815）由异经堂刻印刷出版（四册一函）。

但总有懂得欣赏之人。在澳门生活了30年的葡萄牙大律师文第士在20世纪初率先打破了“瓷优陶劣”论，充分肯定了石湾陶塑的文化价值。他在一次演讲中针对许多专家认为“德化陶工是中国最出色的造像者”的观点，认为：“广东艺人塑造的人物有着豪放姿态和逼真表情，造型较少受限制，正可表现出超卓的能力……一些人像的造型粗率，但这粗率是指罗丹一类的意味——恰到好处，多一点便是多余的……现在该说明和承认在陶塑来说，陶土胜于瓷土。用陶土可以取得庄重、简朴、刚阳的效果，而瓷土则并无可能。”试想一下，如果把潘玉书的《贵妃醉酒》转换成洁白无瑕的瓷质，其艺术趣味是不是截然不同呢？

20世纪中，徐悲鸿对石湾公仔有过高度的评价，这个评价直到50年后才被披露。2001年，被誉为“台湾陶艺先驱者”的台湾师范大学教授吴让农到佛山参加海峡两岸陶艺交流，谈到1949年他在北平艺术专科学校陶瓷系即将毕业时，校长徐悲鸿曾建议他到广东石湾学陶塑。徐校长说：“北方的瓷器白白的，细细的，嫩嫩的，像女人的柔美；而石湾陶器却蕴含着男性的粗犷和阳刚。”

台湾学者黄永川为《国立历史博物馆藏石湾陶》一书撰写的《中国古陶奇葩——石湾陶艺》一文，对石湾陶塑也有独到的见解。他认为：“纵观中国陶瓷艺术之发展，至六朝以后逐渐走上精美瓷器的途径。瓷器以坯土精良、釉色细致取胜，历代瓷工无不殚竭心智于坯与釉的技术之研究，争细斗巧之余，其纹饰品味也因而得到平行发展，经宋代以迄明清的官窑之洗礼，发展成为重科技讲工整的境地，正面上赢得了华贵的尊严，他方面却失去了创作的真诚与豪爽；表面上有了典雅和端庄，背地里却失去了艺术生命应有的独创性光彩。尤其发展到清代以后，陶瓷的生命力渐成强弩之末。难怪身为陶瓷大国的我国近数百年来在国际陶艺竞赛中无法扬眉吐气，推其原因，乃偏重技术的因袭而缺乏创作力使然。就创造力而言，石湾陶是保有此一命脉的陶瓷世界。数百年来石湾陶的发展以民间的正常需要为依归，不受官府权贵之约束，作品虽粗糙，却反映时代的潮流与社会时尚，以艺术塑造为主，不作规整的拘泥，力求思想之解放与突破，故能富于人性，丰富人生，确为艺术兼容并蓄、豪放自然的创造途径。”

第二节　石湾窑体系区分

个别鉴赏家看到石湾部分器物的色调与钧窑相似，就贸然断定石湾窑只善于仿钧，或把它归入钧窑体系，这都是不负责任的。钧窑是官窑，石湾窑是民窑；钧窑主要生产窑变釉陶瓷，而石湾窑生产的釉种近百，近似钧窑色调的窑变釉仅是一小部分。怎能贸然将石湾窑归入钧窑体系呢？如翠毛釉和三稔花都是石湾窑独创的窑变釉，为他窑所未见。

明代之前，中国陶瓷以青瓷为主；明代之后，则以白瓷为主。明代以前，石湾和南方其他窑场同属青瓷体系。明代以后，石湾的陶工已经摸索出大量的颜色釉，釉色已达到一个高峰，其釉色之多，是其他名窑望尘莫及的。再加上石湾窑技术的完备，其窑制、釉质、雕塑技法、行业等都相当成熟，因此经历了几千年的传承和完善，石湾窑实已自成体系，并且代表了广窑的最高水平。在釉彩艺术上，它承继了青瓷体系的优良做法，模仿宋代各名窑的作品，尤以仿钧最为独到，发挥了色彩斑斓的表现力；在雕塑艺术上，题材丰富，以写实主义手法表现出生动的形象和神态。

第三节　石湾窑文化评价

陶胜于质朴，瓷胜于精致，陶与瓷不可以高低论，只是体现了不同的艺术趣味。因此，论石湾窑不能以其陶坯质量为决定论，应以其形神和体现的文化内涵为关键。

官窑与民窑之别不应在艺术的高低，而只在于旨趣之差异。官窑追求的是统治阶级的欣赏趣味，而民窑追求的是劳动人民的生活情趣。石湾窑虽为民窑，仍以其形神与内涵独步中国名窑之林。“陶”实为“瓷”之母，石湾窑作为中国陶窑的代表，理应具有像景德镇作为中国瓷窑代表那样的地位。

几百年来，许多古代名窑都已湮灭，而石湾这个陶业中心，虽历无数灾难，却仍顽强生存至今。石湾窑以其并不优越的陶土塑造出超越诸多名窑的石湾陶塑艺术，自成一体，最大限度地表现了岭南的地域文化，在中国名窑之林独树一帜，成就了中国陶瓷的一个巅峰。

附表1　清末民初石湾制陶行业一览

行别	堂名	始创年代	分布地区	主要店号	主要产品	产品销路	工人总数	备注
埕行	五社埕行	宋元时期已有生产，明代正式成行并初定行规	中约、下约	中窑以龙号最大，其余尚有均栈、可记、希栈。下窑以谭接龙、刘延禾最大，其余有区昆记、有源、利源、联和、冠德、旋记、宏利、江记、发记、敬源、林成记、祥栈、祥盛、顺记、和源、正源、龙记等大小店号近100家	手工业及日用陶类产品，如石边、钱子、顶尖塔类，蒜头埕、东九类、酒埕类、油埕类、沙埕类、酒海、三合埕、黄埕类，以及冯了性酒埕、汾酒埕等约30多种	省内、港澳、东南亚、美国旧金山	700多人，在册1000多人	行业店号多兼营缸行
边钵行	保业	明代已有生产并成行，清乾隆年间订定行规	下约	刘大吉、霍诚安、招良盛、协泰、合源、逢源、永浩、广泰、其昌、合成栈、有利、合利、陈培记等大小店号共约70家	日用陶类产品，大小饭煲。因饭煲的口内有沿边，煲状似钵，故称为“边钵”。如双顶、云顶、双边、小边、四边、大官边、二官边、小官边等	省内、广西、湖南、湖北、港澳、东南亚	400多人	容女工参与，但仅作成型辅助工，不能入行

续附表1

行别	堂名	始创年代	分布地区	主要店号	主要产品	产品销路	工人总数	备注
白釉行	浚明	明代成行，清代订定行规	下约	龙昌（后改为和玉）、新义合、吉昌（后分为吉昌荣、吉昌和）、广怡隆、永日记、荣茂昌、顺和、和安、万成、和源、同益、英合、荣栈、同栈、利安、和发等共30家以上	日用及美术陶器四类产品共240种以上，产品最初以内上白釉为标准，故称为“白釉”。后来兼上其他釉色，产品外多上绿釉。有痰盂类大小14种，枕头类大小9种，茶塔类3种，烛台类大小5种，灯盏类、香案类、茶壶类大小8种，大小花瓶、梅瓶7种，水仙盆类多种，盆类、酒壶类、饭盂类、油瓶等多种，文房用品类有大小水洗、水注、笔架、笔筒等。还有各式筷子筒、饭鼓和各种盆、小罐、小罂①等	省内、梧州、港澳	200多人	可容妇孺参与，但不能入行，部分产品与花盆行同，尺寸大者属花盆行生产
黑釉行	允贤	明代已成行生产，清代订定行规	中约、下约，下约为主	洛记、章利、爽利、罗吉合、同福泰、成利、廖泰、顺成、同利、译利、两合隆、同昌、何源记、迷源、为记、宝德安、祥栈、顺成、德利、锦昌、德泰记、锦兴、利发、雀记等，大小共40家以上	各种企盅、平盅、瓶、樽、黑碟、乳钵、油壶等200多种。产品大多数上黑釉。日用及手工业用陶类200多种，如：企盅类6种，平盅类12种，樽类6种，五加皮樽3种，麦芽糖盅类5种，墨砚类3种，鸦片烟盅5种、大皮类3种，大小黑木、大小油壶，大中小乳钵等	省内、港澳	300多人	女工可参与印制

① 音yīng。古代大腹小口的酒器。

续附表 1

行别	堂名	始创年代	分布地区	主要店号	主要产品	产品销路	工人总数	备注
猪煲行（扁博行）	陶庆	明代已成行，清代订定行规，清末行会消失	中约	大店多兼营别行，如崇源、和合、潘成记等，其他有秀源、永源等	日用陶类产品，盛潲水①用的各类容器，又称“猪煲”。如大双顶、云双顶、中顶、番牛、大猪、大中煲、小中煲	四邑农村、东江、香港	60多人	清代后期开始衰落
古玩行（公仔行）	旧为同庆，新为陶陶，合为同庆陶陶	明代已有生产，清代已成行业，清末民初时正式成为大行业	中约、下约	黄松记、黄云记、黄古珍、照记、麦锡记、陈奇记、生源栈、袁玥记、潘玉书、刘宽记、刘胜记、刘深记、醉石轩、霍厚记、陶生、和生、艺生、才兴、利生、志荣记、陈赤记、合兴记、深和记、吴添记、黎猷记、廖松纪、同安、东记、黎泰记、深和记、莫连记、何声记、区记等40家以上。抗战后有郭辉记、联合霍厚记、黎庆周等大店	案头美术陶类产品，包括人物（包括单头、双头及多头人物艺术陶塑）、动物，各类小型陈设器皿、文房用品、微塑、山公盆景等	省内、香港并转销东南亚等地	近600人，抗战后1000多人	多为家庭式店号，部分产品与花盆行同尺寸大者属花盆行生产

① 潲，音shào。饭馆、家庭在吃完饭后把剩下的饭菜之类倒在一起混合就叫做潲水，也叫泔水，又称馊水。

续附表1

行别	堂名	始创年代	分布地区	主要店号	主要产品	产品销路	工人总数	备注
陶釉行	陶庆	明代已有生产，清代形成行业	上约、中约、下约	主要店号有广益、合益、同记、全安、照记	专门生产釉种，主要有黄釉、水白釉及黑釉等，供各行业调配使用			
缸行	陶明	明清已有生产，清乾隆六年正式成行并制定行规	中约、下约	中窑主要有义成昌、有顺、昌隆、贤顺、汇忠诚、茂丰、全利益等，下窑主要有霍德丰、陈善记、广诚信、刘延禾、伍成栈、林诚记、霍诚安、谭接龙、永隆、富昌、厚德、联安等，共30家以上	手工业及日用陶类产品、大小缸类，包括糖缸、茶缸、双釉缸、粥缸、沙塔、萝卜塔、龙埕、开边水槽、烟槽、聚宝盆等近20种	省内、香港	从业者350人	行业店号多兼营埕
盏碟行	联庆	明清时已有生产，清代成行	中约	家庭式店号为主，如藏记、旋记、商记、杨炎记、雄记、联庆等	各类埕和封口盖，以及油盏等。埕类产品如盖口之小坛、小水埕等，灯盏、油坛、酒坛、中纹坛、大青、小青、顶青等。	当地	约20人	清中后期衰落

续附表 1

行别	堂名	始创年代	分布地区	主要店号	主要产品	产品销路	工人总数	备注
红釉行（甑①釉行）	卿云	明清时期已有生产，清代成行	辛村冈、百岁坊等地	陶兴、永昌、陶昌、宝兴、照源、顺栈、苏应记、均记	迷信用陶类，祭祀用具和冥具。产品多上红釉，故名。因多为低温烧成，又称“甑釉”。包括宝炉、烟灯、烛台、莲子罂、扑满②、高灯、大尾灯、小尾灯、顶尾灯、牛炉、大狮、二狮、三狮、大八卦、小八卦、壁炉、壁灯、烛台类等	省内、广西、香港等地	近 400 人，其中女工约 300 人	红釉为低温酱红釉
金箱行	德庆	明清时期已有生产，清末成行	中约	福兴、林均益、合益、桃源、心和、信昌	葬具、迷信及日用陶类产品，如神像、小酒甑、瓦面鬼、聚宝盆、八卦盆、瓦棺材、薄金塔、烟筒、水筒、炖盆、粉盒、研盆、筷子筒等	省内四乡	超过 100 人	部分产品与花盆行同，尺寸大者为花盆行生产
塔行	翠贤	清代成行，并订定行规	中约、下约	龙发、开记、怡合、怡利、正合	日用陶类产品，如大小塔类，多数为底宽而平的坛子③，包括内外不上釉的文塔、粉塔、糖塔，以及盛豆腐乳的腐乳塔等	省内		多由钵行兼营，故又称钵塔行

① 音 zèng。蒸馏或使物体分解用的器皿。
② 古代储钱的一种盛具，装钱只有入口，无出口。钱满后敲碎取之。“满则扑之”，故名“扑满”。
③ 广东人称坛子为“塔”。

续附表1

行别	堂名	始创年代	分布地区	主要店号	主要产品	产品销路	工人总数	备注
大瓵行	陶庆	清代成行	下约	满记、荣和、伍成栈、伍永栈、同兴、行记、伍成利、赞记等	日用陶类产品，大小瓦樽、饭唛①、无釉瓦盆等。主导产品为陶脊，用匣钵套烧。石湾人称匣钵为皮瓵，本是窑具的皮瓵制成瓦盆作为产品，故称为“大画”。如五斤、七斤、十斤、十五斤樽、七斤皮、香炉、碎盆等	省内、东南亚	约100人	
面盆行	虞镜（如镜）	清代成行并订定行规	中约	兴源、宋源、大利、泗兴、祥源、海记、集成、荫记、瑞成	日用陶类产品，包括大小面盆、糕盆等，如福边、白边	珠江三角洲一带、越南、新加坡	超过100人	多兼营水铫②行
高博行	陶义	清代已成行，并定有行规，清末行会消失	中约	广合、和合均兼营别行，其他为家庭式店号	日用陶类产品，烧炼化工和农用的不上釉的大小容器。与“扁博”相比，其产品肩膊较高，故称为“高博”。如云勾、大东、三东、四东、大牛、七牛、七酒等	省内四乡	约30人	清代后期开始衰落

① “唛”为粤语方言，是用来盛饭的用具。
② 音diào，煮开水、熬东西用的器具。

续附表 1

行别	堂名	始创年代	分布地区	主要店号	主要产品	产品销路	工人总数	备注
水铫行	陶空	清代成行并订有行规，清末时行会消失	中约	来源、海记、瑞成、祥源、英记	日用陶类产品，包括盛酱料、装水用的大小容器，如大铫、小铫、番铫等	珠江三角洲一带、东南亚	约 30 人	清代后期开始衰落，多由别行经营
尾灯行	明艺	清代成行	下约	陶兴、保兴、应记、湛记、同生、陶昌、瑞利等	迷信用陶类产品，包括祭祀用品，如室炉、烛台、灯盏、瓦面鸡、瓦面鬼、瓦面神①、大猪、小猪、茶盆等	当地、附近各县、香港、新加坡	约 300 人，连外工约 700 人	大多甑釉行兼造，产品多低温焗火烧成
砌窑行	陶始	清代正式成行，订有行规	上约、中约、下约		专门负责建窑、修窑。享有此项工作专利权，凡各行修建窑灶，均需该行负责，不得擅自施工处理		全行业仅 10 多人，均为砌窑师傅，可请临时散工	

① 音 zhòng，神名。

续附表1

行别	堂名	始创年代	分布地区	主要店号	主要产品	产品销路	工人总数	备注
开满行	敬贤	清代成行	中约七星冈一带		横耳行工人组织，专门负责七星冈一带的陶窑煅烧工作			
玻璃行		清代成行	上约、中约、下约		搬运产品上落窑，开窑、装窑和清理窑			
担泥行		清代成行	上约、中约、下约		陶泥运输			行业界线分明，非本行人，不能做该行工作①
落货行	联义	清代成行，并立有行规	上约、中约、下约		负责产品装船。先将产品由码头搬运上船，然后由专门师傅负责装垒		人数不多	行业界线分明，人数不多，但全为装船师傅，可雇请搬运工人

① 清代时由东莞人负责，后发展为割分地段，下窑至水部涌由沙冈张氏承包，水部至三丫涌为大板石潘氏承包，中窑为社头霍氏承包，上窑为海口五姓承包。

续附表 1

行别	堂名	始创年代	分布地区	主要店号	主要产品	产品销路	工人总数	备注
木柴业	同薪（东家）、长薪（西家）	存在之历史与制陶业一样长，清代时始成行业，立行规，并分为东家、西家	上、中、下窑之对岸，近数公里之长，全是柴店	店号达百多家，店号多以家庭为单位	供制陶业燃料。还为当地及广州、顺德、四乡之民用、蒸酒、丝厂、饮食业提供燃料。供应制陶业用者，均按规格劈成细条，以方便燃烧之用		从业长工、临工达1000多人	其木料来源，主要有西、北两江之广宁、怀集、清远、四会等
薄金行（生金行）	其余	清代时已有生产，民初时成行	中约	赞记、义盛、开记、礼合、福兴	葬具类产品，包括收藏尸骨用的坛子，俗称“金塔”。产品胎质较薄，故又名“薄金”。如中金、双金、单金等，清代时曾生产大金	当地、附近各县	40多人	其产品胎比花盆行薄
茶壶行	陶本	清中后期已有生产，20世纪30年代正式成行	下约	新利、利昌、离记、洪生、明发、祥兴、祥发、永合、源合、陶兴等	日用陶类产品，暗红色胎，包括各种茶壶、茶杯，如白身茶壶、青花茶壶、红泥茶壶、水盅、汤锅、痰盂、枕头等，茶壶种类有30、40、50、70、80、100、110、120件头	当地、四乡	入行共300人，实际生产仅100多人	未成行前其他行业亦可生产

续附表1

行别	堂名	始创年代	分布地区	主要店号	主要产品	产品销路	工人总数	备注
车面作坊		虽无成行，但历史悠久	中窑	主要店号有车旺、车厚等，多为家庭作坊	成型车盘（即车面）的制作			
大盆行	陶艺		上约，行会在水巷大街		包括黑釉、黄釉的大小盆类以及砂盆、大黄埕等。由于行头较大，又以地区分为“海口大盆”和“水巷大盆”①		从业者600人	
横耳行	陶熙		中约、下约		大小粥煲。因煲耳（把手）在煲身横出，故称为“横耳”		从业者300人	
茶煲行	陶裕				大小茶煲		从业者360人	
花盆行	陶艺		大基头、有德社一带		各种花盆、栏杆、花窗、陶脊、水垌②等。现代的园林陶瓷属该行范围。过去曾划分过“陶脊行”、“洋瓦行”		从业者450人	
钵行	永照				大小钵头。最大的是双顶钵，最小的是糕钵		从业者1000人	

① 海口大盆行位于海口乡，水巷大盆行位于水巷大街。

② 音 tǒng，缶垌。

续附表 1

行别	堂名	始创年代	分布地区	主要店号	主要产品	产品销路	工人总数	备注
电具行					电器安装用的各种瓷具又称“电瓷”			
大器行							超过 100 人	
大樽行							超过 100 人	

附表2 清末民初石湾窑址一览

区域	窑名	地点	灶口方向	窑长（窑面火眼排数）	主要煅烧行业	起止年代	所属	备注
上窑	新灶	海口龟山南麓西起第一座	南	约40米（44排）	海口大盆行	清或清前始建，抗战期间毁	股份	
	旧灶	海口龟山南麓西起第二座						
	牛肉巷灶之一	海口龟山南麓西起第三座						
	牛肉巷灶之二	海口龟山南麓西起第四座						
	牛肉巷灶之三	海口龟山南麓西起第五座						
	云兴灶	海口龟山南麓西起第六座						
	风凛灶	海口龟山南麓西起第七座					顺德良滘何氏	灶边有石刻标记“风凛灶”
	合新灶	海口龟山南麓西起第八座						灶边有石刻标记“合新灶”
	合益灶	海口龟山南麓西起第九座						灶边有石刻标记“合益灶”
中窑	高灶	镇冈南麓（石湾日用陶瓷三厂内）西起第一座	南	约30米（原42排现为33排）	水巷大盆行	明代始建（现仍使用）	镇冈霍氏	新中国成立后改短
	新灶	镇冈南麓（石湾日用陶瓷三厂内）西起第二座	南	约40米（约40排）		清或清前始建，抗战期间毁		镇冈霍氏

续附表 2

区域	窑名	地　点	灶口方向	窑长（窑面火眼排数）	主要煅烧行业	起止年代	所属	备　注
中窑	公益灶（光明灶）	镇冈南麓（石湾日用陶瓷三厂内）西起第三座	南	约40米（约40排）	水巷大盆行	民初始建（1985年改为车间）	隔田林氏	新中国成立后改短一次
	南风灶	镇冈南麓（石湾日用陶瓷三厂内）西起第四座	南	32.6米（原约40排，现为34排）		明正德年间始建（现仍使用）	镇冈霍氏为主	新中国成立后改短二次
	张槎灶	镇冈南麓（石湾日用陶瓷三厂内）西起第五座	南	约36米（约40排）		清或清前始建，抗战期间毁	张槎某氏	
	沙路灶	镇冈北麓（石湾日用陶瓷三厂成型车间）	北	原40多排，现为27排		清或清前始建（现仍使用）	镇冈霍氏	新中国成立后改短一次
	陈灶	镇冈东麓大岸塘（石湾建国陶瓷厂内）	东	约36米（约40排）	埕、盏、水铫	清或清前始建，1966年拆		咸丰八年碑记有载此灶
	白云灶		东	约40米（约40多排）	埕、面盆、水铫、金箱	清或清前始建，1966年拆		原属陈氏，咸丰八年碑记有载此灶
	海坦灶	老鼠冈南麓（石湾瓷厂内）	南	约45米（约50排）	埕仔、盏碟等	清或清前始建，抗战期间毁	李氏、何氏	

续附表2

区域	窑名	地　点	灶口方向	窑长（窑面火眼排数）	主要煅烧行业	起止年代	所属	备　注
中窑	高英灶	老鼠冈西南麓（石湾瓷厂内）	西南	约45米（约50排）	缸、面盆、水铫、茶煲、埕、塔等	清或清前始建，1967年拆	股份罗氏为主	
	南风灶	老鼠冈东南麓（石湾瓷厂内）	东南	约36米（约40排）	埕	明始建，清末时废		
	孖灶	老鼠冈东麓（石湾瓷厂内）	东	约30米（40多排，后改为30多排）	缸、花盆、埕	清初始建，1973年拆	潘氏及“有顺”店等股份	
	黎灶			约45米（50多排）	缸、茶煲	清或清前始建，抗战前废	何、吴、区氏等股份所有	
	石头灶	老鼠冈北麓（陶城宾馆前）	北	约40米（40多排）	缸、茶煲、花盆	清或清前始建，1957年拆	花盆行“冠华”店	民初“冠华”店时改短

续附表 2

区域	窑名	地点	灶口方向	窑长（窑面火眼排数）	主要煅烧行业	起止年代	所属	备注
中窑	何灶	老鼠冈北麓（石湾瓷厂内）	北	约 40 米（40 多排）	缸、花盆	清或清前始建，抗战时毁		
	东风灶	章冈东麓（石湾区广播站附近）	东南	约 45 米（48 排）	花盆、埕	清或清前始建，1958 年废	花盆行“宝王”店长期租用	
	大江灶	章冈东麓（石湾第一小学附近）		约 45 米（48 排）	猪煲、横耳茶煲、埕等	清或清前始建，1956 年拆	股份	
	六合灶	章冈西麓（原石湾红卫厂①内）	西	约 45 米（约 50 排）	埕	清或清前始建，民初废	梁氏	清咸丰八年碑记有载此灶
	建兴灶	三合灶旧址			缸、埕、花盆、大盆等	抗战后重建，1974 年拆		由梁氏家族华侨捐助，在六合灶旧址上重建
	三合灶	章冈西麓，与六合灶相连			埕	清或清前始建，民初废		清咸丰八年碑记有载此灶
	地吼灶	章冈西南麓（原石湾红卫厂内）	西南	约 45 米（约 50 排）	埕、塔、面盆	清或清前始建，1976 年拆	何、区等股份所有	

① 在跃进路。

续附表2

区域	窑名	地　点	灶口方向	窑长（窑面火眼排数）	主要煅烧行业	起止年代	所属	备　注
中窑	中间灶（公仔灶）	章冈西南麓，与地吼灶相连	西南	约36米（约40排）	埕、塔、面盆、猪煲、缸、水铫	清或清前始建，抗战前废	股份	
	文灶（蚊灶）	章冈西南麓（原石湾红卫厂内）		约45米（约50排）	埕	元代始建，清末废	镇冈霍氏	《太原霍氏族谱》记载始建于元，清初重修，清咸丰八年碑记有载此灶
	新灶			约36米（约40排）	花盆为主，茶煲、埕、面盆等	清或清前始建，民初废	股份	
	张灶			约36米（约40排）	茶煲、埕、面盆			
	观音山新灶	章冈顶部（原石湾红卫厂内）		约40米（40多排）	埕、猪煲、扁塔		何氏	
	申灶	凤头冈西麓，跃进路原石湾建筑陶瓷厂、石湾化工陶瓷厂交界处	西	约45米（48排）	横耳、猪煲、茶煲、花盆等	清或清前始建，1974年拆	海口陈氏①	横耳、猪煲行“崇源”店租用

① 一说为霍氏。

续附表 2

区域	窑名	地　点	灶口方向	窑长（窑面火眼排数）	主要煅烧行业	起止年代	所属	备　注
下窑	旧灶	风头冈西麓“申灶”附近	西	约 45 米（48 排）	横耳、猪煲、茶煲、花盆等	清或清前始建，1974 年拆	海口陈氏	
	海口灶	风头冈西麓（旧金西围）、原石湾建筑陶瓷厂与石湾化工陶瓷厂交界处	西南	约 45 米（约 50 排）	横耳、茶煲、高博	清或清前始建，1974 年拆		横耳行“广合”店用
	大利灶（均玉灶）	风头冈西麓（原石湾建筑陶瓷厂内）	西	约 30 米（36 排）	花盆行	清或清前始建，1958 年拆		花盆行“均玉”店长期租用
	凤山灶	风头冈东南麓（石湾化工陶瓷厂内）	东南	约 40 米（40 多排）	横耳、茶煲、猪煲	清或清前始建，1974 年拆	潘氏	
	凤鸣灶	风头冈东南麓与凤山灶相连（石湾化工陶瓷厂内）		47 排		清或清前始建（现仍使用）	海口陈氏	横耳行“祥利”店长期租用
	凤安灶			约 45 米（约 50 排）		清或清前始建，1974 年拆	股份	横耳行“祥利”占一半股份
	秋风灶	七星冈西北（石湾日用陶瓷一厂内）	西北	约 40 米（40 多排）	猪煲、高博、钵、茶煲、横耳	清初或清前始建，1971 年拆	廖氏	七星冈上诸窑始建年代较早

续附表2

区域	窑名	地点	灶口方向	窑长（窑面火眼排数）	主要煅烧行业	起止年代	所属	备注
下窑	高辛灶	七星冈北麓（石湾日用陶瓷一厂内）	北	约45米（50多排）	横耳、钵、缸、茶煲、花盆	清初或清前始建，1971年拆	廖氏	
	顺庆灶				横耳、钵			
	祖（草）唐灶	七星冈东麓（石湾日用陶瓷一厂内）	东	约40米（45排）	横耳、茶煲、花盆	明代始建，1973年拆		
	新灶	七星冈西南麓（石湾日用陶瓷二厂内）	西南	约35米（38排）	钵、塔、生金	清初或明建，清末时废	廖氏后转股份	新中国成立后在该址建十指灶
	松园灶	七星冈东南麓（石湾日用陶瓷二厂内）	东南	约45米（约50排）	生金、茶煲、花盆、钵、塔	明代始建，抗战期间废	廖氏	传为石湾最早的古窑之一，在松园内建，故称
	大冚灶	七星冈南麓（石湾日用陶瓷二厂内）	南	约50米（55排）	大冚、塔、薄金、花盆	清初或明始建，70年代拆	村尾梁氏薄金行"义盛"所有	1956年改短为47排火眼
	坑冚灶			约40米（40多排）	钵、塔、生金	清初或明始建，民国18年废	原属廖氏，后转梁氏	钵行"桂栈"店所有

续附表 2

区域	窑名	地点	灶口方向	窑长（窑面火眼排数）	主要煅烧行业	起止年代	所属	备注
下窑	社灶	七星冈东南麓（石湾日用陶瓷二厂内）	东南	约 65 米（72 排）	大缸、塔、钵、薄金、花盆	清初或明始建，60 年代拆	车村梁氏	后由钵行“赞记”店买下
	茶煲灶	新社冈北麓（新石湾美术陶瓷厂有限公司内）	北	约 30 米（31 排）	茶煲	清或清前始建，抗战期间废	水部何氏	
	细灶	新社冈北麓西起第二座		约 30 米（34 排）	古玩（素烧）、钵、洋瓦	清或清前始建，民国 8 年（1919）废		
	大灶	新社冈北麓西起第三座		约 30 米（33 排）	古玩（素烧）、钵、洋瓦	清或清前始建，抗战后废		新中国成立后美陶厂在原址上修复，并改短为 22 排火眼
	五仁灶	新社冈北麓（新石湾美术陶瓷厂有限公司内）西起第四座		约 30 米（32 排）	钵、塔、古玩、茶壶、洋瓦			
	塔灶	新社冈北麓（新石湾美术陶瓷厂有限公司内）西起第五座		约 50 米（54 排）	钵、塔、古玩、茶壶、洋瓦	清或清前始建，民国 22 年（1933）废	股份大部分为何氏所有	

续附表2

区域	窑名	地点	灶口方向	窑长（窑面火眼排数）	主要煅烧行业	起止年代	所属	备注
	大灶	望楼冈西麓，新石湾美术陶瓷厂有限公司靠河边大榕树后		约50多米（50多排）	钵、大缸（樽），后改白釉、茶壶等	据传明正德年间始建，1980年拆		
	桥灶	望楼冈西麓大灶左旁		约40米（40多排）	白釉、古玩	清或清前始建，抗战期间废	水部苏氏	
	旧苏灶	望楼冈西麓大灶南面稍上	西	约30米（30多排）	茶煲、白釉等	清或清前始建，民初废		
下窑	新苏灶	望楼冈西麓大灶南面稍下		约30米（34排）	白釉、茶壶等	清或清前始建，抗战时废		
	冯灶	望楼冈西麓旧苏灶之右			白釉等	清或清前始建，民初废		
	公庙灶	望楼冈西麓，原教安坊，石湾电瓷厂内		约30米（30排）	白釉、茶壶等	清或清前始建，抗战时废	水部苏氏	旁边为公庙，故称
	“摩天岭”灶	望楼冈西南麓，与公庙灶龛尾相对	东		黑釉、茶壶、尾灯、甑釉	清或清前始建，20世纪70年代拆	水部苏氏	新中国成立后电瓷厂仍使用

续附表2

区域	窑名	地点	灶口方向	窑长（窑面火眼排数）	主要煅烧行业	起止年代	所属	备注
下窑	陈灶	望楼冈西南麓与摩天岭灶成“丁”字型	西南	约40米（40多排）	茶煲，后改白釉、茶壶	清或清前始建，1954年拆	股份	
下窑	谦益灶	望楼冈西南麓陈灶左旁，石湾电瓷厂内	西南	约30米（30多排）	茶煲，后改花盆	清或清前始建，新中国成立后拆	茶煲行“谦益”店	
下窑	茶煲灶	望楼冈西南麓谦益灶左旁	西南	约30米（30多排）	茶煲	清或清前始建，新中国成立后拆	茶煲行“谦益”店	
下窑	观音山灶	新材冈西北麓原灶巷石湾人民瓷厂内	西南	约45米（约50排）	黑釉	清或清前始建，新中国成立后拆	街坑梁氏	后属茶煲行“谦益”店
下窑	梁灶	新材冈西北麓观音山灶石旁相连	西南	约30米（36排）	黑釉、白釉	清或清前始建，新中国成立后拆	街坑梁氏	
下窑	和玉灶（龙昌灶）	新材冈西北麓观音山灶之下	西南	约30米（约30排）	白釉	清或清前始建，抗战时废	白釉行“和玉”店	“和玉”店前身为“龙昌”店
下窑	中间灶	新材冈西北麓梁灶右旁	西南	约30米（30多排）	茶煲	清或清前始建，抗战时废	街坑梁氏	
下窑	边边灶	新材冈西北麓中间灶右旁	西南	约30米（30多排）	茶煲	清或清前始建，抗战时废	街坑梁氏	

续附表2

区域	窑名	地点	灶口方向	窑长（窑面火眼排数）	主要煅烧行业	起止年代	所属	备注
下窑	霍灶	新材冈西北麓（石湾人民瓷厂内）	西南	约30米（36排）	白釉	清或清前始建，抗战时废	股份	
	茶园灶	新材冈西北麓原亲睦坊尾梁家祠对面	东南	约36米（约40排）	缸	明始建，民初废		
	伦地灶	新材冈北麓原养正里石湾人民瓷厂内	南		边钵、黑釉	清或清前始建，抗战前废	缸行“德丰”店	
	永安灶	新材冈北麓伦地灶右上方		约40米（40多排）	黑釉			
	石头灶	新材冈北麓永安灶右侧下方		约45米（约50排）	茶煲、缸	清或清前始建，1954年拆		
	合义灶	新材冈北麓石头灶右侧		约40米（约40排）	黑釉为主	清或清前始建，抗战时废	苏氏	
	马鞍灶	新材冈北麓（原石湾耐酸厂内）	东南				苏氏合股	
	塔灶	新材冈东南麓马鞍灶左侧（原石湾耐酸厂内）		约40米（40多排）	边钵、缸		伍地街伍氏	伍地街十大灶之一

续附表 2

区域	窑名	地点	灶口方向	窑长（窑面火眼排数）	主要煅烧行业	起止年代	所属	备注
下窑	同德灶	新材冈东南麓塔灶左侧	东南	约 45 米（50 排）	缸、埕、边钵，抗战后改边钵	清或清前始建，新中国成立后拆	伍地街伍氏	伍地街十大灶之一
	成德灶 中间灶 埕灶	新材冈东南麓同德灶右侧		约 36 米（约 40 排）	缸、埕、边钵，抗战后改边钵			伍地街十大灶之一
	冈边灶	新材冈东南麓成德灶左侧		约 40 米（40 多排）	边钵为主，缸、埕	清或清前始建，抗战时废		伍地街十大灶之一
	担干灶	新材冈东南麓在上三灶之上，呈“丁”字型	北	约 30 米（30 多排）	花盆	清或清前始建，新中国成立后拆		伍地街十大灶之一
	有德灶（南吉灶）	新材冈南麓冈边灶左侧	南	约 36 米（约 40 排）	边钵为主，缸、埕	清或清前始建，抗战时废		伍地街十大灶之一
	海坦灶	新材冈南麓有德灶左侧		约 60 米（66 排）	边钵、茶煲、缸	清或清前始建，新中国成立后拆	梁氏	伍地街十大灶之一
	义顺灶	新材冈南麓（原石湾耐酸厂仓库附近）在有德灶、海坦灶上呈“丁”字型	西	约 30 米（30 多排）	缸		伍地街伍氏	伍地街十大灶之一

续附表2

区域	窑名	地点	灶口方向	窑长（窑面火眼排数）	主要煅烧行业	起止年代	所属	备注
下窑	路边苏灶	新材冈北麓（佛山市第二建筑公司仓库内）与塔灶呈“丁”字型	南	约40米（40多排）	边钵为主	清中期建，民初废	苏氏、何氏、伍氏	伍地街十大灶之一
	埋边苏灶	新材冈北麓路边苏灶左侧		最长时约65米（70排）		清中期建，新中国成立前废	苏氏	伍地街十大灶之一。原花盆行“裕桢祥”店租，后改边钵行“成安”店
	上利亚灶	新材冈南麓（佛山人民瓷厂内）		约20米（23排）	花盆行	清末建，民初废	“上利亚”店自建专用	
	上利亚维灶	新材冈南麓上利亚灶左侧		约20米（23排）		民初建，新中国成立后拆	“上利亚维”自建专用	
	上利亚富灶	新材冈南麓上利亚灶右侧		约20米（23排）			“上利亚富”自建专用	

注：1. 根据《佛山市文物志》① 与《石湾区地图》。

2. 各窑地点位置可参考图2.1《石湾窑址分布略图》。

① 佛山市博物馆：《佛山市文物志》，广东科技出版社1991年版。

附表 3　历代石湾陶塑重要店号

朝代	店号	名匠	代表作	备注	铭文印鉴	铭文印鉴出处	铭文印鉴文字
明末	祖唐居		绿釉秋叶洗、绿釉仿古金龙纹挂壁、雕花六角罐、绿釉竹节形洗、黄釉寿字圆几、仿唐三彩釉鳌鱼陶脊、仿唐三彩骑士		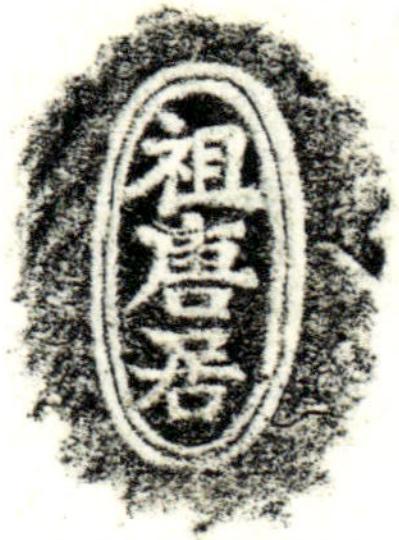 1 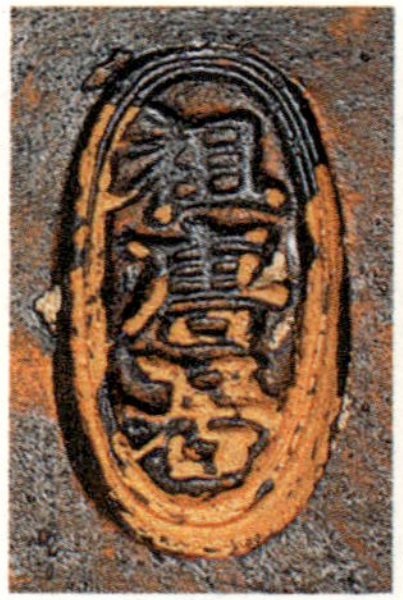 2  3  4  5  6	1 祖唐居茶壶；2 酱黄釉鼓形三足炉连座；3 酱黄釉三足炉；4 酱黄釉双狮耳三足炉；5 黄釉高身四脚几；6 绿釉蟠龙挂瓶	1、5、6“祖唐居”楷书阳文椭圆印；2、3、4“祖唐居”阴文椭圆印；7“美玩林”印；8“集古”印；9“墨客”印

续附表3

朝代	店号	名匠	代表作	备注	铭文印鉴	铭文印鉴出处	铭文印鉴文字
明末	粤彩正记	陈粤彩	炉、瓜形挂壁		1	1 鳝黄釉桥耳三足炉	1“粤彩正记”楷书阳文方印；2“陈粤彩造”楷书阳文方印
明清年间	南石堂（吴南石、南石罗玩）			又名吴南石、南石罗玩	1 2	1 素胎狮首香炉；2 素胎瓠瓶；	1“吴南石堂”阳文印；2“吴南石堂”篆书阳文方印；

续附表3

朝代	店号	名匠	代表作	备注	铭文印鉴	铭文印鉴出处	铭文印鉴文字
明清年间	南石堂（吴南石、南石罗玩）				3  4  5  6  7  8 	3 素胎三足双耳炉；4 素胎弥勒佛；5 素胎钟离权；6 素胎紫薇正照；7 蓝紫釉觚瓶；8 素胎加金漆双狮炉；	3“吴南石堂”篆书阳文方印；4“南石”阳文款；5“南石”阳文款；6“南石堂”阴文款；7“南石”楷书阴文款；8“南石堂”楷书阴文款；

续附表3

朝代	店号	名匠	代表作	备注	铭文印鉴	铭文印鉴出处	铭文印鉴文字
明清年间	南石堂（吴南石、南石罗玩）				 9  10  11  12	9 素胎兽足夔龙耳炉； 10 素胎三足香炉； 11 素胎狻猊香炉； 12 素胎无耳狻猊香炉；	9“南石堂”篆书阳文印； 10“南石堂”篆书阳文印； 11“吴南石堂”楷书阳文方印； 12“吴南石堂”楷书阳文方印；

续附表 3

朝代	店号	名匠	代表作	备注	铭文印鉴	铭文印鉴出处	铭文印鉴文字
明清年间	南石堂（吴南石、南石罗玩）				13	13 如意云纹双耳方口尊	13 “吴南石堂”楷书阳文方印
清康熙至民国	文如璧	文如璧、陈祖、陈奇、陈辉、殷垣	白釉莲瓣调色碟、佛山祖庙三门瓦脊、陶脊《穆桂英挂帅》、陈家祠陶脊、吴荣光订制笔架	文如璧创办	1 2 3 	1 佛山祖庙三门瓦脊；2 陈家祠首进正厅正脊；3 陈家祠首进正厅正脊背面；	1、12、13、14 “文如璧造”款；

续附表3

朝代	店号	名匠	代表作	备注	铭文印鉴	铭文印鉴出处	铭文印鉴文字
清康熙至民国	文如璧				 4  5  6  7  8  9  10	4陈家祠首进正厅东正脊；5陈家祠首进正厅西正脊；6陈家祠首进东厅正脊；7陈家祠首进东厅正脊背面；8陈家祠首进西厅正脊；	2、3、4、5、6、7、8、9、10、11“文如璧店造”款；

续附表 3

朝代	店号	名匠	代表作	备注	铭文印鉴	铭文印鉴出处	铭文印鉴文字
清康熙至民国	文如璧				11  12  13  14 	9 陈家祠首进西厅正脊背面； 10、11《穆桂英挂帅》陶脊； 12、13 胥江祖庙陶脊； 14 人物瓦脊	
清康熙	两来正记				1  2 	1 月白釉圆形水洗； 2 书灯；	1“两来正记”阴文印； 2“两来正记”阳文印；

续附表3

朝代	店号	名匠	代表作	备注	铭文印鉴	铭文印鉴出处	铭文印鉴文字
清康熙	两来正记				 3  4	3 绿釉阴阳两格洗； 4 窑变釉圆碟	3 “两来正记” 阴文印； 4 “两来图记” 阳文印
清乾隆至清末	宝玉	吴圣原（吴宝玉）、吴登、吴海	花盆、茶壶等日用器皿，广州陈家祠的两条陶脊，佛山祖庙正殿陶脊《甘露寺》	吴圣原创办	 1  2  3	1 陈家祠二进东厅正脊； 2 陈家祠二进东厅正脊背面； 3 陈家祠二进西厅正脊《太白退番书》；	1 “石湾宝玉荣造” 款； 2 “石湾宝玉荣造” 款； 3 “宝玉荣记造” 款； 4 “宝玉荣记造” 款；

续附表3

朝代	店号	名匠	代表作	备注	铭文印鉴	铭文印鉴出处	铭文印鉴文字
清乾隆至清末	宝玉				4  5  6  7  8  9 	4 陈家祠二进西厅正脊背面；5 陈家祠三进东厅正脊；6 陈家祠三进东厅正脊背面；7 陈家祠三进西厅正脊《刘庆伏狼驹》；8 三进西厅正脊背面；9 佛山祖庙正殿正脊	5 “石湾宝玉荣造”款；6 “石湾宝玉荣造”款；7 “石湾宝玉荣造”款；8 “石湾宝玉荣造”款；9 “石湾吴宝玉造”款；10 “宝玉造”楷书阴文长形印；11 “宝玉荣造”款

续附表3

朝代	店号	名匠	代表作	备注	铭文印鉴	铭文印鉴出处	铭文印鉴文字
清乾隆至近代	大昌	陈大昌、陈号	绿釉布袋佛、白釉达摩				1“大昌图记”篆书阴文双框方印；2“大昌店”楷书阳文方印；3“陈号”楷书阴文长形印
清乾隆嘉庆间	来禽轩		翠毛釉寿字灯盏				“来禽轩”楷书阳文印

续附表 3

朝代	店号	名匠	代表作	备注	铭文印鉴	铭文印鉴出处	铭文印鉴文字
清乾隆	源益店		葱白釉色盘			调色碟	“源益店造”刻款
清乾隆	琼玉		石湾陶师庙两厢看脊				
清乾隆至清末	如璋		（香港）大澳杨侯古庙大门陶脊、（香港）吉澳天后宫大门陶脊				“石湾巧如璋造”款

续附表 3

朝代	店号	名匠	代表作	备注	铭文印鉴	铭文印鉴出处	铭文印鉴文字
清道光光绪间	古珍	黄古珍	日神、月神		1  2 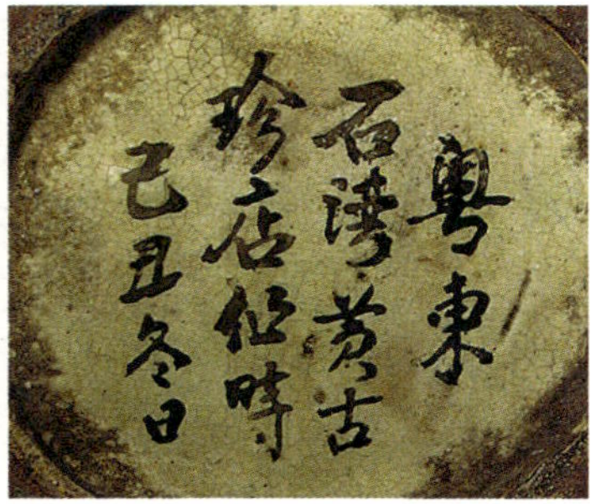	1 仿舒釉蟋蟀盆； 2 仿舒窑釉梅枝耳浮雕瓶	1 “石湾黄古珍店作”底款； 2 “粤东石湾黄古珍店作”墨书底款
清道光	瑞号						
清中后期	迪昌正记					白鱼子纹釉花瓶	“迪昌正记”阳文方印

续附表 3

朝代	店号	名匠	代表作	备注	铭文印鉴	铭文印鉴出处	铭文印鉴文字
清同治（1862—1874）	陆遂昌店		（香港）香港仔天后古庙大门陶脊			香港仔天后古庙大门陶脊	“陆遂昌店造”款
清同治光绪间	均玉	殷垣，陈森	佛山祖庙前殿西廊看脊《哪吒闹东海》、佛山祖庙前殿东廊看脊《郭子仪祝寿》、佛山祖庙大院《八仙过海》陶脊、佛山祖庙大型陶塑神像		1  2  3 	1 佛山祖庙大院陶脊；2 佛山祖庙大院陶脊；3 祖庙前殿东廊看脊《郭子仪祝寿》；	1 “均玉店造”款；2 “均玉店造”款；3 “石湾均玉造”款；

续附表3

朝代	店号	名匠	代表作	备注	铭文印鉴	铭文印鉴出处	铭文印鉴文字
清同治光绪间	均玉				4 	4 祖庙前殿西廊看脊《哪吒闹东海》	4“石湾均玉造”款
清同治光绪间	奇玉	吴聪伟、陈祖	佛山祖庙博物馆藏《狮子滚绣球》等陶脊，石湾陶师庙陶脊，石湾关帝庙陶脊，陈家祠聚贤堂陶脊	吴聪伟（创办）	1  2  3  4 	1“狮子滚绣球”陶脊； 2 祖庙大院陶脊； 3 祖庙大院陶脊； 4 淘陶居藏陶脊	1“奇玉店造”款； 2“石湾奇玉造”款； 3“吴奇玉店造”款； 4“奇玉店造”款； 5“奇玉”阳文隶书方印

续附表3

朝代	店号	名匠	代表作	备注	铭文印鉴	铭文印鉴出处	铭文印鉴文字
清同治至民国间	诚一窑	陈渭岩	素胎树头花盆		1  2 	1 素胎树头花盆； 2 素胎树头花盆	1、2 “岭南陶隐居陈渭岩诚一窑制”阳文印； 3 “岭南陶隐陈渭岩作于羊城诚一窑制”
清同治光绪间	刘胜记	刘辉胜、刘佐潮、刘社贵、刘社联、刘社雄、刘社江、刘伟堂	山公人物	刘辉胜创立	1  2  3  4  5 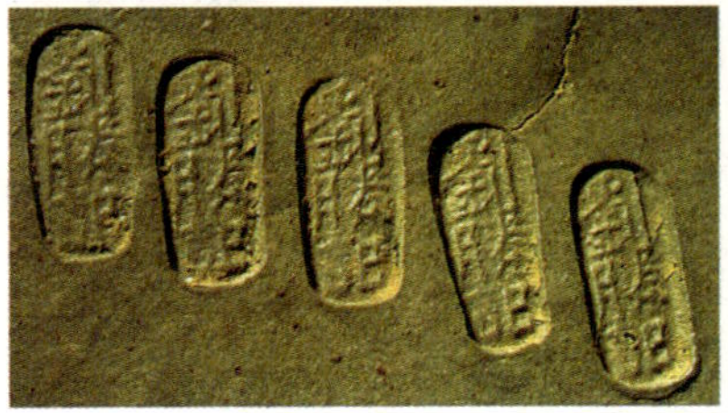 6 	1 蓝釉打呵欠罗汉； 2 拍蚊公； 3 牙白珐琅釉诵经罗汉； 4 牙白珐琅釉儒士； 5 素胎看书乐； 6 粉蓝釉持尘拂老翁	1、3、4 “石湾刘胜记”楷书阴文长形印； 2 “刘胜记”楷书阴文长形印； 5 “刘胜记”阳文印； 6 “石湾刘胜记”印； 7 “刘胜记”阳文印

续附表3

朝代	店号	名匠	代表作	备注	铭文印鉴	铭文印鉴出处	铭文印鉴文字
清光绪至民国	大兴	陈河					
清光绪至民国	区大记	区大、区乾	陶塑鸟兽				
清光绪至民国	刘宽记	刘照文	敲钟和尚	刘胜记兄弟			“石湾刘宽记”
清光绪至民国	刘森记	刘注荣	低温釉器皿	刘胜记兄弟			

续附表 3

朝代	店号	名匠	代表作	备注	铭文印鉴	铭文印鉴出处	铭文印鉴文字
清光绪至民国	梅鹤山房					绿釉达摩	“梅鹤山房”楷书刻款
清	穗来正记					灰白釉茶壶	“穗来正记”阳文印

续附表3

朝代	店号	名匠	代表作	备注	铭文印鉴	铭文印鉴出处	铭文印鉴文字
清	罗同盛号				 1  2  3	1 素胎盘龙瓶；2 素胎三足炉；3 素胎螭首香炉	1 “罗同盛号” 阴文方印；2 “罗同盛号” 阴文方印；3 “罗同盛号” 阴文方印

续附表3

朝代	店号	名匠	代表作	备注	铭文印鉴	铭文印鉴出处	铭文印鉴文字
清	同兴号				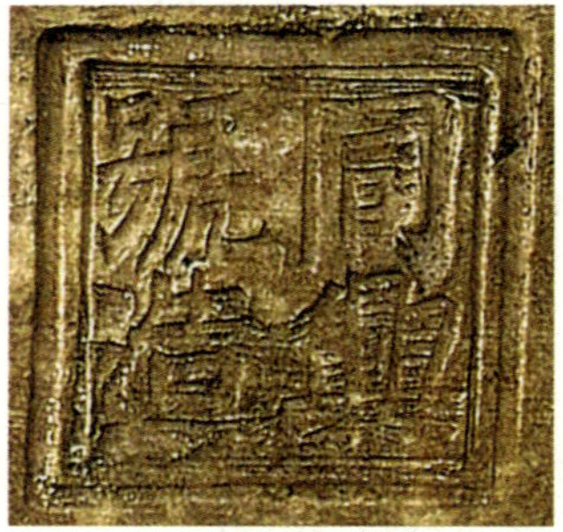	素胎夔龙环耳兽足炉	“同兴号造”阴文方印
清	广岐昌号					光绪彩绘墨斗	“广岐昌号”款

续附表3

朝代	店号	名匠	代表作	备注	铭文印鉴	铭文印鉴出处	铭文印鉴文字
清末	黄云记（云记古玩店）	黄炳		又名“云记古玩店”			“黄云记制”阴文印
清末	英玉		《松龄鹤寿》陶脊、祖庙忠义流芳祠北墙双面云龙蝙蝠纹花窗		 1  2	1 佛山祖庙大院陶脊；2 五蝠云龙纹浮雕双面照壁	1 “英玉造”款；2 “英玉店造”款

续附表3

朝代	店号	名匠	代表作	备注	铭文印鉴	铭文印鉴出处	铭文印鉴文字
清末	美玉				1  2 	1 陈家祠三进正厅正脊；2 陈家祠三进正厅正脊背面	1 “美玉成记造”款；2 “美玉成记造”款
清末	刘昌记					褐釉白花水仙盘	“刘昌记造”阴文款

续附表3

朝代	店号	名匠	代表作	备注	铭文印鉴	铭文印鉴出处	铭文印鉴文字
清末	桥胜					深蓝釉吕洞宾	“桥胜造”楷书阳文款
清末	有来					白鱼子纹釉酒壶	“有来”阳文印

续附表3

朝代	店号	名匠	代表作	备注	铭文印鉴	铭文印鉴出处	铭文印鉴文字
清末	黎猷记				1  2 	1 蓝钧釉两格洗； 2 竹鹤壁挂	1“石湾黎猷记造”阳文楷书印； 2“石湾黎猷记造”阳文楷书印
清末至民国	广和昌				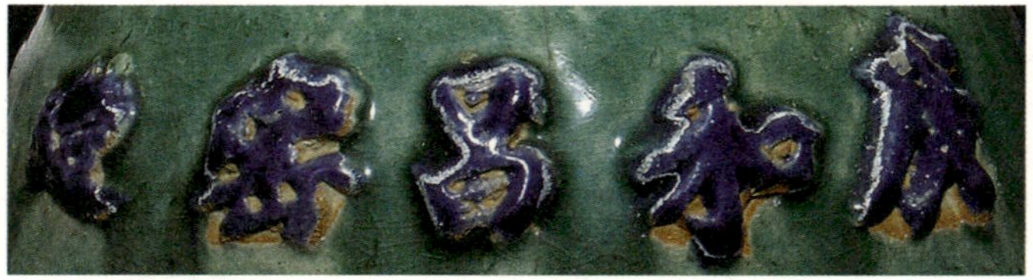	多彩花盆釉日月神	“广和昌窑造”阳文款
清末至民国	吉昌				1  2 	1 绿釉高足盘； 2 绿釉万字纹高脚果盘	1“吉昌”阳文款； 2“吉昌”阳文款

续附表3

朝代	店号	名匠	代表作	备注	铭文印鉴	铭文印鉴出处	铭文印鉴文字
清末至民国	陈古斋	陈古斋					
清末至民国	裕祯祥	刘恒					
清末民初	生源梁均店	梁均、梁柱					
民国初年	如璧生记			文如璧分为两店而来			

续附表 3

朝代	店号	名匠	代表作	备注	铭文印鉴	铭文印鉴出处	铭文印鉴文字
民国初年	如璧			文如璧分为两店而来			“如璧店造”行书阳文两行款
民国（1915—1925）	裕华真记公司（裕华陶业公司）	陈渭岩、潘玉书、廖坚、神明昌、神少文、因经	大型花瓶、花盆	设于广州，又称“广州裕华陶业公司”，由如意油起家的黄祥华为大股东创立		钧釉加彩釉画花鸟盆	“广州裕华公司造”款

续附表3

朝代	店号	名匠	代表作	备注	铭文印鉴	铭文印鉴出处	铭文印鉴文字
民国（1920—1922）	广东陶业公司	陈渭岩、潘玉书、陈赤、刘佐潮、陈河、梁福		广州人刘星桥组建		石榴红釉孔子像	“广州西门内大纸巷广东陶业公司谨□，工程师陈渭岩敬塑”款
民国（1920—1930）	东源窑	霍津		广州二沙头			

续附表 3

朝代	店号	名匠	代表作	备注	铭文印鉴	铭文印鉴出处	铭文印鉴文字
民国（1931—1938）	冠华窑	潘玉书、霍津、刘传、温颂龄、潘雨生	《水浒传》人物、束柴盆、束竹盆、树头盆、白象驮花盆	梁格创立	1  2  3 	1 粉白釉太白醉酒；2 绿釉花盆；3 白釉持钵老僧坐像	1 “冠华窑制”方印；2 “冠华制”楷书阴文方印；3 “冠华氏制”楷书阴文方印
民国（1935—1949）	奇记	陈奇、刘传					

续附表3

朝代	店号	名匠	代表作	备注	铭文印鉴	铭文印鉴出处	铭文印鉴文字
民国（1938—1940）	醉石轩	梁福、梁华甫	欧阳修、王羲之	梁福创立	 1  2  3	1 白釉麻姑献寿；3 林则徐	1、2“醉石轩”篆书印；3“醉石轩制”篆书阳文方印；4“醉石”颜色釉篆书方印；5“醉石”竹刀刻写楷书阴文款

续附表3

朝代	店号	名匠	代表作	备注	铭文印鉴	铭文印鉴出处	铭文印鉴文字
民国（1938—1941）	复兴工业社	温颂龄（创办）、吴沛添、梁流、黎潮、霍仕良					
民国	袁湖记	刘传、区乾					
民国	霍厚记	霍文厚、区乾	关羽、太白醉酒、苏武、蔡文姬、刘伶	霍文厚创立	1 	1 青白釉露齿和尚	1“霍厚制造”阴文方印；2“霍厚记造”篆书阴文印

续附表3

朝代	店号	名匠	代表作	备注	铭文印鉴	铭文印鉴出处	铭文印鉴文字
民国	利生号	廖作民	弃官寻母、张敞画眉、姜太公八十遇文王、山公、亭宇、风雨归舟、三彩蝠形挂壁、翠毛釉鸭	廖沧（廖作民之弟）开创			“石湾利生号制品”楷书阴文长形印
民国	广州裕华厂	霍津、温颂龄					
民国	启华陶业公司						

续附表3

朝代	店号	名匠	代表作	备注	铭文印鉴	铭文印鉴出处	铭文印鉴文字
民国	振兴陶业公司						
民国	上利亚陶瓷厂						
民国	生源号	梁绪（创办）、梁鉴（创办）、梁炎均	石榴红釉、人物和鸟兽类作品		1 	1 蓝钧釉树干形洗	1 “生源造”楷书阴文款；2 “生源陶造”印；3 “生源号”印

续附表3

朝代	店号	名匠	代表作	备注	铭文印鉴	铭文印鉴出处	铭文印鉴文字
民国	南隆	梁岳					
民国	裕栈	梁福					
民国	庞宝记	庞宝		庞宝创立			

附表 4　历代石湾陶塑名家

朝代	姓名	别号/店号	代表作	铭文印鉴	铭文印鉴出处	铭文印鉴文字
宋代	张可					“张可”
宋代	安祖					“安祖”
宋代	潘安					“潘安”
宋代	潘南					“潘南”
明万历	陈文成		《文姬归汉图》梅瓶			“万历丁酉陈文成塑”
明晚期	陈粤彩	粤彩正记	炉、瓜形挂壁			“陈粤彩造”楷书阳文方印

续附表 4

朝代	姓名	别号/店号	代表作	铭文印鉴	铭文印鉴出处	铭文印鉴文字
明晚期	杨名		古铜釉双象耳瓶、古铜色釉六角形花瓶		1 素胎象耳瓶； 2 素胎狮首耳瓶； 3 素胎方形香炉； 4 蓝釉小罐； 5 觚	1、5“昇名”阳文印； 2“昇名”阳文印； 3“扬名造”阳文椭圆形印； 4“杨名”款； 6“杨名”阴文篆字椭圆形印； 7“杨名”竹笔行书款； 8“杨名”篆书方印

续附表4

朝代	姓名	别号/店号	代表作	铭文印鉴	铭文印鉴出处	铭文印鉴文字
明晚期	杨昇（杨名的兄弟）		粉蓝釉双兽六耳瓶	 1  2  3	1素胎象耳瓶；2素胎狮首耳瓶；3觚	1、3“昇名”阳文印；2“昇名”阳文印；4“杨昇”行书阳文长形印

续附表4

朝代	姓名	别号/店号	代表作	铭文印鉴	铭文印鉴出处	铭文印鉴文字
明晚期	苏可松	可松	翠毛洗	 1  2  3	1 蓝钧釉阔口瓶；2 翠毛釉筒炉；3 蓝钧釉圆碟；4 翠毛洗	1“可松”楷书阴文款；2“可松制”底款；3“可松”楷书阴文款；4“苏氏可松制”底款

续附表 4

朝代	姓名	别号/店号	代表作	铭文印鉴	铭文印鉴出处	铭文印鉴文字
清康熙间	文如璧	文如璧				
清乾隆至近代	陈大昌	大昌				
清嘉庆光绪间（1815—1894）	黄炳	云渠、云屿、云渔、湾海居士	素胎猫、黄炳鸭、素胎鹌鹑、坐石罗汉、佛山国公庙彩绘花鸟画双面照壁（与黄古珍合作）	 1  2  3	1、2 胎毛黑猫；3 佛像；	1、2、6“云渔氏”阳文印①；3“黄炳”印；

① 目前专家学者和收藏家对“云渔氏”印鉴有两种看法：第一，云渔氏即黄炳，号云屿、云渔；第二，云渔氏即区大，清末至民国年间石湾陶塑名家，精于鸟兽动物陶塑，因崇敬师爷黄炳（号云屿），取其谐音自号云渔氏。

续附表4

朝代	姓名	别号/店号	代表作	铭文印鉴	铭文印鉴出处	铭文印鉴文字
清嘉庆光绪间（1815—1894）	黄炳			4  5  6  7  8 	4 刘伶醉酒；5 素胎羲之戏鹅；6 爵禄封侯；7 白釉卧鸭；8 白釉寿星坐鹿像	4“黄炳云屿”款；5“黄炳制”方印；7“黄炳”刻款；8“黄云屿”刻款；9“云屿氏”方印；10“黄炳之印”方印

续附表 4

朝代	姓名	别号/店号	代表作	铭文印鉴	铭文印鉴出处	铭文印鉴文字
清嘉庆光绪间（1818—1891）	陈祖	陈世盛、大难祖	李铁拐、佛山祖庙陶脊上三个人像、观音像	1 	1 钧釉李铁拐	1 “大”刻款；2 “陈祖”阳隶书方印
清道光光绪间（1836—1908）	黄古珍	别号黄鉴荣、樵谷山人，店号黄古珍	日月神像、仿元人画意浮雕彩色花瓶、仿宜兴小花盆、仿舒釉枕、水仙盆、双梅耳瓶、佛山国公庙彩绘花鸟画双面照壁（与黄炳合作）、弥勒	1  2 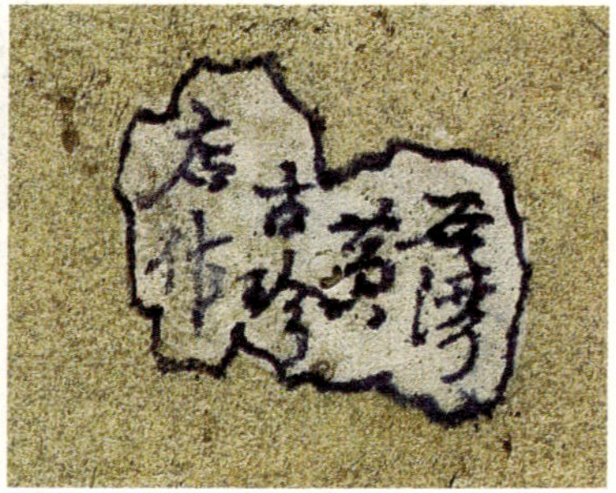	1 仿舒釉龙；2 仿舒釉蟋蟀盆；	1 “黄古珍作”阳文印；2 “石湾黄古珍店作”底款；

续附表 4

朝代	姓名	别号/店号	代表作	铭文印鉴	铭文印鉴出处	铭文印鉴文字
清道光光绪间（1836—1908）	黄古珍			3  4 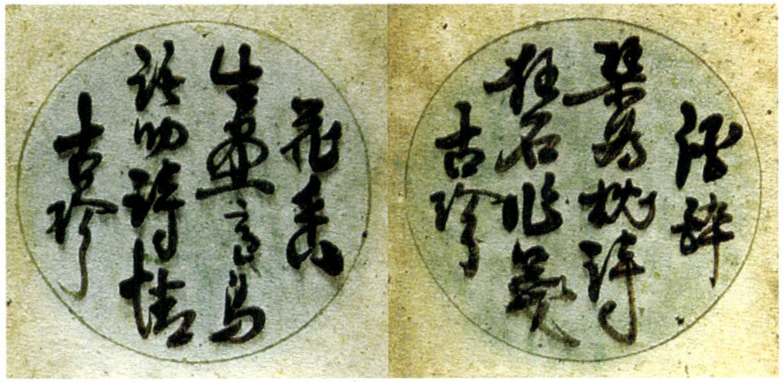 5  6 	3 梅耳瓶；4 仿舒釉枕；5 仿舒窑釉小花盆；6 日神、月神像；	3“黄古珍作”款；4“古珍”左右铭文；5“古珍”款；6“黄古珍”款；

续附表 4

朝代	姓名	别号/店号	代表作	铭文印鉴	铭文印鉴出处	铭文印鉴文字
清道光光绪间（1836—1908）	黄古珍			7 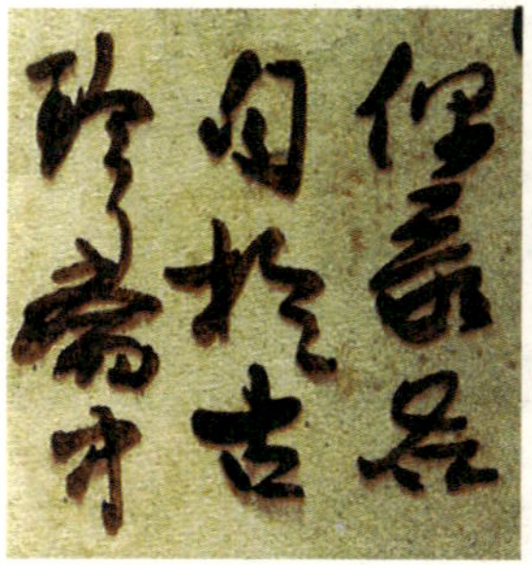 8 	7 仿舒窑蝴蝶纹笔插；9 水仙盆；10 仿宜兴小花盆	7 “于古珍斋中”款；8 “黄古珍作于湾溪”圆形刻款；9 “黄古珍新作”边款；10 “石湾黄古珍”款
清道光间	冯秩来		两格洗、秋叶洗、高足菜盘、鹰	1 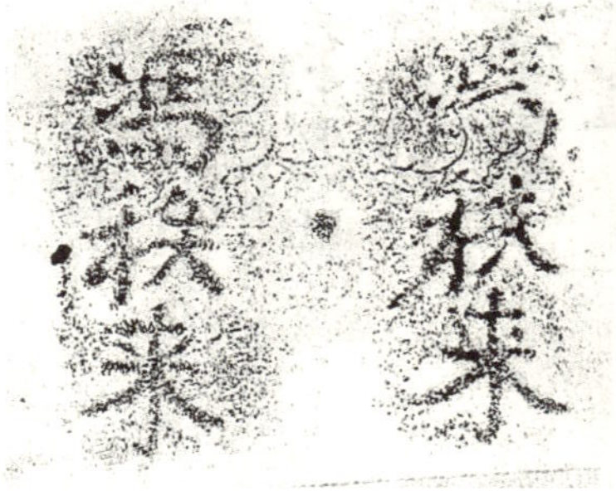 2 	1 两格洗；2 素胎双耳三足香炉；3 鹰	1 “冯秩来”款；2 “秩来巧造”阴文方印；3 “冯秩来”方印；4 “冯秩来”楷书阳文长形印

续附表 4

朝代	姓名	别号/店号	代表作	铭文印鉴	铭文印鉴出处	铭文印鉴文字
清道光间	霍来					
清中后期	吴圣原	别号吴宝玉，店号宝玉	花盆、茶壶等日用器皿，广州陈家祠的两条陶脊，佛山祖庙正殿陶脊《甘露寺》		佛山祖庙正殿陶脊	“石湾吴宝玉造”款
清同治至民国（1864—1939）	刘辉胜	刘胜记	山公人物			

续附表 4

朝代	姓名	别号/店号	代表作	铭文印鉴	铭文印鉴出处	铭文印鉴文字
清同治至民国（1867—1939）	陈赤		瘦骨仙、福禄寿三星		持扇钟离	“陈赤”刻款
清同治至民国（1868—1926）	陈渭岩	别号陈胜、陈惠南、养云居士，店号诚一窑	持蚌童子、女尼、六祖、昭君出塞、树头笔筒、持蚌童子、贾宝玉、观音大士、林则徐、巴夏礼尿壶、抱膝罗汉（与潘玉书合作）	 1  2	1 素胎树头花盆； 2 素胎树头花盆；	1、2“岭南陶隐居陈渭岩诚一窑制”阳文印；

续附表 4

朝代	姓名	别号/店号	代表作	铭文印鉴	铭文印鉴出处	铭文印鉴文字
清同治至民国（1868—1926）	陈渭岩			3  4 	3 粉彩钟馗捉鬼； 4 粉彩月神	3、5“粤东渭岩氏制”篆书阳文方印、“陈渭岩作”篆书阳文印； 4“陈渭岩制”篆书阴文方印、“养云居士”阳文方印； 6“粤东陈渭岩章”； 7“陶隐”长形印；

续附表4

朝代	姓名	别号/店号	代表作	铭文印鉴	铭文印鉴出处	铭文印鉴文字
清同治至民国（1868—1926）	陈渭岩			5 		8“壶隐老人”楷书阳文方印；9“壶隐老人制”楷书阳文两排款；10“岭南陶隐陈渭岩作于羊城诚一窑制”
清同治至民国（1870—1936）	吴霭生					

续附表 4

朝代	姓名	别号/店号	代表作	铭文印鉴	铭文印鉴出处	铭文印鉴文字
清同治至民国（1870—1941）	吴聪伟	别号吴奇玉、果炎，店号奇玉				
清光绪至民国（1877—1943）	区大	区大记	陶塑鸟兽	 1  2  3	2 胎毛黑猫； 3 胎毛珍珠鹰；	1 “云渔氏”阴文长形印、“区大记造”阴文长形印①； 2、3、6 “云渔氏”阳文长形印；

① 此款“云渔氏”印鉴由于有作品实例与“区大记造”印鉴一起并列，所以被认为区大所作。

续附表 4

朝代	姓名	别号/店号	代表作	铭文印鉴	铭文印鉴出处	铭文印鉴文字
清光绪至民国（1877—1943）	区大			 4 5 6 7 8	4 双尾熊；5 胎毛猴一族；6 胎毛猫；7 素胎鹰熊；8 素胎鹰熊	4“区大记造”阴文长形印；5、7、8“云渔氏”阴文长形印

续附表 4

朝代	姓名	别号/店号	代表作	铭文印鉴	铭文印鉴出处	铭文印鉴文字
清光绪至民国（1880—1942）	梁福	别号梁醉石、梁东海、梁祖福，店号醉石轩	欧阳修、王羲之	1  2  3  4 	1 仿舒釉罗汉； 2 酱釉刘海坐像； 3 孟浩然赏雪	1、2“梁醉石制”阳文印； 3“东海之章”篆书阳文方印； 4“梁福之印”阳文方印； 5“醉石”竹刀刻写楷书阴文； 6“梁东海制”篆书阳文方章； 7“醉石”颜色釉篆书方章

续附表 4

朝代	姓名	别号/店号	代表作	铭文印鉴	铭文印鉴出处	铭文印鉴文字
清光绪至民国（1884—1939）	陈河				窑变釉布袋佛	“陈河印”阳文方印
清光绪至民国（1885—1942）	温颂龄	温麟、温奇	秉烛待旦、太白醉酒	 1	1 秉烛待旦	1“温颂龄作”篆书阳文方印；2“温颂龄制”篆书阳文方印

续附表4

朝代	姓名	别号/店号	代表作	铭文印鉴	铭文印鉴出处	铭文印鉴文字
清光绪至民国（1889—1936）	潘玉书	潘麟	踏雪寻梅、贵妃醉酒、马上昭君、寿星鹿、大乔小乔、钟馗、虬髯公、卞庄打虎、罗汉、华佗、老妇、抱桃童子、刘海戏蟾、黄石公小像、抱膝罗汉（与陈渭岩合作）	 1 2 3 4	1 踏雪寻梅；2 马上昭君；3 红釉钟离权；4 青釉貂蝉拜月立像；	1“潘玉书制”阳文方印；2“潘玉书制”阳文方印；3“潘玉书制”阳文方印；4“潘玉书制”阳文方印；

续附表 4

朝代	姓名	别号/店号	代表作	铭文印鉴	铭文印鉴出处	铭文印鉴文字
清光绪至民国（1889—1936）	潘玉书			 5	5 虬髯公与红拂女立像	5“潘玉书制”阳文方印
清光绪至民国（1890—1933）	刘佐潮	店号刘胜记	拍蚊公、露齿人、读书老人、醉酒、开片盘膝罗汉、绿袍高屐人	 1  2  3  4	1 拍蚊公；2 蓝釉打呵欠罗汉；3 牙白珐琅釉诵经罗汉；4 灰白珐琅釉持杖老人；	1、4“佐朝作”刻款；2“佐潮作”刻款；3、5“佐潮制”阳文款；

续附表4

朝代	姓名	别号/店号	代表作	铭文印鉴	铭文印鉴出处	铭文印鉴文字
清光绪至民国（1890—1933）	刘佐潮			 5  6  7	5 牙白珐琅釉儒士；7 布袋罗汉	6 “佐潮制”款；7 “石湾佐潮制”款；8 “刘佐潮”竹笔划书款；9 “刘佐潮作”
清光绪至民国（1892—1943）	霍津		伏牛、背帽铁拐、戏装太白醉酒	 1  2  3	1 李清照；2 素胎水牛；3 熊；	1 “霍津”阳文印；2 “霍津造”阴文印；3 “霍津”阳文印；

续附表 4

朝代	姓名	别号/店号	代表作	铭文印鉴	铭文印鉴出处	铭文印鉴文字
清光绪至民国（1892—1943）	霍津			4  5  6  7 	4 牙白釉薛宝钗； 5 胎毛牛； 6 青釉倚书仕女像； 7 青釉吕纯阳背剑持拂立像	4 “霍津”阳文方印； 5 “霍津”阴文方印； 6 “霍津”阴文方印； 7 “霍津”阳文方印

续附表4

朝代	姓名	别号/店号	代表作	铭文印鉴	铭文印鉴出处	铭文印鉴文字
清光绪至当代（1898—1975）	廖坚		风雨归舟、高山流水、山瀑、螃蟹			
清末至解放后（1903—1981）	吴灶生		红釉和结晶釉并用的釉色	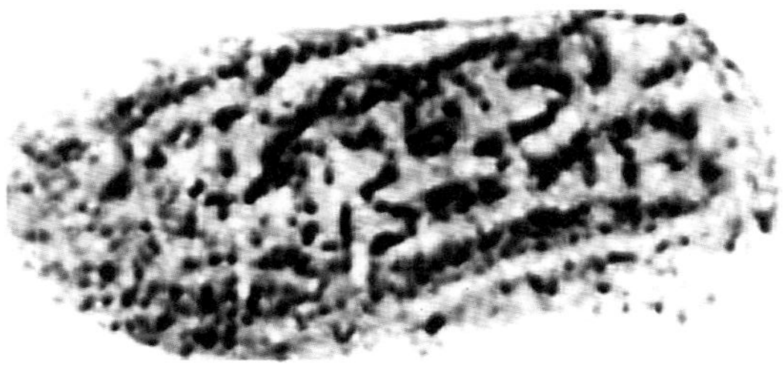	天目釉瓶	“吴灶生”阳文印

续附表 4

朝代	姓名	别号/店号	代表作	铭文印鉴	铭文印鉴出处	铭文印鉴文字
清末至解放后（1904—1957）	廖作民		弃官寻母、张敞画眉、姜太公八十遇文王、山公、亭宇、风雨归舟、三彩蝠形挂壁、翠毛釉鸭	1 	1 红釉东方塑背桃立像	1“廖作民制”篆书阳文方印；2“廖新制品”阴文方印
清光绪至民国（1905—2005）	梁华甫	梁　荣、梁柏信	小型八仙	1  2  3 	1 李白醉酒；2 彩釉鸭；3 三稔花釉宝马	1、2“梁华甫”篆书阳文方印；2“南海梁柏信印”篆书阳文方印；3“梁华甫作”

续附表4

朝代	姓名	别号/店号	代表作	铭文印鉴	铭文印鉴出处	铭文印鉴文字
清光绪至解放后（1906—？）	陈红	男工红	唐僧取经、八仙、孙悟空三打白骨精			
清末至解放后（1907—1958）	区乾	区德乾	胎羊、大胎虎、知时鸟、鹌鹑、鸭、三彩马、双喜鹊、瑞狮、鸳鸯、骏马、双鹤插、莲叶烟盅、蟹水仙盆		修翎鸭	“区乾”篆书阳文方印

续附表 4

朝代	姓名	别号/店号	代表作	铭文印鉴	铭文印鉴出处	铭文印鉴文字
清末至解放后（1910—1988）	霍文厚	别号霍元厚、霍子厚、霍小厚，店号霍厚记	关羽、太白醉酒、苏武、蔡文姬、刘伶	1  2 	1 贴金坐佛；2 爷孙乐	1、2“霍元厚制”篆书阴文方印；3“霍文厚制”篆书阴文方印
清末至解放后（约1911—1949）	何飏绵	何棉			李仙勤读	“何飏棉制”阴文印

续附表 4

朝代	姓名	别号/店号	代表作	铭文印鉴	铭文印鉴出处	铭文印鉴文字
清光绪年间（?—1899）	刘来		山公微塑			
清光绪至民国	刘注荣	刘森记	低温釉器皿			
清光绪至民国	刘照文	刘宽记	敲钟和尚			“石湾刘宽记”

续附表 4

朝代	姓名	别号/店号	代表作	铭文印鉴	铭文印鉴出处	铭文印鉴文字
清光绪至民国	潘铁逵		汉钟离、铁拐李、杨五郎、张果老和吕洞宾下棋、黛玉葬花、举杯邀明月		持扇人物	“潘铁制造”阳文印
清光绪至民国	林堂煜		杨五郎、十汉、拍蚊公	1  2 	1 仿哥釉罗汉；2 酱釉刘海戏蟾	1“林堂煜造”篆书阳文方印；2“林堂煜造”篆书阳文方印；3“林堂煜作”阴文楷书长形印

续附表4

朝代	姓名	别号/店号	代表作	铭文印鉴	铭文印鉴出处	铭文印鉴文字
清末	苏子云		白釉布袋佛			“苏子云制”款
清末	恒敬		素胎观音		素胎观音	“恒敬”款
清末	朱谦		兔			
清末	梁绪	别号梁晋生，店号生源号				

续附表 4

朝代	姓名	别号/店号	代表作	铭文印鉴	铭文印鉴出处	铭文印鉴文字
清末民初	陈古斋			1  2 	1 满釉弥勒佛； 2 彩釉人物花卉花插	1“陈古斋造”阳文印； 2“陈古斋造”阴文印
清末民初	吴沛添				关公夜读	“吴沛添作”阴文印

续附表 4

朝代	姓名	别号/店号	代表作	铭文印鉴	铭文印鉴出处	铭文印鉴文字
清末民初	刘垣		坐禅罗汉	1  2 	1 达摩；2 仿吉州鱼子纹釉李白	1 “刘垣制”阳文印；2 “刘垣制”阳文印；3 “刘垣制”款
清末至民国	廖松				鹰	“廖松造”刻款

续附表 4

朝代	姓名	别号/店号	代表作	铭文印鉴	铭文印鉴出处	铭文印鉴文字
清末至民国	杨炎坤		朱寿昌弃官寻母图			
清末至解放后	廖荣		熊、狮		伏虎妇人	“廖荣”款
民国	陈富	石湾陈富陶窑	酸液炸弹外壳、耐酸陶瓷		酸液炸弹外壳	“石湾陈富陶窑制造十二号”阴文印款
民国	黎道生		茅寮			

续附表4

朝代	姓名	别号/店号	代表作	铭文印鉴	铭文印鉴出处	铭文印鉴文字
民国	潘雨生		束柴盆、束竹盆、树头盆、白象驮花盆			
民国	梁炎均	生源号	石榴红釉、人物和鸟兽类作品	1、2 	1 铁拐李	1“梁炎均作”楷书阳文方印；2“梁炎均”篆书方印
民国	梁岳	梁南隆			青白釉弥勒佛	“梁南隆制”阴文方印

续附表 4

朝代	姓名	别号/店号	代表作	铭文印鉴	铭文印鉴出处	铭文印鉴文字
民国	陈奇	陈奇记				
民国	陈淡池				黄釉罗汉立像	“陈淡池作”篆书方印
民国	霍韬					

续附表4

朝代	姓名	别号/店号	代表作	铭文印鉴	铭文印鉴出处	铭文印鉴文字
民国至解放后（1916—2000）	刘传	刘永传	张飞、铁拐李、钟馗、达摩、水浒人物、芭蕉罗汉、观音像、受苦受难的耶稣、东坡玩砚、关汉卿、虬髯公、毛泽东、屈原、鲁迅、李时珍、僧一行		弃官寻母像	“南海湾溪刘传”阳文方印
民国至解放后（1918—1999）	何秉聪	南海陶人				

附表5　重要陶脊遗存一览

序号	建筑	位置	时间	内容	作坊	铭文	附注
1	佛山祖庙	三门陶脊	光绪己亥（1899）	正面姜子牙封神①（正面中段）、甘露寺②（正面西段）、舌战群儒③（正面东段）、郭子仪祝寿④（背面）	文如璧	文如璧造	长31.7米，高1.78米，正背两面人物约300个
2		前殿正脊	光绪廿五年（1899）	甘露寺（背面）	宝玉	石湾吴宝玉造	长7.5米，高1.3米
3		前殿东廊看脊		郭子仪祝寿	均玉	石湾均玉造	长4.3米，高1米，人物38个

① 出自明代《封神榜》。姜子牙俗称姜太公，是阐教教主元始天尊的徒弟，32岁上昆仑山玉虚宫学道，精通六韬三略，72岁奉命下山帮助西岐，顺天道，助周家得主天下。西周初年，被周文王封为“太师”，辅佐周文王、周武王灭商。灭纣王后元始天尊赐姜子牙封神榜，让其代之封神。结果姜子牙因公忘私，封了365位正神而忘记了封自己。原始天尊知其赤诚、正直，让其享位极人臣之福。姜子牙有元始天尊所赐打神鞭，并被特许可云游众神部，每去一处，该部正神暂时让位，就是所谓的“太公在此，诸神回避”，亦有说是“太公在此，诸神退位”。

② 出自《三国演义》“刘备招亲”。刘备借东吴的荆州后，没有归还之意，周瑜便定下了美人计，假意以郡主孙尚香许配刘备，企图乘刘备过江之机，把刘备扣留起来作为人质，以夺取荆州。这一阴谋被诸葛亮识破，便将计就计，派大将赵子龙陪刘备过江到镇江北固山甘露寺招亲，并授以锦囊策动乔国老来促使孙权母亲吴国太到甘露寺多景楼相看刘备。吴国太一见刘备“方面大耳，猿臂过膝”，一副天子相，甚合心意，大为喜悦，故允许将女儿孙尚香嫁给刘备。孙刘联姻的事便弄假成真，最后周瑜的“妙计”落空，不但没有能索取荆州，却反而将孙权的妹妹赔给刘备做夫人，弄得东吴“赔了夫人又折兵”。

③ 也作“联吴抗曹”。《三国演义》第四十三回：诸葛亮只身随鲁肃过江、游说东吴群臣。时值刘备新败，退守夏口，曹操大军压境，东吴上下主降之风日盛。在此情势下，诸葛亮以其超人的胆识同东吴群儒展开舌战，并以其滔滔辩才使对手一个个皆成“口”下败将，并最终说服了孙权，使孙刘联盟共抗曹操的局面得以形成。

④ 出自典故《满床笏》。唐朝名将汾阳王郭子仪一生在唐玄宗、肃宗、代宗和德宗四朝做官，是四朝元老。安禄山起兵叛乱时，郭子仪任朔方节度使，在河北击败史思明。他六十大寿时，七子八婿皆来祝寿，由于他们都是朝廷里的高官，手中皆有笏板，拜寿时把笏板放满床头。“满床笏”这一典故被用来借喻家门福禄昌盛、富贵寿考。旧时中国民间有钱人家，要把郭子仪的画像悬挂中堂，称作“天官图”，以祈全福全寿。

续附表5

序号	建筑	位置	时间	内容	作坊	铭文	附注
4	佛山祖庙	前殿西廊看脊	光绪廿五年（1899）	哪吒闹东海①	均玉	石湾均玉造	长4.3米，高1米，上层人物8个，下层人物19个
5		正殿正脊		甘露寺（正面）、三打陶三春②（背面）	宝玉	石湾吴宝玉造	
6		庆真楼正脊		瑶池祝寿	宝玉		
7	佛山祖庙博物馆	灵应祠正殿西侧外墙	道光七年（1827）	松龄鹤寿	英玉	英玉造	国内现存年代最早的完整陶脊

① 源于元代《三教搜神大全》和明代《封神演义》。传说托塔天王李靖之子哪吒自幼喜欢习武，是太乙真人的弟子。有一天，他和小朋友在海边嬉戏，正碰上东海龙王三太子出来肆虏百姓，残害儿童。哪吒挺身而出，打死了龙王三太子，还抽了它的筋。东海龙王得知此讯，勃然大怒，降罪于哪吒的父亲，随即兴风作浪，口吐洪水。小哪吒不愿牵连父母，于是割肉还母，剔骨还父，后借荷叶莲花之气脱胎换骨。变作莲花化身的哪吒，大闹东海，砸了龙宫，捉了龙王。

② 取材于粤曲故事。五代时，好汉郑恩路经蒲城县，因偷西瓜遭到看瓜女陶三春的痛打。赵匡胤见她才貌出众，从中撮合，郑恩与陶三春订下姻缘。周世宗柴荣登基后，封赵匡胤为南平王，郑恩为北平王，并恩准郑恩与三春完婚。三春穿风冠霞帔，骑一头小毛驴，领弟弟陶虎赶往京城。他们来到汴京城外十里堡，遇到赵匡胤和郑恩派出的大将高怀德。高怀德乔装成红胡子响马，扬言要陶三春做他的压寨夫人。陶三春闻言大怒，与之交手，经过一番酣战，陶三春击败了“响马”。高怀德在无奈之中吐出了真情。陶三春闻讯后，怒火中烧闯入皇宫，欲找郑恩算账。郑恩见陶三春闯入金殿，悄悄躲藏起来。柴荣命御林军将三春拿下，御林军又被三春打得落花流水，大将高怀亮也被打得一败涂地。柴荣只得命赵匡胤连夜去找郑恩，给他们成婚。郑恩询问十里堡战果如何，高怀德谎称他暗射雕翎箭，把三春射下坐骑。郑恩听后，以为煞了三春的威风，随即回府完婚。郑恩为摆王爷架子，在洞房中连称口渴，要三春给他倒茶。三春强压怒火，不予理睬。当他发现桌上放着卖油梆子，以为三春有意羞辱于他，要丫环取家法惩治三春。三春忍无可忍，与郑恩动起手来，把郑恩打翻在地。郑恩连呼高怀德助阵，高怀德已跑得不知去向。柴荣、赵匡胤闻讯后赶来劝架。陶三春当着他们的面，立卖油梆为郑家家法，以示永不忘本。郑恩跪地赔礼认错，夫妇言归于好。柴荣封陶三春为一品勇猛夫人，准予她参与朝政。

续附表5

序号	建筑	位置	时间	内容	作坊	铭文	附注
8	佛山祖庙博物馆	端肃门前通道左侧	道光乙未岁（1835）	狮子滚绣球、暗八仙，背面菊花、石榴	奇玉	奇玉店造	
9		灵应祠正殿西侧外墙	光绪十五年（1889）	人物	奇玉	吴奇玉店造，荣昌造	人物46个，“荣昌造”人物是其他陶脊上移动过来的
10		展览馆前	光绪庚寅年（1890）		文如璧	石湾文如璧店造	长12.8米，高1.1米，人物63个
11		庆真楼院内（原佛山关帝庙前照壁上）	光绪辛卯年（1891）	穆桂英挂帅①（中段）、牛郎织女②（左段）、天官赐福③（右段）	文如璧	文如璧店造	原为佛山关帝庙中规模最大的一座陶脊，长10.19米，高1.8米④，人物62个⑤

① 又名“九龙谷”。出自明代小说《杨家将演义》和《杨家府世代忠烈通俗演义》，是粤剧的著名曲目。北宋时，西夏犯境，边关紧急。佘太君因宋王无道，携子孙辞官回河东已20余年。辞朝隐居的佘太君闻讯，惦记国事，遣曾孙杨文广、曾孙女杨金花去汴京探听。杨文广在校场比武，刀劈兵部尚书王强之子王伦。宋王问明杨家情况，命穆桂英挂帅，文广、金花为马前先锋。穆桂英深感宋王昏庸、听信谗言，朝廷刻薄寡恩，不愿再效力。佘太君劝她抛弃私愤，以抵御西夏侵扰为重，穆桂英乃挂帅出征。出征之日，穆桂英全身披挂，威风凛凛，佘太君亲自前来送行，大队人马浩浩荡荡，前往平乱。时年，穆桂英53岁。

② “牛郎织女”是中国四大民间爱情传说之一。织女是王母娘娘的外孙女，在天上织云彩。牛郎是人间的一个看牛郎。有一天，牛告诉他，织女要和别的仙女到河里洗澡，牛郎可取一件仙衣，还给织女的时候要求和她结婚，她一定会答应。牛郎照做，织女和牛郎结成夫妻，生下一男一女。王母娘娘知道了，要把织女捉回去。牛又告诉牛郎，他可把它的皮披在身上，追到天上去。等牛郎挑了两个小孩，追到天上去时，王母娘娘拔下发簪，在织女后面一划，形成一道天河，把这一对恩爱夫妻隔开了。他们天天隔河相望啼泣，感动了王母娘娘，于是允许他们每年七月七日相会一次。相会时，由喜鹊为他们架桥。

③ 天官名为“上元一品赐福天官，紫微大帝”，隶属玉清境，总主诸天帝王。每年正月十五日，天官下降赐福，称上元节。这时天官下人间，校定人之罪福，故称“天官赐福”。

④ 其中《穆桂英挂帅》长4.3米，高1.64米；《牛郎织女》长2.93米，高1.64米；《天官赐福》长2.96米，高1.62米。

⑤ 《穆桂英挂帅》中人物40个，《牛郎织女》中人物11个，《天官赐福》中11个。

续附表5

序号	建筑	位置	时间	内容	作坊	铭文	附注
12	佛山市博物馆（祖庙）	端肃门前通道左侧	光绪丁酉岁（1897）	鹰、松鹤、麒麟、凤凰牡丹、荷花鸳鸯、博古纹，（背面）牡丹	奇玉	石湾奇玉造	“喜上枝头”，“连中三甲”
13		展览馆前	光绪癸卯（1903）	人物	均玉	均玉店造	人物16个，现存6段，可能不是原装组合
14		展览馆前	光绪□□	八仙过海①	均玉	均玉店造	
15		褒宠牌坊后		富贵图②（正面）、荷莲图（背面）			
16	陈家祠	首进大厅中正脊	光绪辛卯年（1891）	（背面）刘庆伏狼驹③、竹林七贤、雅士图（背面）	文如璧	文如璧店造	
17		首进大厅东正脊	光绪辛卯（1891）		文如璧	文如璧造	
18		首进大厅西正脊	光绪辛卯（1891）		文如璧	文如璧造	
19		首进东厅正脊	光绪癸巳年（1893）		文如璧	文如璧店造	

① 明吴元泰《八仙出处东游记》（即《东游记》）定八仙为：铁拐李（李玄/李洪水）、汉钟离（钟离权）、张果老、蓝采和、何仙姑（何晓云）、吕洞宾（吕岩）、韩湘子、曹国舅（曹景休）。民间有“八仙过海，各显神通”的谚语，相传八仙过海时不用舟船，各有一套法术渡过大海。

② 也作“凤穿牡丹”。

③ 取材于粤曲故事。北宋年间（960—1127），西夏国对宋朝虎视眈眈，以驯服烈马为借口对宋朝进行战争挑衅。西夏国送给宋朝一匹称为“狼驹”的烈马，声言如果宋朝没人能降伏这匹烈马，西夏国就兴兵攻打中原。结果“狼驹”被宋元帅狄青麾下勇将刘庆制伏，西夏国于是不敢轻举妄动。

续附表 5

序号	建筑	位置	时间	内容	作坊	铭文	附注
20	陈家祠	首进西厅正脊	光绪癸巳年（1893）	甘露寺（正面）、赵美蓉打飞熊	文如璧	文如璧店造	
21		中进聚贤堂正脊①	正面光绪辛卯（1891），背面宣统三年（1911）	群仙祝寿②、麻姑献酒、雅集图、加官进爵、八仙贺寿、麒麟送子、虬髯客与李靖、和合二仙③、玉堂寿带、瓜瓞连绵	（正面）文如璧（仿制），（背面）奇玉	（正面）文如璧造、石湾建筑陶瓷厂仿制，（背面）吴奇玉	重补博古纹饰有问题，题材不符合该组陶脊及其年代，背面为吴奇玉仿文如璧造型
22		中进东厅正脊	光绪甲午年（1894）	八仙、福禄寿图	宝玉	石湾宝玉荣造	

① 该陶脊正面有“石湾建筑陶瓷厂仿制”、“公元一九八一年重修”铭文。

② 指八仙赴瑶池为王母祝寿。

③ 民间传说之神，主婚姻和合，故亦作和合二圣。他们手持的荷花是并蒂莲的意思，盒子是象征“好合”的意思。和合二仙是唐代人，一位叫寒山，另一位叫拾得，都是僧人。寒山和拾得在佛学、文学上的造诣都很深，他俩常一起吟诗答对，后人曾将他们的诗汇编成《寒山子集》三卷。这两位继丰干以后的唐代高僧，于唐代贞观年间由天台山至苏州好利普明塔院任主持，此院遂改名为闻名中外的苏州寒山寺。我国民间珍视他俩情同手足的情意，把他俩推崇为和睦友爱的民间爱神。至清代雍正皇帝正式封寒山为“和圣”，拾得为“合圣”，和合二仙从此名扬天下。

续附表5

序号	建筑	位置	时间	内容	作坊	铭文	附注
23	陈家祠	中进西厅正脊	光绪甲午年（1894）	太白退番书①、竹林七贤、八仙（正面）	宝玉	宝玉荣记造	
24		后进中厅正脊	光绪十六年（1890）	封神演义（正面）	美玉	美玉成记造	
25		后进东厅正脊	光绪壬辰年（1892）	封神演义、李白醉酒（正面）	宝玉	石湾宝玉荣造	
26		后进西厅正脊	光绪壬辰年（1892）	刘庆伏狼驹（正面）	宝玉	石湾宝玉荣造	
27	胥江祖庙	武当行宫前殿正脊	光绪戊子年（1888）	人物、双龙戏珠、鱼跃龙门②、凤穿牡丹③	文如璧	文如璧	
28		武当行宫后殿正脊④	（仿）咸丰二年（1852）	人物、双龙		（仿）文如璧	重补博古纹饰有问题，题材不符合该组陶脊及其年代

① 出自罗贯中《隋唐野史》。唐玄宗时期，契丹派遣使臣到大唐递战书，满朝翰林学士对番书一字不识。翰林学士贺知章向唐玄宗举荐李白。唐玄宗赐李白进士及第，赏给他紫袍金带，在金銮殿上接见了李白。又让右丞相杨国忠为他捧砚磨墨，让大宦官高力士为其脱靴结袜。李白读之只字不差，又染毫洒翰，答书一笔而成。“来使听闻，不敢仰视，惊得面如土色，缄口无言。暗思中华实好人物，如此奇才。遂接了书，拜辞而去。”李白为皇上翻译《番书》却退番使一事，震惊满朝文武，李白亦由此得到了唐玄宗的宠爱。

② 出自《辛氏三秦记》。“陕西韩城市东北一名龙门口，二名禹门口。禹凿山开门，阔一里余，黄河自中流下，而岸不通车马。每逢春之际，有黄鲤鱼逆流而上，得过者便化为龙。”唐人元弼有《鱼跃龙门赋》。

③ 古代传说，凤为鸟中之王，牡丹为花中之王，寓意富贵。牡丹、凤结合，象征着美好、光明和幸福。民间常把以凤凰、牡丹为主题的纹样，称之谓“凤穿牡丹”、“凤喜牡丹”及“牡丹引凤”等，视为祥瑞、美好、富贵的象征。

④ 此陶脊是今人模仿原作重新制作的，并非清代陶脊，但因为研究的需要纳入此表格。

续附表 5

序号	建筑	位置	时间	内容	作坊	铭文	附注
29	德庆悦城龙母祖庙	大门正脊	光绪二十七年（1901）（背面重修）	人物、双龙戏珠	均玉	石湾均玉造（背面重修）	
30		东廊看脊	光绪二十七年（1901）	人物	均玉	石湾均玉造	
31		拜殿东廊看脊	光绪廿年（1894）	封神演义、和合二仙、刘海戏金蟾①	均玉	石湾均玉造	
32		大殿正脊	光绪二十七年（1911）（背面重修）	人物、双龙	均玉	石湾均玉造（背面重修）	
33		后院东廊看脊	光绪二十七年（1901）	人物	均玉	石湾均玉造	
34	惠州罗浮山冲虚古观	大门正脊	光绪丁未年（1907）	人物、花鸟	奇玉	吴奇玉造	
35	东莞埔心村康王庙（灵应祠）	大门正脊	光绪戊子年（1888）	108 条水浒好汉	宝玉	宝玉号店造	

① 民间故事，来源于道家的典故。金蟾是一只三足青蛙，古时认为得之可致富。刘海戏金蟾寓意财源兴旺，幸福美好。

续附表5

序号	建筑	位置	时间	内容	作坊	铭文	附注
36	东莞桥梓村中岳公祠	大门正脊	光绪辛丑（1901）	正面人物、背面花卉	吴奇玉	吴奇玉造	
37	东莞桥梓村中岳公祠	正殿正脊	光绪辛丑（1901）	花卉	吴奇玉	吴奇玉造	
38	东莞石排镇李家坊李氏大宗祠	正脊					
39	西樵山云泉仙馆	大门正脊	光绪戊申（1908）	双龙戏珠，动物（正面），花卉（背面）	文如璧	文如璧造	
40	西樵山云泉仙馆	大门左侧看脊		花鸟			
41	西樵山云泉仙馆	大门右侧看脊		骏马	美华	美华店造	
42	西樵山云泉仙馆	正殿正脊		双龙戏珠			
43	（广西）百色粤东会馆	首进大厅正脊					
44		东廊看脊	同治壬申年（1872）	人物	奇玉	吴奇玉店造	

续附表5

序号	建筑	位置	时间	内容	作坊	铭文	附注
45	（广西）百色粤东会馆	西廊看脊		人物			
46		二进大厅正脊		人物			
47	（广西）黄姚古镇宝珠观	正脊					
48	（广西）横县伏波庙	正脊					
49	（广西）玉林市大成殿	正脊					
50	（香港）湾仔洪圣古庙	大门正脊	宣统元年（1909）	人物、双龙、日月神像		徐志德、徐文辉做，李万玉作①	
51	（香港）湾仔玉虚宫（北帝庙）	一进正脊、垂脊	光绪三十三年（1907）	双龙、人物、花卉、日月神像	均玉	石湾均玉店造	

① 可能此陶脊由香港徐志德与徐文辉两人捐献，制作人则为石湾陶匠李万玉。（邓海超《港岛庙宇之屋脊装饰》）

续附表5

序号	建筑	位置	时间	内容	作坊	铭文	附注
52	（香港）香港仔天后古庙	大门正脊	同治癸酉年（1873）	焦赞与孟良①、穆桂英	陆遂昌店	陆遂昌店造	
53	（香港）鸭脷洲洪圣古庙	一进正脊		人物、日月神像		石湾沙头街	
54	（香港）西环鲁班先师庙	一进正脊、垂脊	民国十七年（1928）	人物、日月神像	均玉	均玉店	省城东兴号办，香港钟照记造②
55	（香港）西环鲁班先师庙	二进正脊	民国十七年（1928）	人物、双龙、日月神像	均玉	均玉店	省城东兴号办，香港钟照记造
56	（香港）长洲西湾天后宫	正殿正脊	民国己巳年（1929）	人物、日神、月神			晋隆生选办

① 杨延昭（杨六郎）部下的两员大将，二人是结义弟兄，常形影不离。

② 由香港钟照记负责该庙之建造，此号通过广州东兴号向石湾均玉店订造陶脊，陶脊各部分烧造完成后，运至香港，由钟照记按照各部分次序安放在建筑正脊上。（邓海超《港岛庙宇之屋脊装饰》）

续附表 5

序号	建筑	位置	时间	内容	作坊	铭文	附注
57	（香港）长洲北社天后古庙	正殿正脊	同治年间（1861—1875）	人物、日神、月神	美玉	美玉店造	
58	（香港）长洲洪圣庙	大门正脊	同治十四年（1875）、光绪丁酉年（1897）	人物、宝珠			
59	（香港）永平村大夫第						
60	（香港）铜锣湾天后古庙	一进正脊		双龙、人物			
61		正殿正脊		穆桂英（背面）、双龙			
62	（香港）上环文武庙	大门正脊	癸巳岁，光绪十九年（1893）	人物	德玉	德玉造	
63	（香港）大坑莲花宫	正殿正脊	同治二年（1863）	人物	英玉	英玉店造	
64	（香港）筲箕湾天后古庙	一进正脊		哪吒闹东海	文如璧	石湾大桥头，文如璧店造	

续附表5

序号	建筑	位置	时间	内容	作坊	铭文	附注
65	（香港）红磡观音庙	大门正脊	宣统元年（1909）	人物			李万玉建
66	（香港）油麻地天后古庙	正殿正脊	民国甲寅年（1914）	人物、日月神像	均玉	石湾均玉造	
67	（香港）香港荃湾天后宫	正殿正脊	光绪庚子年（1900）	六国封相①	冠玉	石湾冠玉店造	
68	（香港）大屿山关帝古庙	大门正脊	光绪年间（1895—1903）	人物	均玉	石湾均玉造	
69	（香港）大屿山大澳新村天后庙	大门正脊	光绪十八年（1892）	人物、花卉	均玉	石湾均玉造	
70	（香港）塔门天后古庙	大门正脊		人物		石湾沙头街	

① 传说战国时期，鬼谷子学生苏秦到六国游说合纵之计，目的是破坏同学张仪连横（环）之计，保护、联合六国不被强秦所侵。苏秦口才了得，受六国诸侯六国国相，佩六国相印。一时光彩无人能及。

续附表 5

序号	建筑	位置	时间	内容	作坊	铭文	附注
71	（香港）大澳杨侯古庙	大门正脊	光绪戊子（1888）	人物	如璋	石湾巧如璋造	
72	（香港）九龙城侯王庙	看脊 1		人物	均玉	石湾均玉造	
73		看脊 2		人物	美玉	美玉造	
74	（香港）吉澳天后宫	大门正脊	光绪六年（1880）	人物	如璋	石湾巧如璋造	
75	（香港）东涌侯王宫	大门正脊	宣统二年（1910）	哪吒闹东海	九如安	九如安造	
76	（香港）中兴街天后宫	正殿正脊	同治乙丑年（1865）	人物、博古纹，日月神像		石湾奇玉造	
77	（香港）百姓庙（广福祠）	正脊	光绪己亥年（1899）	人物			
78	（香港）青山寺	正殿正脊		人物	广祯祥	石湾广祯祥造	
79	（澳门）观音堂（普济禅院）	大门正脊	光绪二年（1876）	花卉	新怡彰	新怡彰制	
80		中进大殿正脊	嘉庆丁丑（1817）宗戊	人物、花卉	奇玉	石湾奇玉造	

续附表 5

序号	建筑	位置	时间	内容	作坊	铭文	附注
81	（澳门）观音堂（普济禅院）	左进大殿正脊		人物、花卉			
82		右进大殿正脊		人物、花卉			
83		通道门正脊 1	光绪二年（1876）	人物	新怡彰、奇华	新怡彰制，奇华造	
84		通道门正脊 2	光绪二年（1876）	人物	新怡彰、奇华	新怡彰制，奇华造	
85	（澳门）沙梨头土地庙	正殿正脊	同治乙丑（1865）	花卉	新咸源	新咸源承造	
86	（澳门）康真君庙	正殿正脊	咸丰己未年（1859）	人物、花卉	陶彰	石湾陶彰造	
87	（越南西贡）天后庙	大门正脊	光绪戊申年（1908）	人物	宝源窑	宝源窑造	
88		大门正脊	光绪戊申年（1908）	人物	同和堂	同和堂造	
89	石湾陶瓷博物馆藏陶脊		光绪五年（1879）	人物	吴奇玉	吴奇玉造	

续附表 5

序号	建筑	位置	时间	内容	作坊	铭文	附注
90	淘陶居藏陶脊 1		咸丰七年（1857）	人物	奇玉	奇玉店造	高 70 厘米
91	淘陶居藏陶脊 2		清	人物			高 56 厘米
92	（洛杉矶）胡柏藏			人物			4 段，每段高 105 厘米，宽 61 厘米，深 31 厘米

参 考 文 献

著作：

[1] 张维持. 广东石湾陶器［M］. 广州：广东旅游出版社，1991.
[2] 广东省博物馆，佛山市博物馆. 佛山河宕遗址——1977年冬至1978年夏发掘报告［M］. 广州：广东人民出版社，2006.
[3] 彭适凡. 中国南方古代印纹陶［M］. 北京：文物出版社，1987.
[4] 佛山大学石湾陶瓷艺术研究课题组. 石湾陶瓷艺术史［M］. 广州：中山大学出版社，1996.
[5] 佛山市博物馆. 佛山市文物志［M］. 广州：广东科技出版社，1991.
[6] 香港大学冯平山博物馆. 广东唐宋窑址出土陶瓷［M］. 香港：香港大学冯平山博物馆，1985.
[7] 佛山市博物馆. 佛山祖庙［M］. 北京：文物出版社，2005.
[8] 吴荣光. 佛山忠义乡志［M］.（清）道光
[9] 郑梦玉. 南海县志［M］.（清）同治十一年（1872）.
[10] 程建军. 三水胥江祖庙［M］. 北京：中国建筑工业出版社，2008.
[11] 陆元鼎. 岭南人文·性格·建筑［M］. 北京：建筑工业出版社，2005.
[12] 刘孟涵. 石湾公仔［M］. 广州：广东人民出版社，2006.
[13] 马素梅. 屋脊上的愿望［M］. 香港：三联书店（香港）有限公司，2002.
[14] 霍流芝. 石湾龙窑时期的辉煌［M］. 广州：广东经济出版社，2001.
[15] 霍流芝. 神奇的南风古灶［M］. 广州：花城出版社，2002.
[16] 申家仁. 岭南陶瓷史［M］. 广州：广东高等教育出版社，2003.
[17] 陈雨前. 中国陶瓷文化［M］. 北京：中国建筑工业出版社，2004.
[18] 黄淼章. 广东民间工艺博物馆文集：第二辑［M］. 广州：广东旅游出版社，2008.
[19] 佛山市陶瓷工贸集团公司. 佛山市陶瓷工业志［M］. 广州：广东科技出版社，1991.
[20] 林明体. 石湾陶塑艺术［M］. 广州：广东人民出版社，1999.
[21] 马梓能. 佛山陶瓷文化［M］. 广州：广东经济出版社，2003.
[22] 陈文平. 中国古陶瓷鉴赏［M］. 上海：上海科学普及出版社，1989.
[23] 李公明. 广东美术史［M］. 广州：广东人民出版社，1993.
[24] 钟汝荣，史鑫. 石湾陶塑［M］. 广州：岭南美术出版社，2009.
[25] 钟汝荣，史鑫. 石湾善陶——佛山“石湾公仔”［M］. 广州：广东教育出版版

社，2005.

论文：

[26] 李景康. 石湾陶业考 [M] //广东文物展览会. 广东文物：卷十. 1940：1019 - 1020.
[27] 曾广亿. 石湾窑的起源及其发展 [M] //石湾艺术陶器. 广州：岭南美术出版社，1987.
[28] 曾广亿. 佛山石湾陶业历史及有关问题探讨 [J]. 广州：广东省博物馆，1981.
[29] 曾广亿. 略论广东古窑出土陶瓷及有关问题 [J]. 广东陶瓷，1981 (2).
[30] 曾广亿. 广东省唐宋陶瓷工艺特点 [M] //广东省博物馆建馆 30 周年论文集. 北京：紫禁城出版社，1989：235.
[31] 曾广亿. 古代石湾陶器 [M] //中国陶瓷 · 石湾窑. 上海：上海人民美术出版社，1992.
[32] 曾广亿，古运泉，宋良壁. 佛山石湾阳江石湾古窑关系初探 [M] //石湾陶展. 香港：香港大学冯平山博物馆，1979.
[33] 曾广亿，宋良壁. 广东陶瓷的历史 [M] //中国陶瓷 · 广东陶瓷. 上海：上海人民美术出版社，1993.
[34] 莫稚. 略论广东新石器晚期文化 [C] //1981 年全国考古学年会论文集. 广州：广东省博物馆，1981.
[35] 莫稚. 广东南海西樵山出土的石器 [J]. 考古学报，1959 (4).
[36] 黄文宽，麦英豪. 广州市东郊东汉砖室墓清理纪略 [J]. 文物参考资料，1955 (6).
[37] 陈智亮. 广东石湾古窑址调查 [J]. 考古，1978 (5).
[38] Fredrikke Skinsnes. A Study of Shiwan Pottery [D]. 香港：香港大学，1981.
[39] 施丽姬. 略谈石湾美术陶 [M] //石湾陶展. 香港：香港冯平山博物馆，1979.
[40] Hui Yat-chuen (许日铨). Lingnan in a Mustard Seed the Cultural Significance of Shiwan Doll-figure Decorated Pottery Roof Ridges on Temples in Hong Kong and Macau [D]. 香港：香港大学，2003.
[41] 陆佳颖. 景德镇、石湾、德化三地陶瓷雕塑艺术比较研究 [D]. 景德镇：景德镇陶瓷学院，2011.
[42] 刘海珊. 石湾人物陶塑艺术研究 [D]. 南宁：广西师范大学，2011.
[43] 林乃燊，邹华，石稳. 石湾陶瓷的源流、特色和历史地位 [J]. 中山大学学报：哲学社会科学版，1980 (3).
[44] 申家仁. 略论宋元时期石湾陶瓷艺术的发展 [J]. 佛山大学学报，1995 (6).
[45] 何炽垣. 石湾窑的陶塑艺术 [M] //中国陶瓷 · 石湾窑. 上海：上海人民美术出版社，1992：235.
[46] 黄修林，张景辉. 谈"石湾的陶瓷古窑" [J]. 中国陶瓷，2004 (10).
[47] 王建玲. 石湾窑新发现及其意义 [J]. 佛山科学技术学院学报：社会科学版，

2011（3）：49－56.
［48］吴庆洲. 中国古建筑脊饰的文化渊源初探［J］. 华中建筑，1997，15（4）：6－12.
［49］邓海超. 港岛庙宇之屋脊装饰［J］. 中国文物世界，1989，43：136－160.
［50］石史. 陶都石湾［M］//佛山文史资料选辑：第2辑，1982：4－37.
［51］佛山市政协文史组佛山市史志编集办公室. 生动传神的石湾陶塑艺术［M］//佛山文史资料选辑：第3辑，1982：1－3.
［52］黄文宽，麦英豪. 广州市东郊东汉砖室墓清理纪略［J］. 文物参考资料，1955（6）.
［53］广东省文物管理委员会. 佛山专区几处古窑址的调查简报［J］. 文物，1959（12）.
［54］陈玲玲. 佛山石湾古艺陶摭辨［J］. 石湾陶艺收藏家协会会刊，1999（10）.
［55］陈玲玲. 对佛山石湾窑业的研究及其他［J］. 陶瓷研究，1987（2）.
［56］陈玲玲. 石湾窑说［J］. 石湾陶艺收藏家协会会刊，2005（10）：2.
［57］陈玲玲. 西瓜园与大纸巷［M］//石湾花盆. 广州：岭南美术出版社，2006：52－59.
［58］陈玲玲. 浅说石湾人物瓦脊［M］//浴火凤凰——石湾窑・窑宝展. 佛山：广东石湾陶瓷博物馆，2012：5－6.
［59］刘东. 石湾陶业的火崇拜［J］. 佛山陶瓷，2001（11）：32－33.
［60］刘东. 浅析石湾陶师庙的文化内涵［J］. 佛山陶瓷，2006（6）：34－35.
［61］周伯军. 试论宋元名窑对佛山石湾陶艺的影响［J］. 佛山陶瓷，2008（9）：33－36.
［62］李小艳. 论宗教文化与石湾陶艺发展的关系［J］. 美术大观，2006（11）：104－105.
［63］陈志杰. 石湾“同庆灶”的研究与启示［M］//岭南考古研究：第6辑. 香港：中国评论学术出版社，2007.
［64］黄晓蕙，邱立诚. 古石湾产品的外销及相关问题探讨［M］//中国古陶瓷研究. 北京：紫禁城出版社，2008.
［65］黄晓蕙. 广东佛山石湾窑的形成、发展及繁盛成因探析［J］. 四川文物，2005（12）.
［66］刘孟涵. 从“裕华花盆”看民国时期的石湾陶业［M］//石湾花盆. 广州：岭南美术出版社，2006：32－37.
［67］黄成隆. 中国陶塑——一个收藏家的观察［M］//国际石湾陶艺会（二零零八年刊）. 香港：国际石湾陶艺会有限公司，2008：47－55.
［68］罗敬礼. 石湾古陶艺新谈［M］//国际石湾陶艺会（二零零八年刊）. 香港：国际石湾陶艺会有限公司，2008：9－26.
［69］黄卫红. 黄炳与石湾窑的胎毛技法［M］//国际石湾陶艺会（二零零八年刊）. 香港：国际石湾陶艺会有限公司，2008：27－38.

[70] 李东. 东亚艺术博物馆所藏两件晚明石湾陶瓷［M］//国际石湾陶艺会（二零零八年刊）. 香港：国际石湾陶艺会有限公司，2008：39－46.

[71] 林德功. 感动的时刻［M］//国际石湾陶艺会（二零零八年刊）. 香港：国际石湾陶艺会有限公司，2008：56－61.

[72] 毛萍. 明清石湾陶艺与中国绘画［J］. 佛山大学学报，1994（5）：20－28.

[73] 毛萍. 论明清石湾陶艺的美学特色［J］. 佛山大学学报，1995（6）.

[74] 邹华. 古代广东石湾窑的外销陶器［J］. 景德镇陶瓷，1983（21）：170 －176.

[75] 贯之. 广东省陶瓷改进方针［J］. 1936.

[76] 宋欣. 广州民间的博古脊饰［J］. 艺术百家，2005，82（2）：144－145.

[77] 陈坚红，邱立诚. "人"在最高处——石湾人物脊饰及其人文意义［M］//岭南考古研究：第6辑. 香港：中国评论学术出版社，2007.

[78] 周彝馨，吕唐军. 民窑之辩——石湾窑文化解析［J］. 陶瓷学报，2013（6）：233－240.

[79] 周彝馨，吕唐军. 岭南传统建筑陶脊及其人文性格研究［J］. 中国陶瓷，2011（5）：38－42.

[80] 周彝馨. 岭南传统陶塑脊饰与岭南建筑空间人文性格研究［M］. 2009年全国博士生学术论坛（建筑学）论文集. 北京：中国建筑工业出版社，2009：346－351.

[81] 周彝馨. 清代末年岭南传统陶塑脊饰研究［M］//中国近代建筑研究与保护（七）. 北京：清华大学出版社，2010：650－657.

[82] 周彝馨. 岭南传统陶塑脊饰人文性格研究［M］//文化广东与科学发展. 广州：广东人民出版社，2011：464－472.

[83] 周彝馨. 岭南传统建筑陶脊与岭南传统建筑关系研究［J］. 顺德职业技术学院学报，2011（7）：84－87.

图集：

[84] 曾广亿，何炽垣. 中国陶瓷·石湾窑［M］. 上海：上海人民美术出版社，1992.

[85] 曾广亿，宋良壁，陈衡. 中国陶瓷·广东陶瓷［M］. 上海：上海人民美术出版社，1993.

[86]《石湾艺术陶器》编委会. 石湾艺术陶器［M］. 广州：岭南美术出版社，.

[87] 广东民间工艺博物馆. 馆藏石湾艺陶选辑［M］. 广州：广州出版社，2009.

[88] 广东省博物馆. 中国广东省博物馆藏石湾陶塑展览［M］. 广州：广东省博物馆，2003.

[89] 广东省博物馆. 广东省博物馆藏品选［M］. 北京：文物出版社，1999.

[90] 广东省博物馆. 广东省博物馆藏陶瓷选［M］. 北京：文物出版社，1992.

[91] 广东省博物馆. 广东省博物馆展览系列——艺术篇［M］. 广州：广东省博物馆，2010.

[92] 广东民间工艺博物馆. 石湾窑精粹［M］. 广州：岭南美术出版社，2003.

[93] 广东民间工艺博物馆. 馆藏杨铨先生捐献文物精品珍藏手本［M］. 广州：岭南美

术出版社，2009.
［94］广东民间工艺博物馆. 杨铨先生捐献文物撷珍［M］. 广州：广东民间工艺博物馆，1998.
［95］佛山市博物馆. 佛山市博物馆藏陶瓷［M］. 北京：文物出版社，2012.
［96］《商承祚先生捐赠文物精品选》编辑委员会. 商承祚先生捐赠文物精品选［M］. 广州：岭南美术出版社，1998.
［97］施丽姬. 石湾陶展［M］. 香港：香港冯平山博物馆，1979.
［98］曾安昌. 石湾花盆［M］. 广州：岭南美术出版社，2006.
［99］罗雨林. 岭南建筑明珠——广州陈氏书院［M］. 广州：岭南美术出版社，1996.
［100］广东民间工艺馆. 陈氏书院［M］. 北京：文物出版社，1993.
［101］广东省佛山市博物馆. 佛山祖庙［M］. 北京：文物出版社，1994.
［102］香港大学美术博物馆与国际石湾陶艺会. 窑仙庆聚——国际石湾陶艺会石湾陶塑［M］. 香港：香港大学美术博物馆，2004.
［103］国际石湾陶艺会有限公司. 国际石湾陶艺会（二零零八年刊）［M］. 香港：国际石湾陶艺会有限公司，2008.
［104］廖志勇. 浴火凤凰——石湾窑·窑宝展［M］. 佛山：广东石湾陶瓷博物馆，2012.

后　　记

本书缘起于2010年度佛山哲学社会科学规划项目“石湾陶瓷文化理论研究”，得益于《佛山市人文和社科研究丛书》项目立项，历时三载，终得以成稿。

感谢佛山市委宣传部及佛山市社科联对我们研究的两度资助，并授予我们“佛山市哲学社会科学优秀成果”一等奖之殊荣，在精神上亦对我们表达了最大的支持。本次研究是基础研究，是理论研究，其收益并非即时显见。然而政府对此始终予以最大支持，以宽容开放的姿态面对众多学者的研究。佛山是名副其实的历史文化名城，众多文化宝藏尚待发掘，政府的支持是研究得以进行的基础。

从调研、构思开始，在漫长而艰辛的研究道路上，众多亲人、专家学者、朋友及对石湾窑有深厚感情的人都给予了我们最无私的帮助，使我们在踯躅前进的道路上不再孤单和犹疑。

首先要感谢父亲周学斌先生对我们的严格要求和终生影响。父亲于佛山大学执教多年，严谨治学、执着追求，勇于挑战、敢于创新。其在国画、美学、美术史上的造诣使我们对传统艺术产生了极大的兴趣和热忱，其孜孜不倦的求学态度更使我们从不敢懈怠。感谢母亲傅绮皓女士，作为工艺美术师，她多年从事国画与民间工艺美术的实践与探讨，成果丰硕，我们对众多陶艺家的了解得益于母亲的指引。成长于这样的家庭，我们得以培养出对石湾陶塑浓厚的兴趣和对历史真相挖掘探索的研究精神。父母对我们的影响令我们终生受益。

同时也要感谢多位收藏家在资料搜集阶段对我们的无私帮助。石湾窑著名收藏家吴国伟先生倾其所有，为我们展示了超过400件其珍藏的石湾窑历史作品，并授权我们拍摄与出版刊登，与我们建立了深厚的友谊。著名陶瓷收藏家苏永善先生为我们展示了超过1000件各历史窑口的陶瓷，并解答了众多疑问。佛山工艺美术学会会长叶钊先生慷慨提供了其数十年珍藏的石湾窑资料，数量之多令我们惊喜。石湾陶脊艺术家黄志明先生为我们展示了其多年拍摄的陶脊资料，基本覆盖国内所有陶脊遗存，并提供了众多名家名作的图片资料。另外如石湾窑收藏家梁秋泓先生、著名陶脊艺术家何湛泉先生、著名雕塑陶艺家魏华先生等，为我们提供了众多第一手资料，并解答了众多疑问。诸位前辈对我们的帮助为研究奠定了强大的基础，我们致以最深切的感谢！

在研究阶段更是得到了众多专家学者的珍贵指点。承蒙华中科技大学多位教授的教导，使我们聆听到许多弥足珍贵的教诲。特别是李晓峰教授、胡正凡教授、谭刚毅教授等的指导，令我们大有收获。清华大学的张复合教授，在我们研究的艰辛道路上给予了鼓励与大力支持。在成稿阶段，佛山市陶瓷行业协会副会长黄希然先生认真仔细地审阅了文稿，并提出了深刻而富启发性的见解，使我们的研究更为深入。石湾窑研究专家霍流芝先生为我们的研究做了重要的指引。石湾窑理论研究专家陈玲玲女士的理论成果一直以来对我们影响深远，凭借这次机会得其指导，并与其交流，我们感到十分荣幸。在研究的过程中，还得到广东省社会科学联合会副主席林有能先生、香港民居学会会长林社铃先生和香港石湾陶脊研究专家马素梅博士的热忱帮助和指导。在此我们表示深深的谢意！

深深感谢在写作过程中访谈、求教的多位陶艺家、陶瓷工匠和专家学者，他们为本书的内容提供了大量的帮助。感谢所有的前辈同行，你们艰苦卓绝的研究工作奠定了我们的研究基础，你们的劳动成果永远值得我们尊敬和学习。

感谢家人对我们无言的支持，特别感谢父亲吕宝生先生为我们的奔忙和做出的各种牺牲，我们向您致以深深的谢意！

曾经帮助过我们的志同道合者数之不尽，定有遗漏。最后，最诚挚地向所有关心和帮助过我们的前辈、老师、亲人、朋友表示由衷的谢意与敬意！

周彝馨　吕唐军

2014 年 1 月于禅城栋宇画廊